U0399304

新优质学校丛书

丛书主编　汤林春

新优质学校成长的关键故事

汤林春　刘　莉◎主编

华东师范大学出版社

·上海·

图书在版编目(CIP)数据

新优质学校成长的关键故事/汤林春、刘莉主编. —上海：华东师范大学出版社，2024. —ISBN 978-7-5760-5454-5

Ⅰ. G637

中国国家版本馆 CIP 数据核字第 2024RL2555 号

新优质学校成长的关键故事

主　　编　汤林春　刘　莉
策划编辑　彭呈军
特约审读　胡　巧
责任校对　江小华
装帧设计　卢晓红

出版发行　华东师范大学出版社
社　　址　上海市中山北路 3663 号　邮编 200062
网　　址　www.ecnupress.com.cn
电　　话　021-60821666　行政传真 021-62572105
客服电话　021-62865537　门市(邮购)电话 021-62869887
地　　址　上海市中山北路 3663 号华东师范大学校内先锋路口
网　　店　http://hdsdcbs.tmall.com

印 刷 者　上海展强印刷有限公司
开　　本　787 毫米×1092 毫米　1/16
印　　张　17.75
字　　数　240 千字
版　　次　2024 年 11 月第 1 版
印　　次　2024 年 11 月第 1 次
书　　号　ISBN 978-7-5760-5454-5
定　　价　68.00 元

出 版 人　王　焰

（如发现本版图书有印订质量问题，请寄回本社客服中心调换或电话 021-62865537 联系）

新优质学校丛书编委会

"新优质学校丛书"总序

什么是优质教育？什么是优质学校？这大概是教育领域的灵魂之问。不同的人，不同的流派，会给出不同的答案。

在一部分人的脑海里，学生考试分数高、升学率高，拥有优势教育资源的学校，就是好学校，这样的学校提供的教育就是优质教育。在这种唯分数、唯升学率的教育价值观、教育质量观影响下，一些学校为了争抢分数排名，不惜抢生源；为了争抢分数排名，不惜超越政府公共资源分配的基本公平和均衡的原则聚集资源；为了争抢分数排名，不惜加重学生的课业负担。这种教育价值观与教育质量观，一方面大大窄化了教育的功能，另一方面也使教育偏离了育人本原，导致教育功利主义泛滥，滋生了教育短视行为，助推了教育"内卷"，破坏了教育生态，最终不利于学生的全面发展与健康成长，进而妨碍"为党育人，为国育才"的教育使命。为此，必须重新定义优质学校。

2011 年 3 月，上海市召开基础教育工作会议，上海市委、市政府站在新的历史方位，判断上海基础教育的主要矛盾转变为人民群众日益增长的对优质教育的需求与优质教育资源相对不足的矛盾，提出基础教育：在教育价值上，要突破对功利价值的过度追求，更加关注教育对"人"本身的价值；在教育质量观上，要突破以学科知识传授为主的单一质量追求，更加关注以人的全面多样发展为特征的全面质量；在培养模式上，要突破高度统一的标准化培养模式，更加注重需求导向的个性化、多样化的培养；在教师专业成长上，要突破单纯强调掌握学科知识和教学技能的要求，更加注重教育境界和专业能力的提升；在教育管理上，要突破以行政手段为主推动教育发展的方式，更加注重思想领导和专业引领。为了贯彻落实上海市基础教育工作会议精神，上海市教委委托上海市教育科学研究院普通教育研究所实施"'新优质学校推进'项目"，其后又成立了"上海市新优质学校研究所"专门负责新优质学校的研究与实践。

通过十多年的探索，经过概念建构、要素建设、路径探索等阶段，新优质学校对什么是优质教育，什么是优质学校，提出了自己的答案。新优质学校研究组及一线学校对新优质学校的内涵与特征，新优质学校的价值追求与建设路径等方面进行了较为系统的阐释与演绎。

从内涵特征看，新优质学校是以育人为本的教育，回归教育本原，坚持主动发展、内涵发展的学校，具有有教无类、回归本原、积极探索、百姓满意等特征。在办学条件上，新优质学校不挑选生源、不超常规聚集资源，这与集中优势资源办少数优质学校的路径不同，而是要解决常态条件下所有的学校如何走向优质的问题，是面向每一所学校的；在育人过程上，新优质学校坚持育人为本、科学探索，这与功利主义教育和应试教育划清了界限，要求回归育人本原，真正以学生身心健康发展为追求，以学生的精神、品格成长为重点，通过主动探索，按知识发展规律、学生认知规律、教育教学规律办事，体现学校的办学品质；在教育结果上，新优质学校追求持续进步、百姓满意，这就与以往分层发展不同，以往优质学校属于顶层学校，只有少数人才能进入，而新优质学校是跟自己比每天有进步的学校，是面向绝大多数人的学校，是老百姓满意的学校。

价值追求是新优质学校的办学底色，不会随着教育发展的阶段性任务变化而变化。新优质学校的价值追求主要有：坚持回归教育本原，促进学生全面发展、素养培育及精神品格成长；坚持提升学生学习生活质量，办学生喜欢的学校，丰富学生的学习生活经历，促进学生主动发展；强调学校主动发展，坚持在常态条件下，学校主动探索，走内涵发展之路；强调为人民办学，坚持有教无类、因材施教，办好群众家门口的每一所学校。这些都是我们始终要遵循的。

新优质学校建设路径是指学校走向新优质的路线或策略。新优质学校建设路径是各项目校与研究组共同探索的结果。在前期阶段，大致形成了寻找——发现，确立"新优质"的内涵要素；定位——发展，提取"新优质"的关键经验；创建——分享，建立"新优质"专业学习共同体；动态——激励，实现"新优质"过程性推介模式；示范——辐射，创造"新优质"区域推进新局面等路径。当前阶段，研究组根据学校生命周期理论与实践经验，形成了理念引领路径、问题突破路径、优势带动路径与评估促进路径等四条基本路径。

经过教育行政部门、专业机构、一线学校和媒体单位的协力推进，上海市推出了一批新优质学校的办学样例，涌现出一批有思想、有智慧、有声誉的校长与老师。新优质学校办学惠及十多万学生，其理念和经验得到上海乃至全国同仁的认可，并在多地推广应用，产生了广泛影响。

在"十四五"乃至更长一段时期里，构建高质量教育体系，促进教育高质量发展，建设教育强国，全面实现教育现代化，充分发挥教育对经济社会发展的基础性、支撑性作用，将会是教育领域的重要任务。2023 年 6 月，中共中央办公厅、国务院办公厅印发《关于构建优质均衡的基本公共教育服务体系的意见》，明确提出"促进新优质学校成长，办好群众'家门口'的学校"的要求。新优质学校如何在坚守底色的基础上，直面教育改革中的实践问题，继续推进新优质学校的理论研究与实践探索，任务仍然十分艰巨。当此之际，上海市新优质学校研究所推出"新优质学校丛书"，一方面会促进新优质学校的研究人员与一线实践者提炼新优质学校的办学经验，深化对新优质学校的理论研究；另一方面会强化新优质学校在教育高质量发展中的示范引领作用，因为新优质学校的办学理念与发展路径与教育高质量发展有着内在的契合性，有效总结新优质学校的理念与经验，形成样例，必将为其他学校高质量发展提供榜样示范。这样就为不同人员提供了一个交流互鉴的平台,为理论与实践相结合提供了一个载体。

新优质学校是一座富矿,值得大家去挖掘。而且新优质学校还有许多问题需要解决,如:如何处理坚守新优质学校底色与抓住改革发展新要求、解决新问题的关系,如何处理满足学校贴地需要与宏观教育改革发展需要的关系,如何处理当下中国教育改革发展需要与国际教育改革发展趋势的关系,等等。这些问题都有待我们去研究与探索。新优质学校建设项目,我是倡导者,也是实践者与研究者,深知这一项目的价值与意义。它是一个具有世界价值的项目。世界上的基础教育里大部分学校都是普通学校,如果把普通学校如何解决普遍的问题弄清楚了,就具有世界价值,这对讲好上海教育故事、中国教育故事,极具意义。期待在未来的时光里,通过"新优质学校丛书"这个平台能看到更多的理论成果和更多的鲜活经验与实践案例,为擦亮上海的新优质学校品牌,讲好中国的新优质学校故事,提供更为厚实的基础。

是为序。

中国教育学会副会长、上海教育学会会长:尹后庆

目录

导言

2022年，第一批上海市新优质学校市级项目校正式经过了成长认证，并产生了良好影响。为了发挥新优质学校的示范引领作用，我们需要总结经验。一般总结经验，常用的形式是撰写总结报告，形成学术论文或者学术著作，这方面的成果我们并不缺乏。习近平总书记早在2013年12月30日十八届中央政治局第十二次集体学习时指出，要讲好中国故事，传播好中国声音，阐释好中国特色。尽管这一讲话是针对国际传播力而言的，但它使我们想到了“故事”这一体裁，虽然讲话里面提到的“故事”并不局限于我们所理解的“故事”。故事是人类对自身历史的一种记忆行为，能承载一定社会的文化传统和价值观念，引导着社会性格的形成，是老幼皆宜的一种文学形式。校长和教师善于写故事，老百姓也喜欢听故事。正是因为故事的这一特性，使我们相信让新优质学校人来讲述新优质学校成长的故事具有不可替代的传播价值。

在2022年9月开始征集新优质学校成长故事时，我们加了“关键”两个字，期望学校把在成长过程中，当碰到关键问题，处在关键节点时，采取的关键举措，使学校取得关键变化的事件采用故事的方式写出来。我们相信，挖掘这些关键性事件，能最大程度地提供学校成长的信息，更集中地体现学校办学的价值追求与实践智慧。这些关键故事既是学校的文化密码，也是新优质学校群像的精神表征。

故事征集通知发下去之后，为了提升撰写质量，我们组织了培训，并请了汤林春、杨杰、冯明、刘莉、胡庆芳、沈兰等6位专家作指导，每位专家分别负责3所学校的具体指导。这些专家倾注了不少精力，与学校撰写人员一道进行探讨，确定主题，选定题材，修改初稿。由于新冠疫情影响，这一工作只能断断续续地进行。一直到2023年底，各校终于提交了比较成型的稿子。为了使文稿达到出版水平，在华东师大学出版社彭呈军先生的指导下，汤林春与刘莉又通读了稿子，并于2024年3月再次召开改稿会，进一步完善书稿。在这一过程中，上海市新优质学校研究所原学术主任余永波先生和现任学术主任李伟先生承担了较多的指导和联系工作，为书稿撰写提供了必要保障。经过大家的共同努力，书稿终于要付梓了。今天手捧书稿，细品这18个故事，觉得有以下特点：

提供了观察新优质学校的新视角。本书与普通的论文、著作和新闻报道不同。论文、著作、新闻报道基本是他者的视角，论文、著作重视理性的表达，重在说理，新闻报道重视事件的时效性。本书收集的故事，是新优质学校的校长与老师自己讲述学校在发展过程中碰到的关键事件，是事件经历人的自主叙述，具有鲜明的主体性。同时，它所叙述的事件是由学校筛选，经过一定时间沉淀，能代表学校思想内涵的事件，具有明确的主题，是学校精神的集中体现，是学校文化建设绕不开的事件。阅读这些故事，既能具体了解新优质学校经历的真实事件，也能通过事件的发生、发展、高潮与结局，在矛盾冲突和情节发展中体验学校的办学理念与实践智慧。

体现了新优质学校的家国情怀。新优质学校倡导办好每一所家门口学校，让更多的人都能享受到优质教育资源，积极践行"为党育人，为国育才"的光荣使命。如静安区实验中学随迁子女曾经超过50%，大部分学生要回原籍地参加升学考试，他们的成绩对学校学业贡献不大，反而增加管理难度，对这些学生要不要放弃？老师们众说纷纭，本地户籍学生家长也颇有微辞。为此学校提出一个灵魂问题："我们的教育是为了谁？为了学校有一个好的名声还是为了满足老百姓的实际需要？"为解开心结，学校设立了以坚定信仰、构筑师魂、引领行动为主题的"境界——师之道"讲坛，精心制作《中国好老师——于漪》专题片，使老师们明白"只有当自己平凡的日常工作与国家、民族的命运紧密联系在一起的时候，才会站得高、看得远，才会看到你的工作是多么的有意义、有价值"，使大家达成一个共识："每一个孩子都是我们的孩子，只要对学生有益就该进行大胆的教育教学上的尝试，不应该有地区的'围墙'"。思想通，人心齐。全校上下围绕随迁子女衔接教学实验班，梳理全国各地的教材版本，开发衔接课程，打造基于思维的课堂，精心呵护每一位学生，使每一位学生都能获得良好的发展。这样的故事在新优质学校群体里不是孤例，而是一种常见的自然的现象。

*传递了新优质学校的价值追求。*新优质学校的核心理念是回归教育本原，坚持育人为本。以往的论文与著作已经作了比较充分的解读，但本书通过生动具体的故事作了很好的诠释。奉贤区教育学院附属实验小学针对社会和家长不太重视甚至轻视劳动的现象，毅然把"劳动教育"的担子挑了起来，把"劳动教育"纳入学校培养目标。他们觉得只有站在培养未来全面发展的人的高度，通过学校教育，让孩子们热爱劳动、崇尚劳动、学会劳动、善于劳动，才能让学生真正成为担当祖国栋梁的劳动者。因此，他们的劳动教育不只是在课堂里坐而论道，更有实实在在的太阳农场劳动；不仅有校内的岗位锻炼，更有广大的社会实践；不只是劳动知识技能的传授，更有劳动精神品格的涵育，真正地是通过劳动育人。普陀区洵阳路小学二十多年来，始终坚持研究儿童，研究儿童的发展起点、成长需求，提出"润泽生命，洵美且异"的办学理念，持续推进课程教学改革，建构了"分科·综合"课程体系，走出了一条高质量育人新路径，努力为每个孩子寻找最美的曙光，让他们充满生长的力量，成为阳光自信、富有个性的人。

*凝聚了新优质学校的实践智慧。*新优质学校既要坚守新优质学校办学的理念与价值追求等底色，也要积极回应自身发展过程中所面临的困难与挑战，坚持在常态条件下解决常见的问题，通过内涵发展、内生发展持续走向优质。本书所

收录的故事，都用鲜活的事实作了有力的注脚。如黄浦区敬业初级中学为了让学生健康快乐成长，整合老师、学生和家长力量，建立“班级育人共同体”，优化育人生态；上海市实验学校东校从学生需要出发，建立家校共育的“无墙公学”，开设满足学生需要的课程，优化作业形式；奉贤区明德外国语小学为了实施“大拇指教育”，着力打造“大拇指教师”；长宁区天山初级中学为了提升教师课改胜任力，持续推进基于课堂观察的听评课；上海市晋元高级中学附属学校坚持“文化立校、质量兴校、特色强校”的发展战略，着力发展艺术教育，从2009年一支20人的舞蹈队起步，历时12年，到2022年1月，成为全市首家加入舞蹈、合唱、交响乐、戏剧、民乐五大联盟的大满贯单位，实现了艺术教育从薄弱走向优质的跨越式发展，等等。这一桩桩、一件件，生动注释了办法总比困难多的实践智慧。

新优质学校现在已经成为上海基础教育的一张名片。2023年6月，中共中央办公厅、国务院办公厅印发《关于构建优质均衡的基本公共教育服务体系的意见》，提出要“促进新优质学校成长，办好群众‘家门口’的学校”。2023年8月，教育部、国家发展改革委、财政部发布《关于实施新时代基础教育扩优提质行动计划的意见》，明确提出要加快办好一批条件较优、质量较高、群众满意的“家门口”新优质学校。新优质学校是上海提出来的，有责任和义务要进一步做优做强。新优质学校项目从2011年至今经过了概念创建、要素优化、路径探索等阶段，目前进入系统思考、整体推进的阶段。面对新要求与新挑战，我们既要坚守新优质学校的办学底色，也要因应时势的要求与时俱进。根据率先实现教育现代化的目标，加快构建高质量教育体系，建设教育强国的要求，上海市教委适时颁布了《上海市新优质学校高质量发展引领计划》，并被上海市委和市政府确定为重点项目。这一计划为新优质学校建设指明了方向，明确了任务，设计了路径，但目标宏大、任务繁重，要真正从风景画变为实景图，还需要专业、实践和行政部门的共同努力，只有大家从不同角度发挥各自的优势添砖加瓦，方能切实达成。

本书收录的故事不一定经典，但我相信它们是书写者的真诚表达，是他们对教育理想执着追求的足迹。如果你能静下心来，仔细品味，在字里行间，在故事情节里，就会触摸到书写者的心跳与脉搏，或许会与他（她）产生共鸣和共情，或会心一笑，或心有所动。在我看来，这些故事已经树立了新优质学校的群像，那么真切，那么生动，焕发着诱人的魅力，但这篇介绍性的文字是枯燥的，也许不能表达故事意蕴的万分之一。所以，我强烈建议读者立即去阅读书里的故事，从鲜活具体的故事里去领略作者的情与思。

我相信，随着新优质学校建设的推进，这样的故事还会不断涌现，它们会进一步延续新优质学校的精神谱系，讲述新优质学校的过往与未来。我们期待着……

上海市教科院普教所研究员
上海市新优质学校研究所所长
汤林春

第一章

育人方式

育人方式是学校的育人对策，有什么样的育人目标，就有什么样的育人方式。随着党的教育方针进一步明确，培养什么人、怎样培养人、为谁培养人的问题得到明确规定，培养德智体美劳全面发展的社会主义建设者和接班人，培养有理想、有本领、有担当的时代新人，已经成为新时代的育人目标，立德树人、全面发展、素养提升成为新时代育人的具体要求。如何使这些要求落地，关键是怎样培养人，因此育人方式的改革是今后一段时期的重点任务。

新优质学校向来重视育人方式的变革，倡导构建满足学生发展需要的课程，开展立足差异、基于素养的课堂教学，探索基于全面质量观的多元评价等。本部分收录的6个故事，从课程、教学和评价等角度展现了新优质学校在育人方式上的尝试与探索，生动具体地演绎了什么叫回归育人本原，什么叫遵循教育规律，什么叫教育情怀……

温暖而百感交集的旅程

——华师大四附中新优质学校成长的关键故事

华东师范大学第四附属中学　高晓骏*

2022年10月8日，国庆长假结束后第一天，“周到普陀”微信公众号一条并不太起眼的微信获得了1.1万的浏览量。是一条怎样的微信获得了超平日10倍的浏览量呢？

原来是华东师范大学第四附属中学学生自己制作的“爱，从头开始”宣传视频！

“爱，从头开始”是一项做了七年的综合实践活动，是每年学校毕业季的传统活动，学生们把留了四年的长发捐献给因化疗而脱发的白血病患儿，用爱与奉献为自己的少年时光画上一个句号。每年这个时候，在华四的校园里，都会涌动着一股暖流，很多学生在这一天，这一刻都会思潮翻滚，很多孩子都会把那张捐发的证书作为人生的一枚勋章，分享到自己的朋友圈。

---

* 高晓骏，华东师范大学第四附属中学科研信息部主任。

2022年，这份感动尤为深沉！2022年，这份爱倍加温暖而让人百感交集！

故事从150天前开始……

华东师范大学第四附属中学秉承“博雅教育”哲学和“博学善思　雅行修身”的办学理念，以“博学雅趣、自信乐学、乐于奉献”为培养目标，以“全面奠基　优势发展　满足需求”为课程建设理念，以素养为导向，努力让每一个生命与一百个世界相遇。

我们所追求的“博雅教育”不是传统的贵族式的教育，而是为实现每一个学生拥有幸福和有意义的人生而进行的教育，是一种雅行修省、崇德向善、和谐发展的“全人教育”，旨在培养身心健康、和谐发展的完整的人。“爱，从头开始”就是华四留给学生的爱的教育，2022年，正逢这项传统活动的“七年之痒”，也到了应该有所改变的时候了。

七年了，怎样让我们唤醒的这份爱，更加的宽广而深沉呢？

经过了反复的思考和讨论，学校将简单的“为爱捐发”活动，升级为在六年级学生中设计实施的“我是捐发宣传发起人”主题项目化学习。驱动性问题设定为：“一年一度为白血病患儿的捐发活动又要开始了，作为宣传发起人，要制作一个怎样的宣传视频，才能让更多的人加入进来，成为捐发志愿者，真诚地献出自己的爱呢？”

我们通过设计学习活动，希望学生通过自己的作品唤醒更多人对于白血病患者的关注；要让学生像媒体人一样去思考、创编、制作宣传视频，用更加真实强烈的代入感去唤起更加丰富而真诚的情感。

循着制作宣传视频的足迹，六年级6个学习小组的学生踏上了一场温暖而百感交集的旅程！

第一站:确定终点在哪里

各个小组思考的第一个问题是,我们的宣传视频主要面向哪一群人?一定是有条件捐发但是选择不捐发的人。目标人群确定之后,学生们开始倒着思考:他们不捐发的思想根源到底是什么呢?

带着这样的问题,各个小组各显神通,有的小组选择上网查找,从文献、新闻中去寻找端倪;有的小组选择问卷访谈,但是疫情之下不能走上街头,那就在线上发布和收集;有的小组主张多看同主题的优秀宣传视频,看看别人是怎么来思考这个问题的。

各个小组用不同的方式,都得到了同一个答案。不愿意捐发的原因其实并不复杂,大部分人并不是不愿意捐发,而是觉得捐发可有可无,并非必要。脱发对白血病这种危及生命的疾病来说简直不值一提,治病救人是最需要投入精力的,脱发问题根本不值得去关注。

宣传视频制作的终点是"唤醒爱",学生们很快就发现,这个终点看起来很近,可是并不是那么容易到达。感情本身非常复杂,要弄清楚这是一团怎样的情绪,那就要把这个复杂的黑箱子打开。问题接踵而来,人为什么会愿意去奉献爱?是因为这个群体很可怜很悲惨吗?那这种情绪唤起的爱是很廉价的。怎样能唤醒更多人理性思考呢?让人们在理性思考中去澄清认识上的一些误区。人们有哪些认识误区?该用什么方式去澄清?并不致命的脱发对于孩子的影响到底是怎样的呢?需要我们花这么大力气去帮助这些患儿吗?我们要了解脱发对患儿的影响,怎样了解呢?可以用文献学习,可以通过访谈的方式,访谈又会遇到各种复杂的难以预计的问题和困难。一个接一个的问题扑面而来,各种思绪纠缠在一起,在迈向终点的道路上,学生们的感情越来越丰富,越来越深沉。

第二站:打造一把感人的利剑

确定了终点后,各个小组开始思考,用什么方式去“唤醒爱”呢?6个小组分成两个流派,一个是“煽情”派,一个是“说理”派。

“煽情”派的主张是,视频只有2分钟,没有时间给观众去慢慢思考,要是能像推土机一样把情绪一下子推到观众心里就成功了。“说理”派的主张是,捐发可以是一个人坚持一辈子的事情,要能像小针一点点地扎进观众心里才能算成功。两派在每周的交流中,谁也不能说服谁,各自都在打造自己感人的利剑。

“煽情”派的做法有三种。乐学小组剪辑了大量感人至深的新闻宣传视频,把一个个真实的捐发现场编织在一起,让感动的情绪一浪一浪地涌动起来;星火小组写了一个故事,用讲述的方式从第一人称视角把患儿脱发的心路历程剥开来给观众,让观众走进患儿的心,同呼吸共命运;曙光小组选择了一段催泪的电影片段,用孩子一双无辜的大眼睛击中观众的泪点,把感动传递给观众。

“煽情”派在视频制作过程中,遇到了几乎相同的问题。选择新闻视频或者电影视频片段有没有侵犯知识产权的问题?用第一人称讲故事有没有侵犯患儿隐私的嫌疑?孩子们用扎实的研究回答了他们自己提出的问题。

“我们在视频里用电影片段还有网络上下载的视频片段会侵犯知识产权吗?我们可不能踩了抄袭的红线啊!通过学习我们知道,侵犯知识产权是实际上影响了对影视剧的正常使用或不合理地损害了影视剧著作权人的合法利益,这种使用才是侵权的。而我们的是公益片,并没有这些危害,所以并不侵权。”

“说理”派则是用一个清晰的逻辑链条来组织自己的视频。白血病是一种怎样的疾病?在治疗的过程中为什么会脱发?脱发对患儿的身心有哪些影响?为什么要使用真人真发?“说理”派的小组在回答这些问题的过程中,可以说是把自己学到的所有知识、技能，所有能调动的资源都使出来了。

西格玛小组说："我们组这次最大的收获是发现问卷调查也是一个宝。我们希望在视频中所呈现的与白血病相关的知识是大家不知道的，也是大部分人能够理解的。于是我们做了问卷，问了很多白血病的基础知识。我们选取了知晓度为40%—80%的知识点作为可用的资料。这样，我们就能保证视频中不出现几乎人人都知道或难以理解的生僻知识。"

帆船小组说："我们在道法课的实践作业中，也做过问卷和访谈，但是这次的访谈对象有点特殊，为了了解白血病患儿的心理状况，我们计划对患儿家长进行访谈。这个对象可和其他组访谈的专家、医生、路人不一样，我们在联系儿童医院的时候，医院让我们先提交知情同意书。这到底是什么？为什么要提交呢？我们通过学习，终于了解了知情同意书的作用——遵守科研伦理，保护患儿隐私和心灵。那该怎么做呢？在导师的指导下我们学会了在知网中检索文献的方法，自行检索文献进行学习，在文献中选择范例，合作学习进行仿写，最后交给导师点评指导，根据意见进行完善。"

星河小组说："我们组想从一个专家视角讲述白血病到底是一种怎样的疾病，那么找一位这个领域的专家进行访谈是最好的方式。可是专家在哪里呢？我们全班42名同学各自回家问遍长辈亲友，终于小吴妈妈的一个同事牵线了瑞金医院的专家。但是，怎么做访谈呢，还是和这么大的专家，大家谁都不敢开口。在老师的指导下，我们先是研讨了访谈提纲，再是找一个同学的爸爸扮演专家配合我们模拟访谈，在多次演练之后，终于敢开口说话了。访谈的过程让我们感慨良多，我们根据访谈提纲顺利地提出了我们的问题，但是，因为缺少相关知识，我们不能和专家进行深入的对话，除了表达感谢，我们不知道还能说什么。我们痛定思痛，下次再做访谈，除了准备提纲还要深入学习，这样才能和访谈对象进行有效的对话。"

从最后各小组提交的脚本和作品过程性的版本中，我们可以清晰地看到作品不断迭代优化的过程。

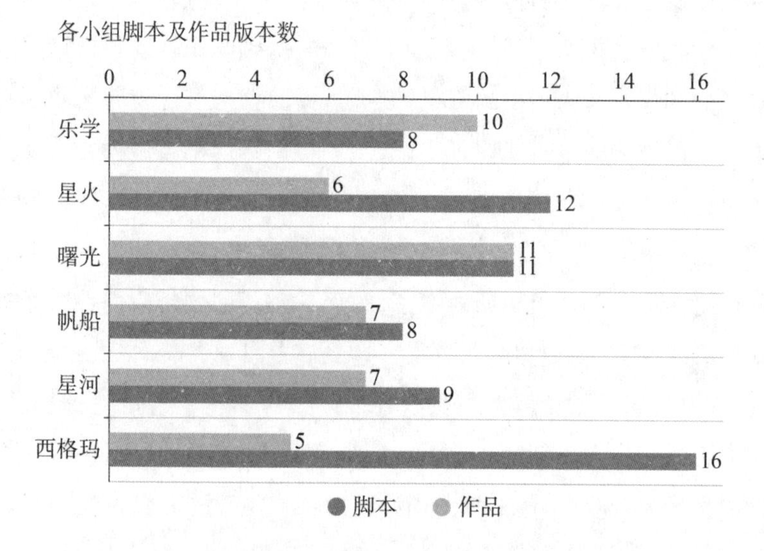

每个小组都用自己的方式打造一把击中人心的利剑，在打造的过程中，同学们思考，同学们辗转反侧，理解在不断加深，爱在心灵深处蔓延。

第三站：表达我们自己的故事

有了故事的框架和脚本，但是如何用视频表达好这个故事是横亘在每个小组面前的一座大山。孩子们六年级的学习经历中，没有一门学科是系统指导学习如何进行视频采编播的。这就是真实的世界，在真实的问题解决中，从来都不会给你做好所有的准备。投入到真实问题的解决中，学生会自觉地调动自己所有的知识储备和生活经历。在不知不觉中，我们用活动项目化的形式，帮助学生完美地将信息技术、道德与法治以及其他学科的知识，做了一次完美的跨学科学习。在这样一场跨学科学习中，学生们在整整两个月的时间里，思绪一直缠绕在“唤醒爱”这个主题上，“爱”从来没有这么真切而具体地出现在他们的生活中。

“这次学习我们对于搜索体会挺深。我们原来认为搜索就是百度搜一下，然后复制一段我们需要的文字。回想我们整个学习过程，其实一直在做搜索。每一步我们都不能确定该怎么做，问卷上来了，怎么分析，我们要搜索；脚本怎么写，我们要搜索；音乐怎么配，我们要搜索，总之，我觉得我们一直不停地在搜索。每一天，每一场线上讨论，我们小组都在为这个能不能感动你而争论，每一次搜索，我们都在为这个终极问题寻找最佳路径。”

也许只有体会过“为伊消得人憔悴”的愁肠，才能在“蓦然回首，那人却在灯火阑珊处”时莞尔一笑。每周一次的大组讨论，学生分组汇报，说说自己这一周的进展。分享中，通过师生对话、生生对话，肯定自己这一周的进步，同时也发现新的问题。新问题产生了，离目标好像没有近一步啊，时间却过去了一周，压迫感就有了。从孩子的分享中，我们真切地感受到，他们对爱的理解在持续加深。

“每一周的分享会，我们小组压力都很大，因为看到了其他组的进展。”帆船小组的先天不足是，全是会写的，没有会做的，结果就用笨办法做逐格动画，剪纸之后摆拍，一秒钟需要拍 28 张照片，这个工作量巨大，孩子们在追求完美中乐此不疲，在感动别人之前首先感动了自己。

“视频制作真是一件烧脑、煎熬的事情，撇开前期熟悉技术的时间，短短一分多钟的配音我花了一个下午的时间，让我深刻感受到这果真是雕刻时光的艺术。”星河小组几十个小时的努力，捧出的是一颗滚烫的心。

学习从 5 月初启动，历时 2 个多月，每周一次小组交流分享推动学习有序开展，6 个班级的 6 个学习小组贡献了 6 个精彩的宣传视频。10 月 8 日，学习成果在“普陀周到”微信公众号、“上海周到”APP 进行了发布，超过 1 万的点击量突破了捐发活动宣传的记录，大家粗略估算了一下，这是往年点击量的8至10倍！

学生在不断的兴奋—困惑—应变—解决的起起伏伏中，体验着“唤醒爱”的过程对自己心灵带来的冲击，在不知不觉中收获了知识—行为—态度的灵活转变。

尾声：温暖而百感交集的旅程

2个月的视频制作过程，对于老师和学生来说，都是一段温暖而百感交集的旅程。在视频发布之后学生们的成果分享会上，“重新认识白血病”“我准备捐发”“不一样的感动”成为最高频的关键词。在很长一段时间里，这一段“唤醒爱”的经历成了学生们津津乐道的话题。

“为爱捐发”只是华师大四附中学生校园生活的众多场景之一。在华四的校园里，有学生在研究“资本论”“世界史”，有学生成为了“少科院院士”，有学生在校内开“超市”，有学生走进了上海市大大小小的博物馆。每一个人都能选修自己喜欢的博雅课程，每一个人都能找到一段属于自己的旅程。

学校简介

华东师范大学第四附属中学是2008年秋由普陀区人民政府和华东师范大学共同签约创办的九年一贯制公办学校。学校毗邻长风公园，校园环境优美，教学设施先进，课程资源丰富，办学声誉卓著。学校是“环华东师大优质教育圈”牵头单位、长风教育生态共同体牵头单位、长风党建联建责任区牵头单位。学校在求真务实中不断发展，获得广泛的社会声誉。

建校十六年来，学校先后获评全国文明校园、上海市首批新优质学校、国际生态学校、教育部青少年法治教育协同创新中心实验学校、全国示范家长学校、全国青少年校园篮球传统特色校、上海市艺术教育特色学校、上海市科技教育特色示范学校、上海市劳动教育特色校、上海市项目化学习实验校、上海市数字化转型先行校，逐步成为一所现代化、高标准、高质量、有特色，在全市具有一定影响力的新优质学校。

为了每一个孩子的梦想

——静安区实验中学随迁子女衔接教学实验班的故事

上海市静安区实验中学　崔平*

“断舍离”的困境

“杨宇洁，你怎么这么不懂事呢？上高中考大学不是你的梦想吗？回老家读书可是你自己的选择！当初，你舅费那么大气力，想方设法，让你进了县重点，这都读了一星期了。你这么小，这么远，一个人偷偷跑回上海，你要吓死我们哪……”

“妈妈，我不管，我就是要和你在一起，我不回老家了。”

“可你成绩这么好，完全可以在家里考高中啊，难道你的大学梦不要了吗？”

“我难过，我从小没离开过你们……”杨宇洁呜呜地哭开了。

---

* 崔平，上海市静安区实验中学教师发展中心主任。

“妈妈卖服装，刚刚投了那么多钱，没办法回去陪你读书啊！我不做生意，你吃什么穿什么？难道你要像我们一样，将来没有学历没有知识整天忙忙碌碌啊？”

“我要在上海读书。”

“可我和你爸的积分都不够，你在这里读下去不能考高中啊！你真的不要自己的梦想了吗？”

“可是我从小就没离开过上海。”孩子稚嫩的脸庞充满了委屈和不甘。

……

“李校长，求您帮帮我！”杨宇洁的妈妈说着说着已经泪流满面。听着家长的诉说，李广金校长脑海中掠过一幅幅画面，陷入了沉思。

“学习和生活变化的不适应，加上叛逆阶段的反抗，孩子用离家出走的方式回到上海，这样的孩子并非个案。孩子的成长需要陪伴，送回老家成为留守儿童，父母不能陪伴孩子的成长。为了美好的未来，‘随迁’还是‘留守’确实是一个两难的选择。”

“学文书记，你怎么看？”李校长道。

“身处特定的群体，为了家长们朴素的愿望，许多像小杨同学父母一样的家长，有的把孩子送回老家，有的丢开自己的工作回乡陪读。每到六升七之后，许多班级因回户籍就读转学人数多变得‘四分五裂’，我们不得不采取并班或重新分班的措施。这样一来，六年级一年的班集体建设几乎都得重新来过，刚形成的班风和凝聚力也大受影响，部分班主任和任课教师的工作积极性受到打击。这确实是我们亟待解决的现实问题。”

2017 年初，静安区实验中学李广金校长和陈学文书记就学校随迁子女衔接教学的现实问题开展研讨，将随迁子女衔接教改纳入了工作视野并提上了日程。

一石激起千层浪

“随迁子女是一个特殊的群体，我们学校由于区域整体教育布局和学区的划分，随迁子女占比较多。我们有意向开设随迁子女衔接教学实验班，开展随迁子女衔接教改的尝试，有什么疑问和困惑，请大家一起思考讨论。”按照学校有什么重大决策大家商量着来的惯例，在学校干部大会上，李校长抛出了话题。

“搞衔接实验研究没有问题，对随迁子女来说是件大好事、大善事，但是就学校整体定位来说，有一个问题就是一旦实验打响了，做好了，就会有更多的农民工子弟想方设法进入我们学校，随迁子女由于生活环境和学习习惯各方面的特殊性，给学校整体生源质量带来很大影响，功利地来说不利于学校的声誉，会让老百姓认为我们就是一所农民工子弟学校，会使一些沪籍家长子女望而却步。否则，为什么大牌学校首先向社会挑选优质生源，从而形成良性循环。所以，进行实验之前，要慎重考虑……”

“我曾打车到一个路口，寻不到孩子的家，后来才知他家在一个阁楼上，我把侧身背的包背在身后，才能勉强爬上通向阁楼的梯子……他们的生活，他们的奋斗，我们往往不以为意，我当时也是用自己的所谓智慧漠视这些孩子和家庭，但在后来我的认识转变了不少。”

“把孩子教育好确实是我们的责任，但我们还有沪籍的孩子，这些孩子迟早转走，我们为什么花这么大功夫、投入这么多的精力？这么做会不会冲淡沪籍孩子的教育资源，沪籍孩子家长会不会有意见？”

“目前，我们非沪籍的孩子超过50%，我们的教育是为了谁？为了学校有一个好的名声还是为了满足老百姓的实际需要？”

“随迁子女来自五湖四海，我们怎么有针对性地进行衔接教学？”

……

一石激起千层浪，一系列问题的抛出，学校知道这需要时间让全体教职工酝酿、思考和消化。

"一切为民族"的选择

静安区实验中学会议室，以坚定信仰、构筑师魂、引领行动为主题的"境界——师之道"讲坛开讲了。开讲前，全体教职员工观看了由学校精心制作的专题片《中国好老师——于漪》。

"教师的真正成长和发展，在教师内心的深度觉醒。只有当自己平凡的日常工作与国家、民族的命运紧密联系在一起的时候，才会站得高、看得远，才会看到你的工作是多么的有意义，有价值。"人民教育家于漪高屋建瓴的话语回响在老师们的耳旁。

"每个孩子都有接受优质教育的权利，每个孩子都值得被尊重、被呵护。我们对开设衔接教学实验班与学生转学回户籍所在地的时间相关性进行了问卷调查。从数据看，家长对开设实验班有较大需求。"陈学文书记详细地分析了学校前期调研结果。

"作为上海市第一批新优质项目校，'新优质'体现在公平理念上，我们要用实际行动将教育关怀和教育公平惠及来自不同阶层的所有学生，满足周边百姓的实际需要，让他们有更多的选择。如果有学生不具备回去的条件，又不想放弃考高中、上大学的愿望，我们这边为他们提供有针对性的衔接教学的准备，结合随迁子女户籍地升学政策，让孩子在学习、心理状态最适合的时机回户籍继续就读参加中考。随迁子女也是我们的孩子，我们可以充分利用现代大都市的优质教育教学资源提供衔接服务，从而让每一个学生获得公平的教育。"李广金校长作了主题宣讲。

思想的演变如同一场春雨，默默地滋润着老师们的内心……

“每一个孩子都是我们的孩子，在静安教育深化教育个性化的当下，只要对学生有益就该进行大胆的教育教学上的尝试，不应该有地区的‘围墙’。”2017 年底，静安区教育局陈宇卿局长来校指导工作，温情的话语坚定了实验人的志向。

忙碌的假期

夏日的校园，阳光灼灼，翠绿的荷叶摇曳生姿，像是在诉说着暑假的悠闲与宁静，与此同时，实验中学的会议室里却显得忙碌而热烈。大屏幕上，问题被清晰地逐项列出，在前期调研的基础上，各教研组畅所欲言，各种观点相互碰撞，与会者们专心致志地讨论着解决方案。

“衔接教学我们到底教什么？怎么有针对性地教？我校随迁子女分布在 18 个省、1 个直辖市的 80 个地级市。生源较多的省份为安徽和江苏，分别有 54 人和 40 人。生源较多的地级市集中在安徽芜湖、山东临沂、江苏盐城这三个城市，各有 11 名学生。其余地市均不超过 5 人。”教导主任徐秧银老师说。

“在版本的使用上怎么操作？除语文、历史、道德与法治三门学科使用统编教材，随迁子女所在地，各学科有不同的版本，如苏科版、北师大版、鲁教版等。”英语组戴绮音老师说。

“在教学的侧重能力点上怎么安排？我们对安徽、江苏、浙江、福建、山东等五省的 20 个地级市中考科目及分值设置进行了初步了解，各有侧重，各不相同。”数学组郭坚老师说。

“在学时上怎么设置才能初步弥补教学内容的缺漏？各地教材虽有大同，必存小异。”语文组程佳思老师说。

……

横亘在我们面前的似乎是过不去的道道沟坎，为了这群随迁子女的梦想，我们必须克服也必将克服。暑期的校园里，老师们热火朝天，集中攻关。面对突出问题，新鲜出炉的教改青年突击队队员陈园园、张斯悦、帅芳付丽、刘冰、曹华丽、黄圣清、余琳，“摸着石头过河”，不断研究突破。

“我替那些随迁孩子感谢你们，能让更多的孩子实现自己的梦想，对于他们一生而言是多么难能可贵，有再大的困难，我们都要努力去做、去探索，我觉得我们的付出是值得的。”听着学校领导深情的鼓励，实验攻关小组每一个人心中都充满了力量。

“除统编教材，我们实行‘一纲多本’，以沪教版教材为主修教材，以人教版为主要拓展补充教材……”

“我们以学科核心素养发展为主轴，各教研组完成各阶段学习纵向连贯、横向覆盖的教学计划……”

“我们要酌情增删，重新系统构建教学内容、重难点和课时体系。”

……

一道道难题迎刃而解，2017 年 9 月秋季开学，实验中学随迁子女衔接实验班应运而生。这是上海市唯一一个专为随迁子女回乡升学衔接教学进行专项研究和服务的实验班，学生 100％来自全国各地的来沪务工家庭。

温馨的延时陪伴

西斜的阳光透过教室的窗户，斑驳地洒在孩子们的脸上，形成一幅温馨而和谐的画面。学校特意为随迁子女设立的课后延时服务时间到了，实验班的孩子们并没有像其他班级同学一样匆匆离开校园。小周同学脸上洋溢着轻松的笑容，他来自安徽，一家三口人租住在不满十平米的小阁楼上，吃饭、完成作业甚至是切菜都在那张小桌板上。懂事的他知道父母的不易，为了自己的梦想格外努力，但是放学回家学习难免受到影响，而现在可以安心地留在校园里，在明亮的教室里完成作业，每逢周四，还可以参加艺术课拓展活动。

“小周，英语阅读卷还有什么不懂的地方？”英语杨老师走进教室，她将陪伴他们一直到六点半，为他们答疑解惑。小周英语基础差，每次他抬起头来看到杨老师关切的眼神，心中总是充满无比的温暖和无穷的力量。

像小周同学一样，在上海中心城区寸土寸金的地方，随迁子女大多数租住在逼仄的小间内，家长在外忙碌也无暇关注孩子的学习，更不用说为孩子留出独立学习的房间。

“那就让这些孩子留在学校里完成作业，由实验班任课老师轮流陪伴，有需要的还可以进行个别性辅导。”在当时，学校的延时服务整整早于国家提出的延时服务两年。老师们毫无怨言，放弃了下班后的休息时间，各学科老师利用延时服务时间，给学生们增加了与衔接教学相应的实验操作的练习、与其他版本教材教学内容相匹配的专题辅导和答疑解惑。

冬去春来，每天傍晚，夜幕下的实验班教室里灯火通明，孩子们的眼神清澈明亮，充满了对知识的渴望和对未来的憧憬。我们的老师们始终坚守着，用温情的陪伴呵护每一位随迁子女的梦想，用暖心和爱心构筑安心的学习空间！

牵住学科思维能力的牛鼻子

“波力海苔，波力海苔……”“今天老师带了波力海苔上化学课啦……”同学们满怀好奇。徐秧银老师打开包装，取出一包白色外包装的物质，放在实物投影仪上，让同学们看包装说明书，并提出了三个问题。

“问题一:从以上包装说明中我们可以猜想到生石灰具有什么样的性质?

问题二:怎样设计实验来验证我们的猜想?

问题三:生石灰遇到水后,生成的物质可能是什么? 怎样来验证?”

然后,每两位学生分到了一小块干燥剂,带着好奇心迅速地做起实验来。干燥剂十分给力,随着一滴滴水的加入,生石灰慢慢地膨胀开来,有同学开始看到有水蒸气产生了,有同学感觉到烧杯壁开始变热了,丰富的实验现象使同学们兴奋不已。最后滴入的酚酞试液使混合物瞬间由白色变成红色,同学们更是惊讶得很。

下课后,徐秧银老师把剩余的干燥剂故意留在了教室里,让它在学生们的眼皮底下慢慢地变质。

两个星期后,单元复习课,又用上了变质后的生石灰。

“问题一:两个星期前就放在这里的生石灰,仔细观察外表,它跟之前有什么不一样?

问题二:根据生石灰的化学性质,它一定发生了哪些变化?

问题三:这些生石灰现在可能含有哪些物质?

问题四:如何设计实验来验证你的猜想呢?”

从观察变质后的生石灰的外观开始,徐老师让学生认识到虽然外观没有大的变化,但是物质可能已经发生了变化;然后引导学生进行科学猜测:从化学变化的规律分析变化后的物质,形成正确的学科思维方式;在正确猜测的基础上,进一步引导学生设计实验、进行探究;最后通过实验得出结论。四个问题,一个接着一个,全班学生无不投入到对每个问题的思考与讨论中,对每个问题的回答进行相互的评价与完善,最后做实验进行验证。

“这些生石灰已经变质了,你有办法变回来吗?”在证实了生石灰变质后,徐老师又提出一个更具挑战性的问题。

“生石灰、熟石灰、石灰石”是初三化学中重要的知识，也是外地各类考试命题中经常涉及的物质。三种物质之间的相互转化，及部分物质反应后成分的判断是一个教学难点。科学课上，徐秧银老师综合外地教学内容和能力测试点的要求，进行了情境创设和学习路径的设计，让学生经历实验过程，激发学生用学科思维去思考身边的化学现象，更理性地用学科能力去提升学习品质。

“对于随迁子女来说，培养思维的灵活性和迁移性，能够帮助他们更好地面对户籍所在地不同的教材内容、不同的知识表述、不同的场景运用和不同的考查提问，更好更快地提炼出学科问题的本质，有足够灵活的思维和迁移的能力消化吸收知识和解决问题。”学校青年英才计划成员总是站在实验突破的第一线，将自己的切身体验告知老师们。

随着衔接教学实验的推进，我们用安徽马鞍山的一所重点中学的试卷进行联考，考下来各有千秋。“如果就一地一域，进行对照研讨，视野还是显得单一，因为我们面对的是来自全国的孩子，拿这个数据对当下的衔接教学进行诊断还是缺乏针对性指导意义。”学校行政班子就下阶段衔接教学循证实践开展进一步的讨论。

“我们要撇开纯粹知识的测试评价，明晰各章节知识点背后的学科能力素养要点以及对照课程标准所要达到的能力素养层级要求，形成测试评价的基本标准，以更好地与不同地区不同版本进行教学评价的衔接。”徐亭副校长建议说。

“我们的实验，还须向科研、信息技术借力。”于是，学校与学科网合作开发了“上海市静安区实验中学学生学科能力测试平台”。各学科组根据学科能力测试点分布，进行试题库建设。2020 年 3 月，“随迁子女衔接教学实验的循证研究”成功立项为上海市教育科学研究课题。

……

“课堂的浸润使孩子们头脑富有思想，内心世界丰富而有追求。我们聚焦思维培育的深度学习，突出‘问题解决’的综合学习，优化学习的过程性质量，即以不变的学科思维能力培养和教学诊断来应对外地千变万化教学内容……”

2021 年 6 月 23 日，普陀区青少年中心会议室气氛庄重而热烈。“发展新优质学校，构建高质量教育体系”的基础教育国家级优秀教学成果奖“新优质学校课程与教学及其支持系统”推广展示会隆重举行，李广金校长向与会代表讲述着老师们的探索经历。

用爱呵护心灵

“我从一个中国西北小镇小学走向县初中、县重点高中，再到广州读本科到华东师范大学读研。我是从家乡一步步到上海的，你们是即将从上海回到家乡，在这个过程中，你们会面对学习上一时的水土不服，需要一段时间的适应，但是你们在上海收获的视野往往是与家乡不同的。我希望你们带着自己的大视野回去攻克这些小困难，终有一天可以有实力去任何你想生活的地方生活。所以大家都要有一颗梦想的种子，找到内心的航标，让我们用它来为未来铺路，让生命的每一步都熠熠生辉。”

实验班第一届班主任陈园园老师正在用自己的成长经历跟实验班的孩子讨论生涯规划设计。孩子们从自己的兴趣和目标出发，详细阐述自己对于未来的期许和渴望。陈老师把孩子们写的《给两年后的自己》一一都塑封了，师生相约中考完后再来领取。

“同学们，何为家乡？汪曾祺的家乡是‘风吹湖水浪悠悠’，老舍的家乡是‘长着红酸枣的老城墙’，莫言的家乡是‘遍野的红高粱，风吹时不停地摇晃’。‘家乡’二字，有‘家’也有‘乡’，家人，让人温暖；故土，让人留恋。‘家乡’背后是与家人相守的每分每秒，是脚踏故土的踏实坚定。让我们以《乡情》为题，写一篇作文。”

“老师，我妈妈是湖南人，我爸爸是安徽人，我在上海出生长大，所以我的家乡在哪里?”

“三毛曾经说过:‘心若没有栖息的地方,无论在哪里都是在流浪。’今天的作文《乡情》其实是让你思考心归属的地方,它来自于亲情、友情、爱情等情感,是心灵的寄托。只要找到属于自己的归宿,无论走到哪,我们的心灵都能得到安宁,从而拥有力量和信心。”

“那我的故乡有三个……”思考片刻,曾经迷惘的孩子们变得欣喜起来。陈老师的话潜移默化地唤醒他们的乡情,让他们找到属于自己的心灵归属,让他们心灵逐渐成熟起来。孩子们也试着回家问爸妈关于家乡人、家乡话、家乡节日的种种。

“老师,我学习压力好大,其实我是理解他们的,他们奋斗得太辛苦了,所以逼着我干他们认为对的事。我总想和他们对着干,我该怎么办?”

“孩子们,今天我让班长读一篇老师写的期中考同题作文《这就是温暖》,这是老师的亲身经历哦!”同学们顿时专注起来。作文中,陈老师向学生描述了她曾学习压力很大,和父母对抗无果,后来在异地上大学后,开始逐渐理解父母的经历,引起了孩子们的共鸣,缓解了青春期叛逆的情绪。

难以割舍的艺术情结

“陈老师,王燕妮现在不肯回老家读书了,她说,非常喜欢上胡老师的‘非遗’漆画课,如果下学期回老家读书就不能参加实验艺术集团的漆画展了。可是,我们老家这边学校已经联系好了,老家那边中考部分科目是初二就要参加的,我们不能落下。”一早,王燕妮的妈妈就打来电话。

陈老师拿到王燕妮的漆艺作品也大为赞叹,孩子笔下的秋林以清旷疏朗的大地作背景,一簇簇细密的枝柯交错颤动,密密麻麻的叶子飘飞,有不尽的苍翠幽清之意。

“陈老师，胡老师教我们的是以《诗经》为主题的漆画创作，我一上手就感觉离不开它。胡老师说‘每一次创作，诉说的都是漆的言语’，我不能再和漆对话了。”王燕妮充满了不舍。

“王燕妮，我给你看一幅上届学生留给我的作品。”数学郭老师，他从抽屉底层抽出一幅版画作品。汉字图腾创意带着墨香、童话和浓浓的乡情，新颖、奇特、大胆，如同大海般的气息扑面而来，让人屏息。“这位同学已经通过了南艺的校考，他和你有一样好的天赋，但是他不是丢弃，而是揣在心里，创造更好的条件来追求自己的梦想。”

“王燕妮，你还记得上次我们学校艺术链展演大舞台上和我一起跳舞的小吴老师吗？小吴老师就是从我们学校出来的，她先考上了舞蹈学院，后来从事她喜爱的教师职业。诚然，我们不能错过对美的追求，但我们对美的追求不只是一条路，你现在要选择最迫切的一条路。”学校艺术教导主任胡萍老师正好路过，语重心长地对她说。

“我虽然错过的很多很多，却毕竟把握了最关键最美好的，这样，‘错过’便仿佛是碧绿的叶片，把一生中‘收获’的七彩鲜花映衬得格外明艳！——刘心武。和你共勉。”陈老师在王燕妮的备忘本上写上了这么一段话。

……

十二月份，小王同学的作品如愿参加了中华艺术宫的漆画展，陈老师把画展照片发给了回老家升学备考的王燕妮。

“作为上海市艺术特色学校，我们利用了教育资源的优势，精心设计了充满艺术气息与美感的活动，贴近孩子们的实际需求，给这些孩子提供了发展个人兴趣爱好的空间和机会，挖掘孩子们身上的闪光点，赏识他们、唤醒他们的自尊，用艺术渲染青春色彩，涂抹他们成长的画卷，让他们带着小小心灵中对艺术的向往，踏上了回家的升学以及今后人生成长之路。我们期望孩子们在学习优秀艺术项目的同时对中华优秀传统文化加深了解、感悟，不拘囿于一方地域文化，提升传统文化认同和民族自信。”陈学文书记在静安区实验中学艺术教育集团年度会议上介绍了我们的做法，道出了我们的心愿。

心相伴，爱续航

喜悦、兴奋，又有点紧张，已经等待拿老家重点高中通知书的李昊，听说 7 月 21 日上海母校要举行毕业典礼，于是和父母亲商量乘车前往上海参加毕业典礼。凌晨五点，从小独立的他已经乘上了火车，窗外的景色掠过，每一帧都像一幅流动的画卷，上海的实验班生活像一部电影一样，一幕幕画面浮现在脑海里，令人难以忘怀。

七年级第一学期末，腼腆的同桌转学回老家，带了一大包糖给全班默默地发。七年级第二学期期末，班长组织开了一场更为正式的欢送会，欢送即将走的六个人，包括她自己。八年级第一学期，欢送会更特别些，之前转走的陈龙趁着假期回来参加欢送会，分享自己转学的心得，八年级第二学期结束时，学生到了最晚回老家读书的时间，这个班级面临着解散。老师们操心着每个孩子的去向，叮嘱着孩子们。

“转学后的新环境、新朋友、新知识会让你更加丰富，更加独立，祝你在这条新的学习旅程中取得更多的成功!”

“转学是成长的一部分，它让你有机会重新认识自己，追求自己的梦想，发现自己的潜力，希望你能够把握好这次机会，获得更多的突破!”

“孩子们，我们人散了，我们的心不散；我们形式上的班级没有了，我们的班号没有消失；九三云班正式成立，我们的微信群‘八三班在线学习群’转为‘九三班在线学习群’,好不好?”

“老师,我们可以把之前转回去的同学也拉进群吗? 这样有仪式感。”就这样,九三云班有了江苏分部、山东分部、浙江分部、云南分部、安徽分部等。

“每个人都有自己的节奏,不必跟别人比较,只需与自己竞争。只要比昨天的自己更好一点,就是在进步。加油,我看好你!”一次考试失利,陈老师鼓励的话语清晰地回响在耳旁。在重要的一模、二模或者寒假前的时间,园园老师都会在群里留一段鼓励的话,在专属他们的朋友圈里分享上海同步课堂的板书。

在寒假开始时、中考前,班级还组织了云班会。实验班任课的郭老师、杨老师、刘老师、徐老师主动和这些“云上”的学生们一道交流学习困惑的应对方法。云班会下半场,班长负责,我们在聊天室里畅所欲言,我们相互的鼓励加油成为一生最值得珍藏的记忆。

带着一段段温暖的回忆,李昊迫不及待地走进毕业会场。一场充满温情感动、写满难忘记忆、极富教育意义的毕业典礼,或许可以成为一生的礼物。谁都想在中考后见见彼此,谁都想给自己的初中画上一个完美的句号,谁都想以自己的方式回报在实验中学的师长。

2021 年 7 月 21 日,学校在因疫情临时改期、学校整修、借友邻学校场地的情况下,举办 2021 届初三毕业生典礼。这场毕业典礼的筹办人员有些特殊,已经转回老家一两年的二十余名学生也回来同上海学生一起策划了这次毕业典礼。

“不管是上海户籍还是外地户籍,你们都是我们的孩子,母校从未停止对你们的关爱和牵挂。你们追逐自己心中的梦想,拼搏进取,据不完全统计,首届随迁实验回户籍地中考的同学全部达到了普高分数线,20.6%的同学进入了省重点。当然,成绩只能证明过去并不代表未来,那些我们追求与坚守的梦想始终是我们自强不息的不竭动力。”实验中学党支部书记陈学文在毕业典礼上深情地叮嘱大家,“希望你们学会去爱,把发现爱、感受爱、表达爱、传递爱作为一种行动自觉,心怀阳光、携爱前行，以大爱担当重任，以热爱追求梦想，以爱心温暖他人，用爱去开创幸福人生。”

毕业骊歌起，青春将远行。那天，大礼堂灯火通明，老师的温暖的话语照亮了每个孩子的内心，第一届实验班师生深情相拥的700多天的温暖日子即将告一段落，孩子们相拥道别，他们也将带着这份爱，奔赴下一段旅程。而由实验师生共同写下的这段关于温暖、公平、挑战、发展的随迁实验班的故事，不过刚刚落笔。

故事在延续

春风渐暖，实验的田野迎来新一季的耕耘。2022届实验班因为疫情，中考推迟，毕业典礼线上举行。那一天，即将离开的孩子们为老师唱起了动人的歌，班主任徐晓娜老师，潸然泪下，哭得像个孩子……歌声饱含感恩、眷恋、豪迈、自信和勇敢，他们相信有太阳朗照，有歌声引路，梦想并不遥远。

“老师们，衔接教学改革尝试是一个过程，一种状态。走向个性化的衔接教学这一系统工程任重而道远！今后，只要随迁子女有需求，我们就要把这项凝聚智慧和情感的系统工程推进好，让我们的校园真正成为孩子们需要的温暖育人空间。”静安区实验中学校长、书记陈学文在“‘境界——师之道’讲坛之温度·续·延”大会上的报告坚定有力。

2023年7月，静安实验中学新生中随迁子女人数占比大幅缩小，180名新生中家长有衔接需求的仅有39人，为了让每一个孩子逐梦前行，向阳花开，我们义无反顾，我们初心不改，实验班在继续，实验班的故事也在继续……

学校简介

上海市静安区实验中学是一所创办于1989年的普通公办初级中学，前身为上海市闸北区教育学院实验学校、上海市闸北区实验中学。三十余年,始终坚持“学做人、求真知、会健身、追求美、能创新,培育具有文化底蕴、艺术气质和坚持精神的合格小公民”育人目标,坚持艺术教育特色品牌引领学校高质量办学之路,全面提升学生素质,促进多元发展和个性彰显。

基于“七会一特长”,实验中学从“艺术特色教育”到“艺术特色学校”,从“艺术教育链”为纽带的新优质集群发展共同体,进而建成了“静安区实验中学艺术教育集团”。我们以上海市漆艺“非遗”进校园优秀传习基地、版画、民舞等艺术教育特色品牌带领集团 24 所成员校全力构筑区域艺术教育创新高地。“‘艺术教育链’的构建与发展”荣获上海市基础教育教学成果二等奖。

学校将教育关怀和公平惠及每一位学生,以“拓荒者”的姿态,开展了“初中随迁子女衔接教学循证实践研究”,被誉为“具有上海温度的教改行动”,荣获上海市基础教育教学成果二等奖。

学校是全国中小学中华优秀文化艺术传承学校、全国中小学舞蹈教育传统校、上海市艺术教育特色学校、上海市美术教育教学研究基地实验学校。学校先后获得了全国特色学校、全国艺术教育先进单位、上海市文明校园等荣誉称号。

适性扬长行致远

——基于“适性扬长”综合E评价平台促进学生全面发展

上海市普陀区中山北路第一小学　徐梅芳　庄世君　沈梦婷*

校园内，微风习习，书声琅琅。普陀区中山北路第一小学虽地处上海小街深巷，但却依然志存高远、严谨笃学，在深巷中飘出了醇厚的育人书香。1989年，时任上海市委书记江泽民同志亲临学校视察后，欣然提笔写下了“教书育人”的题词。此后，“爱岗敬业，为人师表，能勤奋地教书育人；遵循规律，遵守原则，能规范地教书育人；专业发展，与时俱进，能智慧地教书育人”引领着每个“中一”人的发展。

扎根既深，其苗必壮；涵濡既厚，其气自华。自2003年始，在十余年的坚守和摸索中，“中一”在实践中树品牌、创特色，在发展中呈现出了“新优质学校”的潜质和特性。学校的成长需要更优质的文化和理念作为支撑，融合对新优质教育的理

* 徐梅芳，现任上海市普陀区中山北路第一小学党支部书记、校长，正高级教师，上海市特级校长。
庄世君，现任上海市普陀区中山北路第一小学德育教导、体育教师。
沈梦婷，现任上海市普陀区中山北路第一小学团支部书记、语文教师。

解，徐梅芳校长逐步梳理并形成了“中正平和，一树百获”的办学新理念：创设公正、平等、民主的教育机会，为每位学生提供适切的教育，让每个学生获得适宜的发展，培育“品德淳厚，理想远大，兴趣广泛，知行合一”的“中一”学子，让优质教育深度惠及每一个学生。

漫漫求索路上，唯有培育和积聚力量，方可突破；唯有厚积，方能薄发。自2013年起，徐校长开始关注基于关键事件成长“E档”的学生评价创新探索工作，并带领中北一小全体教师依托信息技术，积极开展实践探索。在徐校长看来，评价不仅是一种反馈，更应是一种激励和积极的自我建构。历经多年的学习探索，学校基于促进学生全面发展和个性成长的需要，不断推动深度改革，坚持以“适性扬长”为导向。我校的研究由单一的E评价深化到学生综合E评价的实践探索，在“学生成长E档”平台实践研究的基础上，聚焦课程教学改革的核心问题，彰显新时代教育评价的新理念，架构了学生综合E评价平台，不断为评价实践注入新理念，增添新活力，以长容短、促长补短、以长促全、扬长致远，致力于为每一位“中一”学子提供适切的教育，让每位学生获得适宜的发展。

优质的教育让教师不断思考，依托学校综合E评价平台，结合多元化评价，因材施教，发挥优势资源，进一步深化了对评价的认识，开启了具有中北一小特色的学生综合E评价的实践，同时更进一步拉开了我校从优质走向更优质的序幕。教师们借助信息技术，为每个孩子描绘独一无二的“立体数字画像”；基于大数据分析，为学生的个性化教育和发展建构一个教育场，为个性化教与学提供依据，从而实现个性化的发展。在新优质理念的背景下，以适性扬长为导向，让每一位学生在和煦的阳光下茁壮成长，散发出勃勃生机。“中一”的校园里，到处都是欢乐的笑声，幸福童年奠定成长之基。接下来，就让我们一起看看这些基于适性扬长的成长故事吧！

身临其境——对着马桶发呆的男孩

快乐的童年，就像一幅色彩斑斓的画，永远装点着孩子们的心灵，让他们保持纯真与好奇。欢快的上课铃声响起，学生从操场、教学楼四处涌进各自教室，不一会儿喧闹的校园安静了下来。二(6)班这一节是美术课，此刻美术老师已站在讲台前，班主任毛老师正要离开教室，瞥见了那个空座位，她走到门口看了一眼空荡荡的走廊，又返身问道："王若尧呢？"

"刚才去厕所了。"一男生回答。

毛老师随即走向办公室，路过男厕所时，向里张望了一眼，果然王若尧在厕所。不过，他没有上厕所，面对着一个隔间，手扶着门，抬起脑袋怔怔地看着什么。"这是在干嘛，不上课在厕所闻臭气吗？"毛老师疑惑道。

没想到这个小家伙慢悠悠地回答："我在考虑设计一款中水循环装置，但是好像只能适用于家庭马桶，我刚才在找这种蹲式厕所的进水阀。"

好家伙！中水循环装置是什么？毛老师没太明白，她让这小家伙展开讲讲。于是，王若尧向毛老师解释道："这是一款节水装置，把水池里用过的水存到一个中水箱，经过过滤再流向马桶水箱，用来冲厕所，可以节约很多水。"他又补充道："洗手、洗菜，洗衣服用下来的水不应该直接进入下水道，它们经过滤完全可以用来冲厕，所以叫中水。"毛老师听着尽管有些懵，但是"节水环保"的理念让她敏锐的触角张开了，或许有了正确的引导和指导，这个创意是可以实现的，否则这小家伙把厕所水箱拆了可不得了。

"这个想法很好，走，我带你去找科创田老师。"

田老师听了王若尧同学的讲述，思考了半晌，说："你能把你的设计思路变成原理图画下来吗？"王若尧有些犯难："我画不太好，只能画个大概的样子。"停了停，他又补充道："不过，如果有家里那种坐式马桶，我可以比划清楚。"田老师想到门卫室后面的二楼有个会客室，那里有水池也有马桶，于是带着王若尧同学直奔那儿。

此后的一周时间里，一大一小两个身影时常出现在那栋小楼的二楼洗手间，他们一次次翻开马桶水箱盖，研究着进水阀和进水量，又先后解决了三通阀、连通器问题，设定了进水管和溢水管的工作场景。在构思基本完善之后，田老师将这一创意上传到学校综合E评价平台，记录在王若尧的活动档案里。王若尧的爸爸通过平台看到了，既欣喜又激动，他颇为学校的教育之用心感慨，继而他将这一创意设计的工作原理图在电脑里画了出来，田老师趁热打铁，指导王若尧录下了创意讲解视频。

两周后，这个二年级的小朋友和中学生大哥哥大姐姐一起走进了科创大赛的答辩现场……

两小时后，王若尧迎着初秋的阳光，一蹦一跳地走出了赛场，他对等候在场外的老师和家长说："我要让这款装置升级，应该会有2.0、3.0版本！"

【番外】来自我校二年级的王若尧同学设计的"家庭中水循环利用装置"创意获得"赛复创智杯"上海市青少年科技创意设计评选二等奖，目前2.0版本正在设计改进中。

深入浅出——从"不想理你"到"助燃剂"

幸福快乐的童年，是最美好的回忆，它像一剂良药，治愈着孩子们成长过程中的烦恼。一天，英语杨老师下了课就来问："梁老师，你们班小苏什么情况呀？上课就把膝盖搁在桌子上，我叫他也不睬我，我从来没看到过这种孩子！"

梁老师无奈地说："是呀，我去家访的时候他就这样了，家里也管不住的。开学第一周周五,他的奶奶和外婆就在校门口堵着我了,说他们家孩子有问题的,缺锌!”

显然,这是一位特殊的孩子,作为班主任需要重点关注。但怎么才能让他愿意接受其他老师的教育呢？梁老师想第一步就是要让他能把老师的话听进心里。

通过学校综合E平台的数字画像,再结合课堂观察,梁老师发现了他的长处——书写端正、表达完整,这说明语言能力是他的优势发展领域,这也正好是班中其他同学急需发展的。

“看,这是小苏同学写的字,字迹很端正,大家要向他学习。”“小苏同学的回答很完整,大家学着他的样子说一说。”渐渐地,他的背直起来了,他的脚放下来了,他的眼睛亮起来了,老师的话他能听进去了,这正是他的自我效能感提升了。

这一天,梁老师正给他发放“乐于表达”的即时评价贴纸,趁机点拨他:“真不错,我们小苏获得的评价贴纸可真多,不过你能在‘认真倾听’方面再努力努力吗?你可是同学们的小老师,要给大家做好榜样呢!”就是这样一次简短的对话不仅使他学习的兴趣越来越浓,还让他能在课堂上和老师正常互动了。

其他同学看到他获得这么多贴纸,还有这么大的变化,也被激发了好胜心,上课发言越来越积极了。这时,梁老师趁热打铁,鼓励他们对积累的词语进行运用。同学们默写、写话时能额外写出几个课外好词了,她就给他们贴上“主动识记”的贴纸。小苏同学就自然而然地成为了班级的“助燃剂”。通过小苏和班级同学的互相促进,同学们对语文的学习兴趣越来越高了,语文的字词基础也在慢慢提升。而家长也通过扫描下发的即时评价贴纸,时时关注着孩子的进步。

这不,小苏家长又在校门口找梁老师了,这次却是表达感谢:“最近孩子进步很大,不仅要主动‘打卡’读书,还能边读边积累词语、做手抄报了呢！他想要展示在班级的板报上呢！真是谢谢您!”

“小鱼儿退场,小公主继续下一幕!”你看,四(2)班门口怎么这么热闹？原来是在参与学校的戏剧节活动，排练课本剧呢！“小李”这一组《海的女儿》的表演中，编剧不正是我们“小苏”吗？原本班上最是沉默寡言的“小李”，当起导演，排起节目来竟也是有模有样。

正是在这样的学习氛围下，班级的语文水平果然有了较大进步，班级的整体差距也小了很多。整个班级也在持续进步，跟上了年级整体水平。大家都越来越喜欢语文了。同学们都发挥了自己的优势，还和其他同学互相取长补短，在各方面获得了进步。

细水长流——基于数字画像看成长

孩子们童年时的快乐与幸福很简单，但它的治愈力量却足以温暖他们的一生。“我们家的小刘可以加入篮球社吗?”有一天，一位三年级学生家长联系到庄老师，想要让他的孩子参加篮球队训练。“小刘的体育很差，之前也从未接触过篮球这项运动，我们想让他锻炼身体。”“好的，小刘妈妈。”庄老师一口答应。

但是在小刘第一次参加训练时，庄老师就发现，和其他同学相比小刘的运动能力和协调性明显比同年级学生弱了很多。当时庄老师想，只要跟着其他队员们一起训练，他的运动能力肯定会有所提高，于是训练时也并没有太在意这位学生。

但在训练了一段时间后，篮球队中的学生都熟络了起来，休息时会聚在一起聊聊天，只有他一个人默默地在一旁喝水休息，当庄老师发现了这个状况后走到他身边关心地问道:“你怎么一个人休息呀?”他却马上拿起篮球走开了。看到小刘的一系列行为，在这次训练后庄老师在学校综合E评价平台上下载了他的数字画像，发现他的体育成绩确实属于体育“困难生”，而且也很缺乏交际能力，数字画像的数据都和他平时的表现相吻合。

针对他的数字画像，庄老师开始尝试改变训练方法，想要通过篮球这项运动让这个孩子敞开自己的心扉，交到好朋友的同时还能提高自己的篮球水平。在之后的训练中庄老师刻意组织两人、三人或多人的团体练习，让这个孩子多参与到团队中，增加与其他同学交流接触的机会，也会在小刘有点滴的进步时多夸奖多鼓励他："小刘你传得真棒！""小刘你的手臂再伸直一些可以做得更好哦。"慢慢的小刘也会给予回应："我可以加入他们小组吗？""我可以来防守吗？"庄老师这才发现原来小刘还是愿意与人交流的，只是不知道如何去表达。

对于他薄弱的身体素质与篮球基本功，庄老师在训练后也会与学生家长取得联系。"小刘妈妈，我在学校的数字导炼平台上传了篮球运球传球、投篮等练习视频，可以让小刘跟着平台上的视频在课余时间运动起来。"小刘的家长也很乐意把他在课后练习的视频和照片反馈上来，就这样庄老师和家长形成了良好的家校沟通，会定期与他的家长进行交流，观察他的变化。在接近一学年的训练后，小刘的家长很开心地和庄老师说："小刘在参加篮球队之后明显开朗了很多，在班级里和家中的话也变多了，也会和小伙伴三五成群地玩在一起了。"

更让他们觉得开心的是，这个孩子的篮球技术已经从不会运球到能够在三步上篮中保证一定的命中率，甚至会在训练之余和其他队员说说笑笑了。不善言谈的他也会主动来询问庄老师关于篮球训练的一些有困惑的问题："庄老师，为什么刚刚那个球被防住了？""我最近在'数字导炼'平台上学到了胯下运球，你看看。"

看到了他的变化，庄老师也感到十分欣慰，再次打开他的数字画像时，看到之前薄弱之处——交流沟通、体育运动等方面的数据有了明显提升，数字画像也越发的饱满。庄老师通过篮球这项运动也确实慢慢地改变了这个孩子，并且专业的训练也让该学生的运动能力得到了有效的提高，促进了小刘身心和身体的全面发展。

声情并茂——扬起自信的激励风帆

快乐的童年是基石，奠定了孩子们人生的未来；幸福的童年是坐标，记录着孩子们人生的起点。11 岁的小王是一个高大帅气的小男孩。他兴趣爱好广泛，尤其喜爱乐高玩具和阅读课外书籍。唯一令人遗憾的是，小王患有中度口吃，说话结巴严重。

在校期间，由于老师和同学们的留意和关爱，加上小王学习优秀、知识面广，与同学们的交流越来越多，深受大家的佩服和欢迎，即使有时候结巴严重，也被大家自动忽略。

小学即将毕业之际，陈老师在学校 E 评价平台与孩子沟通时，看到了他发的最大的心愿——在班级主持的升旗仪式上当一回小主持人。看到这条信息，陈老师感慨万千，平日里他努力回答问题和投入朗读的画面浮现在了面前。或许，应该抓住这个契机，不仅能帮助他实现心愿，还能帮助他克服心理恐惧，改变现状。抱着尝试的心态，陈老师在后面回帖道：如果你能每天朗读课外书籍的内容三分钟，一周五天，只要坚持一学期，就让你当升旗仪式主持人。

没想到，他竟凭借顽强的毅力，足足坚持了一个学期，口吃现象也明显好转。陈老师当然也遵守承诺，让他当一次小主持人。

为了帮助他顺利完成主持任务，陈老师特地提早三周时间写好主持稿，让他不断训练，在滚瓜烂熟的基础上尽量避免口吃。可万万没有想到，在临近班级主持升旗仪式前几天，卫生室要在升旗仪式上启动心理健康月的仪式，不得已增加了很多内容。过了两天，恰逢澳门教师交流团来校参观，主持稿又增加了欢迎仪式的内容。如果临时换主持人，不仅是对小王的不尊重，抹杀了他的努力，还是对小王一次重大的打击。于是，陈老师觉得应选择相信小王，仍旧让他做主持，这下子,小王心理压力陡增,他家长的心也不禁悬起,万一这一天他口吃了怎么办?脑海里不时浮现出他在场上结巴,引起全校学生哄堂大笑的场面。陈老师也看出他的压力和紧张,及时找他谈心:"小王,主持稿一改再改,一加再加,你准备得怎么样了?""都背出来了,就是还不熟!""我知道你很紧张,没事,到时你就拿着稿子上场,万一紧张得忘词,就大大方方读稿子。""老师,我尽量背熟。""小王,凡事尽力就好。在老师心目中,你就是最了不起的人,有多少同学能上台做升旗仪式主持人?又有多少说话不够连贯的人能上台做主持人?你瞧,你已经是最了不起的了。就算到时说话结巴了,千万不要在意,因为你已经是最出色的。"

听了陈老师的话,他的神情明显放松了,脸上也浮现了久违的松弛。作为班主任,为了避免万一,陈老师主动找领导说明事情的原委,希望他们在澳门老师面前先打一声招呼,让他们理解这次选这位主持人的初衷。没想到,校领导一致支持,纷纷鼓励他不用担心,放手去做。

升旗仪式终于来到。这一天,全校师生聚集在操场上,澳门交流团的老师站在最显眼处。望着密集的人群,陈老师明显感受到了小王的紧张,不时搂着他鼓励。熟悉他的老师也纷纷走到操场的最前面,期待他的表现。只见小王做了几个深呼吸,沉着地和女主持人一起走上领操台,拿起话筒……整整近四十分钟的仪式,整整三张 A4 纸主持稿,他竟奇迹般地没有一处失误、一次口吃。当他宣布"升旗仪式到此结束"时,全场响起了热烈的掌声,尤其是那些知道他有口吃的老师们都忍不住朝他投去赞许的目光,澳门代表团的老师们纷纷竖起大拇指,对他的成功主持表达祝贺。这一刻,陈老师看到了他脸上从未出现过的自豪、灿烂,如同一层光晕笼罩着他;这一刻,他坚强、勇敢、纯洁,就是完美的天使。陈老师立刻把这个消息告诉他家长,电话那头的喜悦、自豪与如释重负透着声音也能清晰感受到。

这次升旗仪式后,小王同学变得更加开朗、自信;变得更乐于举手回答问题;变得更乐于和同学们交流。他还把这次主持升旗仪式的照片发到学校 E 评价平台，收获了许多爱心点赞。看着他每天自信、阳光的笑容，陈老师也为自己的计划感到满足。

其实，决定孩子成功的最重要因素，并不是我们给幼年的孩子灌输了多少知识，而在于能否帮助孩子培养一系列的重要性格特质，如毅力、自我控制、好奇心、责任心、勇气以及自信心，这些都将影响其一生。

妙语连珠——智能分析促“适性扬长”

童年的幸福时光，就像一道彩虹，跨越时空的界限，连接着孩子们的过去与未来。那一日，秦老师正在家中备课，突然接到一位家长的电话。“老师，我每天让孩子做试卷，每天把所有的精力都扑在孩子的身上，可孩子的数学成绩依然不甚理想。”电话的那头，家长的声音是那么无奈和沮丧。“今天，孩子对我说：‘妈妈，是不是我很笨，为什么我的成绩总是不如其他同学？’听着这话，我不知道该怎么回答，我只能打电话向您请教。”其实，这位同学是个聪明的孩子，只是十分淘气，总是静不下心来好好地学习。挂了电话，秦老师不禁陷入了沉思。

的确，在任教的两个班级里，随着年级越往上，学习内容难度提升，部分同学的数学学习情况每况愈下。于是，秦老师把眼光聚焦在两位同学身上，首先是成绩中上的小王同学，经过观察发现，由于他觉得老师上课讲的内容过于简单，所以上课不认真听讲，对一些知识点的掌握就不够扎实，导致成绩在退步；还有一名基础比较差的小张同学，老师上课的内容对他来说越来越难，他渐渐跟不上班级的脚步，做题总是在某些问题上重复出错，影响了数学的学习兴趣和自信心。而且，类似的问题在班级其他同学身上也有所体现，基础好的同学觉得上课内容过于简单，没有兴趣；而基础差的同学，又跟不上老师上课的节奏。这着实令人困惑。

数学教研组活动时，秦老师把这个困惑向其他老师倾诉，没想到竟得到了大家的共鸣。于是，大家就这个问题进行了深入的探讨，大家凭经验判断这是班级授课制模式的弊端，因为当前授课模式无法精准了解每个学生的学习困惑和学习需要，不能很好地因材施教。就这样，在教导施老师的带领下，一个课题形成了：如何精准了解学情，精心设计教法，为每位学生提供适合的教育？大家一致认为，可以借助我校智慧教室系统和“适性扬长”学生综合E评价平台构建课堂智能分析系统，并结合本校的信息化特色，利用数据精准获取学生学情，了解学生学习基础，以此为基础，设计教学目标和优化教学行为，设计个性化作业和个别提升计划，寻找适合学生学习的特性来提升学生的学习兴趣和学习效能。

秦老师主动请缨，在自己所教的班级中率先研究这个课题。五年级后续要学习几何单元，“图形与几何”这一知识领域的内容在小学数学中抽象性最强，这对于学生来说是一个难点。究其原因，还是学生缺乏对几何知识系统的整体把握，在具体情境中综合运用知识解决问题的能力有待提高，学生的抽象、推理、归纳、类比等能力还比较薄弱。

因此，秦老师又在施老师的指导下聚焦学生高阶思维，指向核心素养，基于数字化网络环境，通过创建微视频，为学生提供丰富多彩的学习资源，将知识形成的过程充分展示，让学生对信息进行主动选择、推理、判断，从而建构新知识，发展学生的空间观念，培养学生的思维能力。同时将数据采集、智能分析和智能诊断贯穿于课前预习、课堂学习和课后提升的全流程中，积极开展指向学生深度学习的有效探索。

在教学“三角形的面积”一课时，秦老师在实施课堂教学活动前，通过向学生推送微视频资源、课前学习单、调查问卷等，即时采集数据，从而对学生的前测活动作出精准分析，更好地掌握学生共性基础和个性差异，确立差异化的教学目标，进而调整教学进度、难度，制定个性化教学计划。

基于课前学生微视频的学习，秦老师发现89.8%的学生已经掌握了最基本的转化方法，得出了三角形的面积公式，而有 10.2%的学生仍对面积公式的转化过程无法理解，那么在课堂中就能根据前测数据结果进行个性化教学。对于像小王同学这样已经理解最基本转化方法的学生，可以在课中继续探究其他转化方法，而对于像小张同学那样理解能力较弱的学生，就需要将最基本的转化方法理解透彻并能正确运用公式计算。

课后，秦老师乘胜追击，又通过自行开发教学资源和利用平台进行智能化组卷的方式，实现对每一个学生学习资源的个性化推送，助力学生适性扬长地发展。例如小王同学的作业和学习资源难度会高一点，这更有利于培养中上学生的高阶思维，并进一步激发他们的学习热情。而小张同学这类基础比较薄弱的学生学习资源和作业会偏基础一些，让他们更扎实地掌握知识。

“我现在觉得数学很有意思，一点也不简单了，做出难题是我最大的快乐。”小王同学在一节数学课后开心地和秦老师说，平时他自己也会钻研难题，碰到不会的题目也会主动来向秦老师请教，课题实验了一个月后，秦老师发现小王同学的学习热情和学习态度有明显提升，每节课都兴致勃勃，上课举手发言十分积极。

“老师，最近的作业我都会做了，上课内容也能渐渐地听懂了，我现在每天最期待数学课。”小张同学原本缺乏自信的脸上也有了笑容，数学课也会主动举手发言，一步一脚印地跟上了班级的节奏。

对于这两位同学的改变，秦老师由衷地感到开心。班级整体的学习氛围也如火如荼，这不单是两位同学的变化，更是一个班级的变化。教育教学活动就是要走进学生的学习基础，重视个体的发展，借助数据分析，精准了解学情，努力为每个学生提供适切的教育，让每位学生获得适宜的发展。

娓娓动听——双重导师促健康成长

童年的幸福时光，就像一缕阳光，穿透时光的阴霾，让孩子们勇敢面对生活的风雨。在春风拂面的季节里，熊老师作为班主任，踏入了小高家的家门。那时的她，斜躺在沙发上，眼中闪烁着迷茫与疏离。家访的过程中，熊老师了解到小高自幼被送往农村与爷爷奶奶生活，学前教育几乎为零。面对这样的家庭背景，熊老师内心充满了忧虑。

开学后，果不其然，小高的学习状况令人堪忧。她经常在课堂上打瞌睡，作业也时常拖欠。每当问及原因，她总是低垂着眼帘，低声地说："老师，我真的不会做。"那份无助与迷茫，让熊老师心痛不已。

于是，熊老师利用学校成长综合 E 评价平台中的"成长随笔"板块，和小高的父亲进行了深入的沟通。"小高爸爸，我想跟你交流一下小高在学校的情况。她最近遇到了一些困难，需要我们的帮助和支持。""小高爸爸，孩子的成长只有一次，错过了就再也回不来了。我们需要共同努力，给他一个更好的学习环境。"……熊老师的苦口婆心，终于等来小高爸爸的回音。"老师，我真的很想多陪陪孩子，但工作实在太忙了。每天回家都很晚，有时候连她的作业都没时间看。""老师，我明白了。我会尽量早点回家辅导孩子的，谢谢你告诉我这些。"……

时光荏苒，小高的作业逐渐能够按时上交，学习质量也有了明显的提高。熊老师及时给予她表扬和鼓励，渐渐地，她脸上的笑容变得越来越多。

熊老师不仅是小高的班主任，还是她的音乐老师，作为一个具有双重身份的导师，她发现小高在音乐上展现出了非凡的才华。每当琴声响起，她都会投入地演唱，音准和节奏都把握得恰到好处。于是，熊老师立即登录学校综合评价 E 平台，想通过小高的成长数字画像对她进行深入了解。果然，从小高的数字画像中发现她在身心健康与艺术修养领域表现突出，但在学科素养与关键能力、品德发展与公民素养以及劳动教育与科技素养方面相对较弱。这为熊老师给她制定针对性的教育计划提供了依据。

于是在音乐课上熊老师经常请她表演，并对她的表演进行肯定和鼓励，还鼓励她把音乐作品上传学校E评价综合平台，让更多的老师和学生能够欣赏，得到了更多人的肯定。恰逢三年级学生十岁生日，作为学校十大关键事件之一，每年的十岁生日学校都非常重视。其中有个保留节目就是要演唱生日歌曲，每班要挑选2位学生进行生日歌曲的录制。熊老师决定借助这个契机，让小高参与歌曲录制，鼓励小高，让她树立信心，希望能进一步促进她全面发展。此后的课程，据各科老师反映，她显然比以前投入多了，作业也认真多了。面对小高的改变，熊老师更加认识到激励的作用。

正是学校的导师制和综合评价E平台，让小高得以展现自己的才华，实现自我成长。而熊老师作为班主任，也在这个过程中收获了成长与喜悦。相信，在未来的日子里，小高会继续努力，绽放更加耀眼的光芒。

如鱼得水——勇敢走自己想走的路

童年时期的幸福和温馨，能够影响孩子们的一生，让他们在成长过程中更加自信和坚定。让我们把目光聚焦在这一位杰出的毕业生身上——郭尧豪，一个在上海市中小学生游泳冠军赛上荣获仰泳第一名的佼佼者，一名国家一级运动员，清华大学的本科生和研究生，现在复旦大学任职的杰出青年。

小郭，这位帅气的男孩，他的干净笑容仿佛是阳光洒在校园里的每一个角落。每次遇见老师或同学，他的问候总是那么的热情，仿佛能温暖整个冬天。

然而，随着校园生活的慢慢展开，班主任毕老师和任课老师们逐渐发现，小郭的笑容背后，隐藏着一颗爱探究、爱质疑的心。尤其在四年级那次《快乐读书吧》的课堂上，王老师提出了一连串的问题："为什么水能带走脏东西？""为什么水能灭火？""火为什么没有影子？"这些问题就像是一颗颗种子，在小郭的心中生根发芽，长出了无数的疑问。课堂上，他不停地提出自己的疑问，课后还缠着王老师，直到得到了满意的答案才罢休。如果还有疑问，他会跑到班级的图书角，一会儿翻翻《十万个为什么》，一会儿又查找百科全书，不找到答案誓不罢休。他甚至会回家后继续上网查询，第二天再和同学们分享他的新发现。因此，小郭在班级里有了个响当当的称号——"钻牛角尖"的小郭。

除了这颗充满好奇的心，小郭也和其他同龄男孩一样，调皮好动，坐不住。尤其是体育课，他总是爱和班级里的其他男孩子比赛跑步，他的速度快得仿佛有风在脚下，一转眼就冲过了终点。这充满运动细胞的小郭，给班主任兼体育老师的毕老师留下了深刻的印象。

在一天的自习课上，因为天气的炎热，窗外树上的知了也热得一直叫个不停，让人心情烦躁，而教室里面的学生却正聚精会神齐刷刷地写着数学作业。作为班主任的毕老师，在认真观察学生们一个个认真安静学习的模样。但是不一会，毕老师注意到了小郭同学，他一会会抓耳挠腮，一会会东张西望。最后，小郭同学抬头望向了毕老师，火急火燎地跑来，斩钉截铁地大喊道："毕老师，不好啦！这个题目出错啦，这样子我真的做不出的，肯定是题目有问题。"

看到他着急的神情，毕老师忙拿过作业，仔细地看了一下。毕老师发现题目并无错误，正想要训斥小郭同学为什么不好好看题目时，突然想到：学生敢于质疑，是一件好事。"三分学，七分问"，主动质疑能力是学生主动学习的标志，通过主动质疑，发现问题，提出问题，才有可能分析问题，解决问题。如果一味地打击学生敢于质疑的积极性，是对学生的成长不利的。在思考片刻后，毕老师又考虑到小郭同学是个聪明的学生，一直有点静不下心来的小缺点，便对他说："不要慌张，耐心点，再仔细看清楚，静下心来，好好思考。”小郭同学认真地点了点头，便回到了座位上。

不久，毕老师便看到小郭同学长舒一口气，心满意足。毕老师走近小郭同学的座位，发现他已经解出了那道让他疑惑的题目，毕老师摸了摸他的小脑袋，表达了自己对他的肯定。在课后，毕老师与小郭同学谈心，表扬了小郭同学勇于质疑，认为这是一件好事情，说明小郭同学在认真思考问题，是个擅于学习的好孩子。但是小郭同学还欠缺了静下心做事的品质，其实靠自己的分析便可以解决了。听了毕老师耐心、真心的讲话，小郭同学默默地点了点头，并保证自己下次一定会做好。

日子一天天过去，毕老师心头常常萦绕着一个念头：小郭同学在体育运动上天赋异禀，但在校园生活中却总是急躁不安。他需要的是合适的方法来引导，如果他能静下心来，一定能取得更大的进步。毕老师决定发挥小郭的长处，为他创造更多发展的机会。

正好，普陀区青少年游泳学校开始了新一期的招生。毕老师找到了小郭，笑着问：“你有没有想过挑战一下自己，尝试一下游泳呢?”小郭眼睛一亮，兴奋地回答：“我很感兴趣，愿意试试看!”于是，毕老师向游泳学校推荐了小郭。

第一次训练结束后，小郭满脸兴奋地找到毕老师：“老师，我发现我真的很喜欢游泳!”此后，每次训练后，他都会和毕老师分享自己的心得。比如，有一次教练指出他的蹬夹动作不够标准，他就缠着教练问个究竟，直到掌握了正确的技巧，他还额外多练习了一个小时。毕老师鼓励着他，心里想：这“钻牛角尖”的精神，正是他进步的动力。

毕老师始终持有细腻如丝的关爱，用心记录着小郭同学的点点滴滴，将他的日常表现记录在学校的综合 E 评价平台上，作为关键事件进行持续跟踪。在平台上，毕老师时常与小郭同学分享学习、游泳的小技巧，让小郭同学在成长的道路上更加从容。同时，小郭同学的父母也积极参与互动，家校携手，共同助力小郭同学的成长。小郭同学在平台上的留言如同跳跃的音符，问题的连续追问彰显着他对于游泳速度的追求。“毕老师，您能告诉我，怎样的游泳姿势才能让我在水中翱翔？腿部力量如何才能更好地助力我的划动？我何时才能游得更快啊？”面对这样的渴望与疑惑，毕老师总是以耐心为舟，以及时的解答为帆，甚至是将珍藏的优质游泳视频分享给他。“E评价”平台上这一笔一划的勾勒，犹如春风拂过，为小郭同学铺就了一条通往成就的道路，助力他在学习和兴趣的道路上获得更大的进步。

在游泳学校，小郭如鱼得水，迅速展现出了自己的实力。他不仅在“民立杯”上海市中小学生游泳冠军赛上获得了仰泳第一名，还在上海市第十五届运动会仰泳比赛中拿到了第四名。在学业上，他也丝毫不逊色，在各科老师的指导下，认真学习，勤奋努力，不仅成绩优异，还积极帮助同学，担任班干部工作也非常认真负责。

毕老师的眼中闪烁着智慧的光芒，他能看到每个学生背后的潜力，能看到他们未来可能的辉煌。正是这份洞察力，让小郭同学在迷茫中找到了方向，找到了自己愿意为之奋斗终生的事业。

“中一”的校园里充满了阳光和快乐，“中一”的小树苗们沐浴在幸福的阳光之下，汲取着养分与力量，他们变得翠绿欲滴，枝干日益挺拔，向着天空伸展，仿佛在追寻着自己的梦想。他们学会了坚持不懈、关爱他人、积极向上等重要的品质。这些品质不仅为他们的未来奠定了坚实的基础，更为他们的人生注入了正能量。在“适性扬长”理念的教育下，学生在成长路上不懈前行，绽放出属于自己的光芒，走向更广阔的明天。

“中一”不忘初心，践行着“中正平和，一树百获”的教学理念，致力于具有中北一小特色的学生综合E评价的实践，为学生提供优质的教育资源和服务，培养孩子们的综合素质和能力，为他们的未来奠定坚实的基础。

“为每个学生提供适合的教育，让每个学生获得适宜的发展。聚焦学生的核心素养，五育融合是学校进行综合素质评价的重要特色。”校长徐梅芳说。

驶在优质教育新航道的中北一小，以发展求和谐，以和谐促发展，不断加强理论学习和实践探究，对学校现有办学特色加以梳理和研究，凝心聚力，以打造信息化校园建设为抓手，用科技引领梦想，用数字技术筑高学校各项工作发展的平台，彰显办学特色和品牌，努力使学校从优秀走向卓越。

学校简介

上海市普陀区中山北路第一小学始建于 1946 年，原名中山路国民小学，1950 年启用现名。学校在“中正平和，一树百获”办学理念的引领下，践行“从全面提升办学质量到致力学校内涵发展，最终走向让优质教育深度惠及每个学生”的发展路径。通过对学校课程教学、教师队伍、办学品牌等领域的深耕细作，努力增强让优质教育深度惠及每个学生的向心力、辐射力和影响力，为每个学生提供适切的教育，让每个学生获得适宜的发展，办好普陀人民满意的教育。近年来，学校先后荣获了全国中小学国防教育示范校、全国冰雪运动特色学校、上海中小学校党组织“攀登”计划——上海中小学校党建工作“示范学校”、上海市文明单位、上海市首届文明校园、上海市依法治校示范校、上海市绿色学校、上海市教师专业化发展优秀校、上海市行为规范示范校、上海市新优质学校、上海市学校卫生工作先进单位、上海市健康先进单位、上海市城市建设优秀健康单位、上海市生活垃圾分类典型“百佳学校”等 60 多项全国、市级荣誉称号。优良的办学传统、优美的校园环境、优秀的师资队伍、优质的办学品牌深受学生、家长和社会的认可和欢迎，使中北一小成为了家门口的优质品牌学校。

唱响劳动教育“五部曲” 点燃精彩成长梦

上海市奉贤区教育学院附属实验小学 戴佳琦*

叮铃铃……铃声一响，瞧，“绿太阳小超市”的小当家们准时出动了，他们一个个身着绿马甲，熟练地打开超市大门。只见他们各司其职，有的热情地给“顾客”介绍商品，有的麻利地点数着校币，还有的理货盘货……红扑扑的小脸上洋溢着自豪。在“小超市”劳动，让他们学会了许多技能：收银、记账、迎宾、设计海报等，更重要的是在集体学习、劳动过程中变得自信、快乐。

如果你问他们：“上班累不累啊？”他们会笑着说：“不累，大家一起干活，数校币，让我们觉得好有成就感！”

劳动教育开启了孩子们美好的幸福人生，让孩子们的生命更有温度，是给予孩子们最好的生活教育。自 2007 年创校至今，学校一直在努力探索劳动教育。从开创时期的“开心菜园”点燃孩子们的劳动情愫，到现在“指向五育融合的学生

* 戴佳琦，高级教师，上海市奉贤区教育学院附属实验小学副校长。

劳动课程体系”的构建，凸显了劳动教育的融合发展，实现知行合一的上海市课程领导力优秀项目。17年的历程，让我们真切感受到劳动教育带给孩子们的成长、带给家长和老师们的变化。我们也相信，劳动教育不仅是立德树人的重要路径，更是对实现中华民族伟大复兴中国梦的回应：建设祖国美好未来，需要从小立志向、修品行、练本领，德智体美劳全面发展。

第一曲："不做作业就洗碗"

还记得学校刚开办时，发生过这么一个"小插曲"。放学后，略显安静的校园里传来了一个刺耳的声音："你再不好好写作业，回去罚你洗碗！"随之而来的是一声声孩子的哭泣声。这是怎么回事？我不禁疑惑起来，循声来到三年级的班级前，原来是一位爸爸正在"训斥"自己的孩子。随后，我赶忙上前，和爸爸进行了交谈，了解了事情的起因，也平息了孩子的哭泣。

虽然这只是看起来很平常的事情，但它却让我开始思考一个问题：因为孩子的作业不认真，爸爸就把洗碗作为一种惩罚。可是洗碗本该是一件最为普通的家务劳动，也本该是孩子力所能及的，怎么就成了一种孩子的"惩罚"手段呢？

如今，科技在进步，时代在发展，随着城市化进程的推进，全社会滋长了一种不珍惜劳动成果、不想劳动、厌恶劳动、鄙视劳动的不良习惯与态度，随之而来是对于孩子劳动意识培养、劳动技能训练的忽视，认为孩子只要学习就好，其他的什么也不用干。可是这样下去，没有劳动意识、没有自理能力，孩子们又怎么能走得远、飞得高？怎么会有创造力？怎么能够担起未来发展的重任呢？

当我带着想法去与校长沟通时，马上得到了校长的肯定："既然社会的风气、家长的意识，我们一时改变不过来，那么学校教育就应该把这副'担子'挑起来。""校长，我想把'劳动教育'纳入学校培养目标，我觉得我们应该站在培养未来全面发展的人的高度,通过学校教育,让孩子们热爱劳动、崇尚劳动、学会劳动、善于劳动,真正成为将来能担当祖国栋梁的劳动者。”

于是,我们把“爱劳动”作为学生“八会”培养目标之一,在校内校外建立劳动实践岗位,将劳动教育融入角色体验之中,让孩子们获得最基本的生长、生活、生存需要与技能,幸福地生活。

班级岗位:一人一岗,人人会劳动

新学期要开始了,五(3)中队的干部们可忙开啦!他们要干什么呢?原来,为了设置“一人一岗”劳动岗位,他们正在讨论呢!他们真是脑洞大开,设置了:卫生部、环保部、美化部、整理部、用餐部、物资部、防疫部、电教部8个部门,每个部下设相应的岗位。如,防疫部下设:口罩管理员、测温员、消毒员、一米管理员、洗手监督员5个岗位,每个岗位都有具体的工作要求。各个岗位都由同学们自主填写意愿表、竞选演说、技能比拼、民主投票,最终获得一个小岗位。岗位执行一个月,每个月进行轮流执行,并进行考察,考察不合格就继续锤炼。

班级是一个“大家庭”,大大小小的班级事务管理管需要每个人的力量倾注和劳动付出。班级也是培养孩子们常态化劳动意识、劳动技能的重要场所,那就要人人有岗位,人人都是班级自我管理的劳动者,争做班级小当家,养成劳动好习惯。

校内岗位:竞聘上岗,人人能服务

学校设计了校园劳动“岗位清单”,分设“卫生保洁”“管理服务”“媒体宣传”“农业养殖”“餐饮服务”“模拟社会”“疫情防控”“校园美化”等八大领域近300个岗位,遍布校园各个角落,让孩子们竞争上岗,服务大家,以责任践行劳动担当。

在校园公共区域的每一张椅子、每一个垃圾桶都挂着铭牌，上面清清楚楚地写着负责人的名字。孩子们非常自豪，因为那是自己努力竞聘来的，因此也格外地珍惜，保质保量完成任务。你瞧，每天中午绿太阳电视台的录制组可忙了，《心灵之约》《朗读者》，又是采访、又是录制、又是主持；每天放学后，动物管理员总要去牧场忙着喂食，还要清扫羊圈、兔子棚；强强速递站的小邮递员，抽空就忙着给各个班级送报纸；美美迎宾团的同学们只要学校一有来宾，他们就会热情地介绍学校的十大景点，学校的历史文化……

孩子们乐此不疲地在自己的服务岗位上劳动着，一位同学感慨道：校园的劳动服务岗位让我学到了很多很多的东西，也体验到了待人接物、为人处世的道理。

第二曲："劳模工匠进校园"

那该如何在学校里落实劳动教育呢？大家开会讨论，苦思冥想，最后达成一致：首先应该是精神的引领。

为了让孩子们切实感受到劳动精神的力量，我们创造了各种机会，邀请劳模工匠进校园，开设劳模讲坛，面对面交流、分享。"我报名！我参加！"一双双小手高高举起，争先恐后地想要和劳模零距离对话。嫦娥四号研发团队、上海申通地铁设计工程师等劳模英雄、传统木工匠人、当代鲁班顾德先等，他们纷纷走进学校、走上讲台，为孩子们讲述劳动中一个个感人的故事、一次次成功的精彩。他们还手把手教孩子们学习木工技艺，传承非遗技能……孩子们津津有味地听劳模们讲述的劳动故事，用心体会着刻苦钻研的匠人精神。不知不觉间，劳动精神在校园里渐渐发芽、生长。

"老师，我也想造火箭！""老师，我也想亲手做做木质模型！""哇！我觉得地铁工程师好厉害！我以后也想设计出更方便人们出行的地铁！"真实的榜样、鲜活的故事、奋进的力量无不激励着孩子们，引起他们的共情，在孩子们心中种下了一颗颗热爱劳动的种子，并让这些种子在“劳动最光荣”的意识滋养下逐渐生根发芽。

为了进一步激发孩子们的劳动意识，学校呼吁学生自己去寻访身边的劳动模范。于是，中医院抗疫先锋周冬花阿姨、全国人大代表杨王村孙跃明书记等劳动模范都成了孩子们参访的对象。他们走出校园，走近劳模，实地考察：看一看劳模的成就、听一听劳模的故事、摸一摸劳模的工具、悟一悟劳模的匠心。那些崇高的匠心精神，无不激发着孩子们内心深处的崇拜、敬仰之情，在他们心中潜移默化地播下了一个美丽的梦，一个热爱劳动的梦。

好的教育，首先是精神的引领，要让孩子感受到精神的力量。“劳模工匠”进校园，就是用真实的榜样、鲜活的故事、奋进的力量激励孩子，引起他们的共情，帮助孩子们涵养劳动精神，崇尚劳动光荣。

这时，校长的一席话又点醒了我：“我们不仅要让学生学会简单的岗位技能、生活技能，还应该将劳动价值、劳动理念融入于日常的生活之中，渗透到学校教育教学活动之中，拓展到社会实践之中。”

一起体验农耕乐。春摘春菜、种小麦，夏收枇杷、煮绿豆汤，秋割稻子、摘南瓜，冬买农庄蔬菜。劳动教育课开到食堂里、校园里、教室里、课堂上，在校园里的劳动场景处处可见：泡茶、做塌饼、摘果、熬汤；一盘月饼、一碟重阳糕、一份春卷、一碗腊八粥，孩子们体验着劳动乐趣，收获劳动创造美好生活的真情实感。

运动和劳动也很搭。一群身穿迷彩服的特种兵上场啦！擒拿、格斗，一点儿都不含糊啊！“腾空、翻转”，不必说男同学有多酷，女同学也是英姿飒爽！一群白衣天使上场了，他们脖子上挂着听诊器，背着急救箱，在表演“逆行天使”的小品，大家聚精会神看着，不禁潸然泪下；一支航天员队伍，托举着

“天宫一号”宇宙飞船模型，英姿勃发向主席台迈过来了，“立正！敬礼！”全场好像有谁在指挥一样，“刷”地都站起来了……

一个班级一种职业，展示不同职业特点，展现共同的劳动情怀。孩子们用这样的方式向各行各业的劳动者们表达最诚挚的敬意。

孩子们非常好奇爸爸妈妈的工作。“爸爸，你是干什么工作的呢？妈妈又是做什么的呢？”各种各样的职业令他们新奇。我们就以“跟爸妈认职业”“跟爸妈上班去”“跟辅导员走基地”为主题，明确学工、学农、学军、学商等连接社会的劳动教育实施方式，确定40个分主题，构建“蟹状”课程体系。

学校充分挖掘家长职业资源，校内每月一次“爸妈职业课堂”微课和职业岗位模拟，校外每双周一期“跟着爸妈去上班”，每学期一天基地实践任务，在三百六十行不同家长岗位中学习与实践，感悟劳动光荣、劳动创造财富的价值意义，尊崇劳动者，珍惜劳动成果，培植劳动志趣，遇见未来的自己。

第三曲：“我们的绿太阳农庄”

在一次大队部例会工作研讨的间隙，我们发现孩子们正兴趣浓浓地在谈论自己的“种菜经”和“偷菜经”，那种兴奋神态溢满笑容。原来当时流行一款网络游戏，只要动动鼠标就可以在自己的“菜园子”里播种、浇水、施肥、采摘……

其实，在孩子们的内心是喜欢劳动的，他们天生对劳动产生好奇。只是我们大人在有意无意中把劳动与孩子们的生活隔绝。如果学校也真有那么一块地，种上孩子们喜欢的菜就好了。我把目光投向了学校前面三亩多的一块荒田，何不“借”来给孩子们用呢？我们带着这个想法和社区沟通，没想到他们欣然同意，且给予大力支持。

于是，破墙、添土，“开心菜园”就这样搬进了校园。孩子们兴奋极了，青菜、蚕豆、胡萝卜、蒜苗……绿油油的一片，他们的梦想即将实现！

随后，我们又引进动物饲养、屋顶智能植物园、百果园、鱼菜共生场，建成了深受孩子们喜爱的“绿太阳农庄”。孔雀、黑天鹅、山羊、兔子等小动物成了孩子们校园生活的伙伴，农庄更成为了他们实践、体验、探索的劳动基地。

> 他们自主查阅资料，了解植物生长等自然知识；运用数学知识，合作测量株距、行距，为播种幼苗做足了准备。等待幼苗的过程是漫长的，然而孩子们却不急躁，他们运用科学知识精心为幼苗调配肥料，称取适量的肥料为幼苗施肥浇灌。结合农耕文化，助力社团课程学习：“菜园微笔记”课程学习，孩子们来到菜园进行“无工具”丈量菜园总面积和班级菜地面积，收获不一样的学习方法；自然课，孩子们进入菜园每周坚持观察并记录，直到蔬菜结束这一轮的生长周期；探究课程有话题，孩子们每周都会在群里交流种植什么蔬菜，什么时候去浇水，什么时候施肥，开展了如何制作没有危害的杀虫剂等研究……

每年，学校以“责任田竞拍制”重新拍卖学校“绿太阳农庄”的田地。竞拍前，同学们合作研究菜地土质与地理位置情况。竞拍时，孩子们根据土地调研报告，竞拍自己认为好的地段，可以向学校银行贷款。这其中还发生过不少趣事！

> 听，校园广播传来了好消息：小菜园的拍卖会开始了！各班代表蜂拥而至，竞拍环节紧张激烈，当竞拍到18号这块“王牌地”时，三(4)班率先举起了牌子，获得了800元(校币)的起飞价。“900！”“1 000！”“1 100！”……三(4)班不断加价，价钱越来越高，突然，三(2)班的竞拍员举起牌子大喊：“30 000！”谁知，这个三(4)班还真不甘示弱，竟然喊：“31 000！”三(2)班只得把牌子放下了，因为他们实在没有这么多钱。最后只好买16号地了。竟然用31 000元(校币)的高价拍下菜地！我十分吃惊，这块菜地到底好在哪里？为什么三(4)班一定要拍到这块地？事后，我好奇地询问了代表班级来竞拍的小海和

小宝。他俩认真地拿出了调查报告，严肃地告诉我："这是一块妥妥的'地王'，土壤肥沃，阳光充足！我们还进行了对比实验呢……"果然，这块地这么贵是有原因的。可问题又来了，三(4)班拍完"地王"后，发现把他们班级所有同学的校币加起来都不够支付，欠下不少"银行贷款"。于是，孩子们商议后有了一个决定，他们向学校提出申请——承包学校超市。看到孩子们如此齐心协力爱劳动，我们也欣然同意了。在三(4)班服务劳动一学期后，终于将所有"贷款"还清了。

如今，"绿太阳农庄"俨然成了孩子们的乐园，他们亲近土地、回归自然，激发了劳动的兴趣，培养了多元能力，也促进了生命的成长。有一位家长这样说："从没想到自己的孩子能参与这样的劳动体验。虽然晒黑了，但是他喜欢上了劳动，还懂得把自己种的菜带回来和爸爸妈妈分享，我很感动。"

孩子们热火朝天地翻土耕地、播撒种子、种植养护。他们的小脑袋还经常迸发出很多问题："为什么有的作物不能种在同一块土地上？""菜地在一天的什么时候浇水最合适？""如何可以利用雨水，进行循环灌溉呢？"……农庄劳动让孩子的体验与实践不仅充满汗水，更充盈智慧。

校园生活丰富多彩，其中，孩子们最喜欢校园节日：艺术节、体育节、科技节……成了孩子们欢乐的世界，整个校园都欢腾起来。我们何不也设立一个"劳动节"，让孩子们也在劳动节里绽放微光，收获快乐？

于是，每年9月成了全校孩子们的"劳动节"。以"厨神挑战赛"为主题，根据不同年级的学生特点，学校设计了5份"挑战任务单"。一年级：用毛豆摆盘并数一数；二年级：去菜场买毛豆、黄瓜，剥豆、刨皮、摆盘；三年级：用毛豆、茄子或黄瓜做一道菜；四年级：采购水果，制作拼盘；五年级：制作一份中式点心，从原料到制作都要亲自完成。

还有令人印象深刻的"劳动技能PK赛"，我们制定了五个"三"序列化劳动技能任务，各年级劳动训练各有侧重：一年级比拼整理书包、洗碗筷、擦桌子；二年级比拼快速系鞋带、扫地拖地、洗毛巾……五年级叠衣服、理房间、洗衣晒被。每一个完成任务的孩子，都能得到家长、老师和小伙伴的点赞，还能够获得一本《劳动光荣证》。孩子们在玩中学，学中乐，体验劳动快乐、劳动光荣的幸福生活。

雨过天晴，孩子们跑到小菜园，想去看看自己心爱的青菜、萝卜……可一到菜园孩子们却傻了眼，发现菜园里长了好多草，心爱的蔬菜却在枯萎。那一颗充满期待的心霎时被浇灭了。

原来，刚开始开辟“绿太阳农庄”时，学校召集了班级的家长志愿者带着孩子们一起管理，一周一次让孩子们触摸、了解农耕文化，体验劳动艰辛与乐趣。同时，学校也招聘了一位老爷爷专门管理菜地。前几天爷爷生病了，我们的菜地也随之“生病了”。

因为有着对这片菜园的情结，孩子们决定自己的事情自己做，自己的菜园自己管。农庄里，每一个班级在自己拍卖得来的芳草地上插上自己的班级标牌；每一个班级都聘请家长志愿者作为顾问；每一个班级都设置一名小园主，带领大家协助“菜园”顾问管理班级的菜地。每班自己制定适合自己的活动时间，以小组为单位，在菜园顾问的带领下，定时在“责任田”里拔草、给菜宝宝浇水……

瞧这“一家子”，用下水管创意DIY设计成可爱的“全家总动员”，守护海棠中队的菜园子，二维码扫一扫，就能知道这蔬菜的全方位信息哦；智慧的小鹿、憨厚的大鹅、灵巧的皮卡丘、机智的叮当猫……可爱的动物们在这“一家子”里嬉戏游玩；这“一家子“把自然研究室搬到菜园，实验箱里不起眼的小本本，却是孩子们每天用心观察，努力思考，认真记录的观察日志哦……

一个班级一个创意，孩子们还为自己的承包的菜地取上了好听的名字：“自然研究室”“动物游戏园”等，从“菜地拍卖”到“承包到人”，孩子们的主人翁精神和责任意识大大激发，真正体验到播种、浇水、除草、捉虫和丰收的乐趣，也体验到种植、管理、研究的价值，他们的科学素养与探究素养，甚至是团队协作的能力都大大提升。

菜地承包劳作中，孩子们会不断地遇到新问题，而这些新问题自然也衍生出新的课程资源：如何把自己在酿酒工坊酿制的美酒销售出去？为此他们会学习产品商标与包装设计的课程；面临施肥，他们自己会思考肥料从何而来，怎样制作环保又清爽的肥料。于是，“胶囊工场”课程随之而来，孩子们收割废料秸秆，通过秸秆堆肥、压缩技能和废渣再利用能力，将“农场废料”变成“自然肥料”。还有，他们会开展“虫虫大作战”活动，开动脑筋自制环保杀虫剂。孩子们在菜园劳动中不仅培养了热爱劳动的情感，而且培养了劳动的技能，更是收获了劳动的快乐。

> “大家快去看呀，我们的校园里来了新主人！”一阵呼喊，孩子们新奇地来到校园的“自然区”中，哇！太有趣了！孔雀、黑天鹅、山羊、兔子等都入住校园，给孩子们的校园生活增添了乐趣。

学校从 2007 年 1.0 版本的“开心菜园”建立，到 2018 年引进动物饲养、屋顶智能植物园、百果园、鱼菜共生场，建成 3.0 版的“绿太阳农庄”。孔雀、黑天鹅、山羊、兔子等家养动物的资质，都要经过相关部门的严格审批，学校还派专门的工作人员对动物农舍定期清洁、消毒，定期给动物做防疫工作。费那么多人力、物力和精力，背后的良苦用心在于用多样化的劳动实践课程，寓教于乐，呵护孩子们的童心，让孩子们在劳动中学得更深，学得更活，学得更入味。

第四曲：“走进社会大课堂”

当体验到劳动带来的无穷乐趣之后，我们逐渐发现，孩子们已经不满足于校园的小小天地了，他们希望走出青青校园，用自己的勤劳的双手在社会的各个角落服务、担当。

2020 年 6 月，在上海市第八次少代会上，学生代表芯甜勇敢发出了自己的声音，撰写的关于“社会各界为少年儿童提供‘社区小当家’劳动岗位及相关培训”提案荣获“上海市十佳提案”。在这样的新时代背景下，在区少工委、街道社区的全力支持下，“社区小当家”岗位应运而生。9 月，激动人心的消息传来：第一批社区岗位向我们的孩子们全面发出邀请！三年级的孩子可以化身为“文明创建小喇叭”，清洁自己的社区家园；四年级的孩子可以成为“美谷奉贤小代言”，拍摄录制视频，为家乡奉贤做代言，还可以成为“小小质量官”，检测化妆品质量；五年级的孩子则可以化身为“出谋划策小议员”，就社区各类问题开展讨论，探讨解决办法，做出行动方案……在孩子们眼中，走出校园、走向社区，体验与众不同的社会劳动，是那样的酷劲十足、充满考验、意义非凡！

上岗前，孩子们首先要接受学校与社区的考验，PK 劳动技能，然后接受培训，最后才能正式上岗。学校的小果小朋友第一个竞聘成功，他竞聘的岗位是“小小质量官”。小果同学期待满满地走进了“东方美谷”化妆品企业——科丝美诗，来到生产线，学习生产工艺，检测产品质量。最让他高兴的是，在辅导员的指导下，他俨然成为了一名像模像样的质量官，能熟练地利用电子设备检测化妆品中微生物的含量是否达标。回学校后，他心潮澎湃地向大家分享着自己的上岗心得：“干净的制作车间、高效的自动化流水线、全副武装的工作人员、一系列高科技和现代化的设备让我的工作变得十分简便，真的一点儿也不累！但这样的岗位劳动是充满智慧的，我们奉贤可是越来越厉害啦！长大后，我也想到东方美谷工作，让我们的奉贤，也让大家变得越来越美！”……瞧，这不正是劳动的意义吗？孩子们可以在社会岗位上习得技能，用勤劳的双手、智慧的大脑，努力去服务、去感受、去收获，让劳动成为他们美好生活的一部分。

星星之火可以燎原。孩子们的劳动热情感染了他们的爸爸妈妈，从“小担当”到全家“大担当”，全家劳动齐乐乐。植树节里，亲子公益共种植；重阳节里，社区爱心同陪护；中秋节里，“家人”暖心乐关怀……每一个节日似乎都成了队员们与父母、与同伴、与志愿者共同的行为——为社会而劳动！

说到这，不由得让我想到了这样一对父女——罗爸和玥轩。在罗爸看来，他能给予孩子的便是教会孩子如何更好地融入生活，如何在生活中成为一个有责任担当的人。因此，他们之间最丰富的经历便是参加社区各类志愿服务活动。渐渐的，小玥轩对周围的事物开始有自己的想法，总希望自己能用自己的双手为建设更美好的家园奉献些什么。“我们小区的居民总是将垃圾随意丢弃到垃圾桶内，垃圾的臭味让住在一楼的居民纷纷闭门关窗，避而远之，而负责管理的老奶奶只能忍着恶臭，用手翻垃圾桶，进行分类。我们真为老奶奶感到难过，怎么去解决这个问题呢？”于是，在爸爸的指导帮助下，小玥轩追根溯源，一起“分析现状—采访调查—信息收集”，最终拿出了一套操作性较强的垃圾堆放区的改造方案，经过后期的记录总结和策略实施，不断完善，获得了“上海市水天一色‘金点子奖’”……像玥轩这样的一个个孩子，像罗爸和玥轩这样的一个个家庭，已然在一次次劳动中，将自身融入于社会的一个细胞，心中多了一份责任与担当，多了一份为国家为社会为他人奉献的理想，而这理想之光必将照亮他们前行的道路。

生活即教育，社会即课堂。学校以“劳育”撬动“五育融合”，融合校内校外资源，从岗位劳动到劳动研学行走；拓宽劳动场域，从“开心菜园”到“绿太阳农场”；打破学科间的壁垒，从单一劳动到跨学科项目学习……劳动，让孩子们成熟起来；劳动，让孩子们自信起来；劳动，让孩子们聪慧起来……我们始终相信，劳动教育，是学校为孩子们定制的一场美好的童年回忆，一段有意义的生命旅程，一片闪亮的未来蓝图。

第五曲："劳动精神代代传"

"读万卷书，行万里路。"这句话告诉我们，学习不仅在于读书，还要在于行走。行路多者见识多。开展劳动教育也不能局限于校内、家庭及社区资源基地，而要拓宽思路，让孩子们带着项目、带着主题开展研学行走，让孩子们感受行走的力量。

由此，学校启动了"传承＋创新"项目研学实践，注重优秀传统职业劳动和现代劳动产业的融合体验，让劳动精神代代传。

"行走研学寻访工匠"是2019年项目研学实践主题，我们引导学生以劳模、科学家、航天人员、奥运冠军等各行各业的模范人物作为心中的偶像，在各类行走的研学实践中开展劳动教育，每个年级都有一个主题，分别是："非遗之星""工匠之星""长征之星""医学之星""科学之星"。其间，孩子们自己动手将每间教室都装扮成体现研学主题的微型劳动场馆，合作寻找素材，展开头脑风暴，开展相关的劳动实践。有资源再利用的"超级变变变"、有自制运动器材的"冬奥梦想"，有体现餐桌米事的"禾下乘凉梦"，也有冠军姐姐进校园的偶像联欢……学校以校园六大校本节庆为教育契机，以培养劳动意识、涵养劳动情怀、训练劳动技能、提升综合素养为目的，每学期设计不同研学主题，引导学生在家乡的"大课堂"中行走成长。

古法花草纸、变色蔬果杯、无土栽培循环灌溉、自助浇灌来助力、清洗去污一体拖把、林鸟客栈……一个个夺人眼球的"小实验"，一套套孩子们自主研发的劳动实验装置、一本本详细的科学劳动报告，一个个智慧可爱的小小科学家，展示着一个个生动的劳动创造成果。

孩子们以项目学习的方式，确定驱动性问题，设计阶梯式任务，以团队创意劳动的方式，获得劳动创造的幸福。

一(2)班确定了“古法制花草纸”实验研究项目。孩子们首先确定驱动问题：如何制造花草纸？展望研究成果：制作花草纸艺术品让校园花香四季。他们到海湾森林公园以及四季生态园认识、品鉴了多种多样的花朵，最终挑选樱花、二月兰、一年蓬、蒲公英、泥胡菜、向日葵等花朵制造花草纸。与此同时，班级深入挖掘家长资源，来到上海应用技术大学生态花吧“造花纸草”，围绕“造纸的工序是什么？”“怎么运用花瓣染色？”“怎么利用枝叶控制纸的软硬度？”“花草纸可以创意制作成什么？”等问题，见证花草和白纸的亲密融合。过程中，孩子们充分运用“实验创造微笔记”、视频、照片、微报告等记录方式，积极参与古法制作花草纸的实验创作，并创意制作花草纸手帐本、日记簿、书签、花草纸灯、花草纸信签等手工制品。在行走、观察、研究、实验、创造的过程中，学生们真真切切地对劳动创造有了新的认识。

教育家苏霍姆林斯基说过：“劳动是有神奇力量的民间教育学，给我们开辟了教育智慧的新源泉，这种源泉是书本教育理论所不知道的……”孩子们在老师的带领下，还把“社团课程”也搬进了“菜园”。

一支笔，一本笔记，一颗热爱自然、善于观察的心，让每个孩子与土地亲近、与自然对话，用所学的学科知识解决生活中的问题，看着种子发芽、生长、开花、结果的过程，身历田间劳作的辛劳与快乐，探知田间自然生物的秘密，他们感受着生命的存在与力量，感受着劳动创造的美。

每学年，学校都要契合时事热点，设计不同主题的研学项目，如2020学年以“乘风破浪绿太阳，穿越四史新成长”为主题，搓草绳，吃苦菜，说不完的艰难困苦，道不尽的危难险阻，激励孩子在新时代以史为鉴，不忘初心、牢记使命。数不尽的劳动教育内容和活动，不断延展学生成长的平台，拓宽学生成长的路径。

教育，是一种独特的艺术形式，如同一场心灵的交响乐。卢梭说：“孩子们看不到教育发生，却实实在在地影响着他们的心灵，帮助他们发挥潜能，这才是世界上最好的教育。”“劳动那些事儿”点燃了孩子们一颗颗温暖的爱心，萌发了孩子们探究的欲望，也告诉我们：只有站在儿童立场，从孩子真实的问题出发，激发孩子的内驱力，他们才能真正获得知识性学习和社会性成长，才能成为真正发光发热的太阳宝贝。

学校简介

上海市奉贤区教育学院附属实验小学创办于2007年9月，地处上海南桥新城。学校现有环城东路、陈桥路和运河路三个校区。秉着“点燃教育，让每一个生命都闪光”的办学理念，以培养“自行闪光、照亮他人、充满温暖”的附小学子为目标，学校坚信每位教师、每位学生、每位家长身上有着无限的潜能，致力于：

点燃每位孩子探究成长的激情，自主、自立，向阳生长；

点燃每位教师专业发展的激情，爱岗、爱生，幸福成长；

点燃每位家长主动参与的激情，开明、热忱，共同育人。

十多年来，学校从一个校区到“一校三个校区”，从一所学校到集团化办学，引领育贤小学、塘外小学、奉城二小、四团小学等多所乡镇学校共同发展。而今其优质教育资源的“朋友圈”还在扩大，将形成“3＋X”的教育集团化发展模式，推动区域教育优质均衡发展。

十多年来，学校严格执行上海市课程计划，以课程为支撑，以深化教学改革为抓手，以提高教师的专业素质为重点，助力学生全面而有个性发展，不断提高教育教学质量，赢得了家长和社会各界的认可，成为奉贤教育的一张名片。

十多年来，学校荣获了全国教育系统先进集体、全国文明校园先进校、全国优秀少先队、全国阳光体育先进校、全国示范家长学校、全国家庭教育创新实践基地、全国教科研先进学校、全国国防教育先进学校、上海市文明单位、上海市新优质基地校、上海市课程领导力基地校、上海市劳动教育特色校、上海市艺术教育示范校、上海市心理健康示范校、上海市中小学行为规范示范校、上海市基础教育优秀教学成果特等奖、上海市教育系统“三八红旗集体”等300多项区级以上荣誉。

“不积跬步无以至千里”，自燃、互燃、共燃才能触动教育本源。点燃自己、成就他人，在点燃他人的过程中再次点燃自己，循环往复，更迭传承。这样的精神将不断引领着我们在发展中坚定步伐，寻求突破，关注品质，走向卓越！

追求有结果的好奇心

——基于项目化学习实现育人方式的变革

上海市园南中学 史逸翔 王爽 花汇 唐宝文*

徐汇之滨，植物园之南，巍巍而立一座向阳的新优质校园。辛勤的园丁满怀柔情，舒展性灵，激扬生命，一棵棵茁壮的小树蓬勃生长，诗意栖居，自由昂扬。师生共同设计项目化学习活动，促使教师教研、教学模式以及德育途径的转变，基于这些学习活动实现育人方式的变革，温养并滋润着园南学子的好奇心，让他们在好奇心的驱使下以追求结果为导向，在学习中获得成长。就这样，一个个故事在园南校园里上演。

* 史逸翔，中学语文一级教师。现任学校人事干部、新优质学校专管员、七年级年级组长。
王爽，中学数学二级教师，现任八年级班主任。
花汇，中学语文一级教师，现任学校校务资源部校办主任、校书法篆刻艺术指导老师。
唐宝文，中学数学高级教师，现任学校学生工作部主任

故事一:“感受心跳　科学长跑”的共研共生

“双新”犹如一场风暴,新奇而富有挑战,逐渐让越来越多的教师主动卷入,我们数学教研组就是其中的一批弄潮儿。他们形成学习共同体同频共研,展开了项目化学习、跨学科主题学习等研究,正如经历过“感受心跳　科学长跑”等项目化学习实践的数学老师感言:我们的教与研正在悄然改变。

场景一:源于问题发现的同侪共研

广播中响起了熟悉的声音“全体六到九年级准备,请各个班级快速列队。”即将开始的是我校传统的冬季长跑,按照熟悉的路线一个个班级蛇形进入了跑道。很快班级队伍前面传来了学生的声音:“王老师,跑得太快了,跟不上!”不一会儿后面又传来声音:“王老师,队伍要撞上啦!”整个队伍时快时慢,长跑结束后,回到班级休整,气喘吁吁的人中不乏一些运动能力强的。看着长跑中表现不一的同学们,王老师禁不住与他们讨论起来,到底怎样的长跑是科学的呢?是否可以设计一份适合我们自己的长跑方案?同学们也跃跃欲试。因此,新的项目化学习情境又一次产生,但如何支持同学们的这次项目化学习需要好好研讨。

于是,王老师在教研组长夏老师的支持下发起了“感受心跳　科学长跑——园南中学冬季校园长跑方案设计”项目化学习主题教研,大家都意识到让学生自主去设计更科学的长跑方案,既能够引领学生在实践中应用学科知识,也能在实践中学习,发展学生的关键能力,这场源于解决学生的长跑困境的主题教研火速得到了其他人的一致响应。设计科学长跑方案的项目化学习活动便拉开了帷幕。

场景二:以研促教　以研促学

这样非常新颖的学习活动对于学生而言是全新的,随之而来的便是学生各式各样的问题:"老师,我们怎么确定我们的跑步是科学的呀?""老师,长跑运动有没有一些专业的注意事项呀?""老师,长跑不都是一样的跑吗?我们到底是要探究什么呢?"分析来看,若想要回答这些问题,需要的可不是某一个学科的单一知识,什么样的长跑作用于人体更科学?有哪些专业的跑步建议?这似乎是体育老师和生物老师的专业范畴。在教师引领下,有的学生对体育老师和学科老师进行了采访,有的学生对于运动效果的衡量指标,跑步的知识等相关资料进行了解,意识到了长跑的多样性。最终,大家达成了共识,以心率来体现长跑的科学性。虽然学生有很多的问题,但是老师们通过对专业教师资源和科学资料的整合,为学生搭建了一个坚实有力的平台,为学生解决困难保驾护航。

有了专业老师的指导和多种获取信息的渠道,学生的知识储备量快速增长,在深入挖掘影响长跑对心率的影响因素时,学生传来了多种声音:

"我们的主题是探究速度对心率的影响"

"我们想研究场地坡度这个因素"

"穿衣薄厚也可能会影响心率的"

"跑步步幅、步频肯定也和心率有关系"

"男女性别差异对心率的影响"

"跑前热身对心率的影响"……

学生天马行空的想法层出不穷。这一方面体现了学生丰富的想象力和创造力,另一方面有些学生坚持研究的主题可预见地缺少可操作性。在肯定学生们主动探索的同时,如何让学生真切地体会到自己的选题是否有实际意义成为了老师要思考的难题。

为了解决学生的选题问题,教研组展开了交流讨论。会上,老师们各抒己见,朱老师提出，既然研究主题已经没有意义了，就不要浪费学生的时间和精力了。傅老师有不同的意见，指出学生在探究的活动做出了错误的决定，导致探究活动无法继续，这其实也是学生主题探究活动中具备关键意义的一环，学生的探究过程一定会不断的调整优化，要允许学生犯错，才能更深切地体会问题解决的正确方式。最终老师们讨论决定，不妨放手让学生一试。

事实证明，老师这样的处理方式是有效的。基于小组主题展开跑步实验，收集数据时，一些小组便感到了困难，例如对于穿衣薄厚的探究，受气温和校服影响，穿衣的薄厚度相对单一，学生明显感受到难以形成可操作的数据采集方案，而意识到需要重新推敲选题。这时才是老师介入指导的最优契机，引导学生整合跨学科资源，从科学性、操作性、价值性推敲选题，确保学生研究的主题具有研究意义，让学生有事可做、有话可说、有情可抒。

场景三:同侪共享　师生共成长

俗话说，题好文一半，做研究亦是同理，在适合的研究主题下，学生的探究过程或有一些磕绊，但终于形成了自主设计的科学长跑方案。即将迎来的是学生主题探究活动的最后一个环节，设计方案的交流。纵然经历了完整的探究学习过程，克服了重重阻碍，但是说出来似乎是极困难的一件事。

学生的方案汇报初尝试，讲台上汇报的同学脸色涨红，眼神飘忽，似乎非常紧张，语言便跟着混乱了起来，既没说清探究实验的过程，也没有阐明最后设计的方案。偶有一个落落大方的，仅凭流利的口条，活跃的气氛，便收获了同伴的好评，而关注到方案本身优劣的人实在不多。纵观全场，学生存在颇多问题，汇报逻辑不清，语言不够精准，方案的呈现方式不够直观，也不懂得如何对他人的方案进行评价。

老师通过引领学生梳理整个探究过程，明确汇报的主线，让逻辑问题迎刃而解;再通过信息技术的运用,制作直观的视频动图,可以使得方案呈现可视化。最重要的问题是如何引领学生做到科学评价。科学评价可以发展学生的反思意识、应用意识与创新意识。而对于新的学习方式,常规的学习评价方式难以做到有效反馈,针对这个问题,老师们以汇报交流中的表现性评价为主题进行了讨论。首先,整个汇报过程是以学生为主体,教师为引领的,那么评价的主体应该包含学生,另外方案汇报中的主题与逻辑,语言和形式,方案是否有创新,都是可以衡量的维度。综合考虑以上方面,老师们加以整合设计形成了科学的评价量表,在学生的方案汇报中投入应用。

时光一转而逝,到了同学们面向全区老师正式做方案汇报这一天,一张张小脸上的表情诉说着兴奋和紧张。上课铃响,六个小组先后进行汇报展示。"我们的研究主题是……""在探究的过程中我们发现……""最终,我们形成的方案考虑到了……""你们小组能够用直观的动图、视频来呈现方案非常优秀,但是有一点疑惑……"每一位汇报发言的同学声音洪亮,语速沉稳,表述明了又干脆。倾听的每一位同学,眼神专注,精神集中,同学之间不吝赞赏,也能才思敏捷地提出质疑。40分钟飞快而过,下课铃响,汇报结束,台下掌声雷动,此时,每一位同学身上散发的是浓浓的成就感。几个月来,老师们勇于尝试新的教研方式和教学方式,于未知中找到了惊喜。别样的学习方式中,师生都体会了运用多种学科知识联合解决现实问题的魅力。

如今,数学教研组基于项目化、跨学科"问题导向、任务驱动、沟通协作"的方式开展新教研已是常态,老师们聚焦课堂教学实践中学生核心素养培育的重难点问题在学科内、学科间展开研讨,以精准、优质、高效的深度教研助力教学方式变革,新教研带来了新教学和学生全新的学习方式和体验,促进师生共成长。

故事二:“给雨伞找个家”的实践学习

复杂问题充斥着日常生活中的方方面面,难的是如何发现这些问题并形成项目来解决这些问题。“给雨伞找个家”项目化学习活动基于上海气候温和湿润与降雨时雨伞无处安放、存在安全隐患等问题,借此机会在实践活动中满足学生的好奇心与探索求知欲,转变学习方式,在教师的支持下引导学生积极观察生活,培养人文关怀,促进学生能力、思维、人格和个性的发展。

场景一:“又有同学摔倒了”

“又有同学摔倒了。”5月的某一天,拓展探究型课程教研组长史老师走在教学大楼内听到某班同学的一句呼叫,便急忙赶到教室。“怎么了?”“因为下雨,水滴得到处都是,有同学踩在水上滑倒了。”“摔得厉害吗? 能站得起来吗?”史老师在扶起摔跤的同学的同时,身边的同学又七嘴八舌地说同学没有大碍,但是史老师看着教室后摆放杂乱无章的雨伞和地面上随处可见的水渍,又想到不久前的少代会上学生们对于雨伞摆放的提案,也不禁产生了思考。

“学校在明年暑假中将要大修,计划要更新学校的硬件设施,希望能让校园环境在美观、现代化的同时更加适合同学们在校园中的生活”,当校长在教工大会上宣布学校即将大修的消息时,汛期那大楼里雨水浸润的画面又浮现在了史老师脑海,“如果能有个地方摆放同学和老师的雨伞就好了”。于是史老师带着这种思考来到了校长室,将自己的想法讲述给了校长。“史老师这个想法很好,但是学校的场地有限,你是否想好了在什么位置收纳雨伞,又能保证美观、实用等问题呢?”校长的问题令史老师猝不及防,的确在此之前只是萌生出了想法,但没有确切可行的方案。校长仿佛洞悉了史老师的想法,又说道:“史老师提的这个问题的确要解决,学校是学生学习生活的地方,如果能够让学生自己思考并设计雨伞摆放的位置是不是更好？如果你能在学校大修之前提交可行的方案,那在大修的时候可以考虑解决这个问题。”校长的话使史老师醍醐灌顶,学生的潜力是无限的,如果能够加以引导,或许他们可以解决这个问题,甚至能比我们想得更好。

场景二:雨伞何处为家

在充分构思后,史老师计划在七年级开展此次的雨伞摆放设计活动。七年级的学生经过一个学年的学习已然适应了初中的学习生活,同时没有高年级较强的学习压力,再加上他们有着强烈的好奇心和求知欲,若加以引导则可以充分激发他们的潜能。在七年级的年级大会上,当史老师进行动员和讲解后,不少同学在台下跃跃欲试。会后经过报名和筛选,最终选定了 7 名学生参与到此次活动中来。“不如我们就把这次活动的名称定为‘为雨伞找个家’吧”,个性外向思维活跃的张同学如是说,“这个名字既可以体现活动的目的,又显示出校园的温馨和安全。”自此,“为雨伞找个家”活动正式如火如荼地开展了起来。

人员已经齐备,然而如何操作却无从下手,年轻的史老师虽然是拓展探究型课程教研组长,但专业是语文学科,又没有装修经验,也不知道该如何下手。在一次小组研讨会上,李同学说:“我们应该先上网学习一些资料,看一些有关视频,想一想设计雨伞摆放的位置应该分为几个步骤。”李同学思维缜密,逻辑性强,数学学科是他最擅长的学科,因为他也成为了小组组长。在他的建议下,前两次会议上,全组师生观摩了有关装修、雨伞收纳等内容的多个视频,对于活动的设计有了初步的了解。

“我们这次的设计其实就是在校园内找个位置摆放雨伞,解决的问题是让雨伞摆放有序,让雨伞上的水不再乱流,同时也能更加美观一些。”李同学总结道。“那在教室里放个桶不就行了?”急性子的张同学马上说道。黄同学说:“桶的话收纳雨伞的数量有限，而且放在教室里也不美观，并且同学们行走时很有可能把桶撞倒形成安全隐患。”史老师也补充道：“不下雨的时候桶的收纳也是一个问题，教室的空间本就有限了。”在这样讨论的过程中，一个方案开始明朗了起来：可以在教室后的空间设置一排挂钩，让同学把挂钩挂在墙上，下面摆放储水槽，这样便可以使雨伞更好收纳了。

在学校和班主任同意下，小组成员在七年级某教室开展了实验，在教室后方贴上了简易挂钩，在下面布置了简易的储水盒。经过一段时间的实验，在实验总结会上，李同学说道：“这次的实验结果表明，在教室后放置雨伞挂钩的确能够解决下雨天雨伞摆放的问题，但是同时也出现了新的问题：1. 不下雨的时候雨伞挂钩就显得冗余；2. 教室空间有限，雨伞在后方挂满后教室就显得拥挤；3. 下面的建议储水盒中的水需要每天倾倒处理，并且收纳困难；4. 挂钩粘在墙上容易脱落；5. 挂钩、储水盒、雨伞等在教室后方形成了新的安全隐患。”这样的结论使小组成员喜忧参半，在场的同学展开了激烈的讨论，却始终没能达成意见的一致。

场景三：为雨伞找到更好的家

当小组成员思考一阵子后，史老师说：“不如我们跳开思维定式，想一想这个挂钩难道只能摆在教室后面吗？”在史老师的建议下，小组成员找到了总务主任，了解来意后，总务主任结合学校的实际，提出或许可以在教室外的走廊上布置雨伞架收纳雨伞，当同学们提出排水困难的问题时，总务主任建议可以在雨伞架下设置一排排水沟，直接将雨水排出教学楼。

了解到可行的方案后，同学们又开始积极设计。某天，沈同学在便利店里看到了出售雨伞的地方有联排挂钩，恰好与自己想设计的形式相同，回家后就用纸笔画出了草图。沈同学性格较为内向，在小组会议上不太发言，但是他善于观察、心思细腻，往往能关注到事件的细节。当沈同学把草图拿到小组会议上时，收获了小组成员的一致好评，沈同学的脸上也出现了久违的笑容。史老师说："现在初步方案有了，我们接下来就是要根据草图画出更准确的设计图，最好能将尺寸明确。"七年级的同学在数学学习中初步学到了数学思维，但是具体的测量、绘制等还需要更专业的指导。在任务的驱动下，他们分别找到了数学老师、物理老师进行指导，将数学和物理的学科知识运用到了图纸的绘制中，其中还包括市面上大部分雨伞的尺寸，这样能保证大部分雨伞可以收纳进雨伞架。

当带有尺寸数字的图纸呈现在小组会议中时，每个同学的脸上都有了如释重负的满足感，这似乎就是大家想要的结果。"在绘制图纸的时候我也询问了美术老师，挂钩用银灰色，排水槽表面用黑色，这两个颜色比较百搭，这样在学校大修后，两个颜色会和学校的整体颜色协调。"黄同学的补充让史老师感受到了同学们对这个项目的认真与投入。此时，李同学又说："如果让挂钩暴露在外面，是不是还会有安全的隐患？"在场的同学也纷纷附和，史老师思考片刻后说道："可以用较软的塑料片覆盖在挂钩表面起到保护效果，这样既不影响使用，也能解决安全的问题。"讨论后小组成员将史老师的建议加入了图纸中，这样初步的方案便形成了。

场景四：雨伞终于有"家"可归

校园大修如期进行，学校收到小组成员雨伞架的设计图纸后经过讨论采取了这一方案，经过装修公司的微调，新学期的开学，这些凝聚着同学们的心血、老师们指导的雨伞架出现在了崭新的校园中。雨天，当同学们使用雨伞架获得便利的同时，项目小组的成员有着更多的情感。

毕业典礼上，黄同学作为学生代表，难以抑制自己的情感，说道："园南的生活丰富多彩，在这里学习生活让我获得了许多许多，除了知识的传授，更让我印象深刻的是那些运用知识的时刻，仿佛书本上的知识都活起来了。尤其是看到雨伞架的成品在校园里出现的那一刻，觉得自己一切的学习都有用了起来，原来学习是这样一件有趣的事。”

基于“给雨伞找个家”项目化学习活动，教师的教和学生的学发生了变革，知识不再是仅在课堂上枯燥地传递，而是以好奇心与创造力为动力，以为雨伞找到家为驱动，在实践中积极观察生活，在实践、操作、参与中感悟学习，获得能力、思维、人格和个性的发展。

故事三：“与将军面对面”的德育浸润

传统的德育教育往往以说教为主，很难真正走进学生的内心。园南中学的德育团队通过设计各种参与式的德育活动与项目，使学生在参与中实践、实践中成长，真正做到德润人心。

场景一：老将军亲授红色故事

时任团队干部的花老师常会发现学生生活与红色资源脱节，理想信念教育无法真正走进学生的心里。“如果能邀请功勋卓著的老将军走进校园开展活动，一定能够深入打动孩子的内心，解决学校教师的理想信念教育偏重说教的问题。”花老师在近年来的德育工作中，萌发和坚定了这样的想法。通过积极申请和准备，学校 2020 学年第一学期的开学典礼上，在全体师生的瞩目中，在抗美援朝战争中击落 5 架美国敌机、被誉为“空中雄鹰”的战斗英雄、原南京军区空军副司令员韩德彩将军一身戎装，沉稳地迈上主席台，庄重地抬起右手行军礼。全体园南人见证了祖国革命活的历史。大家跟着韩老将军的讲述来到 70 年前战火纷飞的战场，无畏强敌，击落美军“双料王牌”，书写蓝天奇迹。韩老将军深情寄语全体园南学子，掷地有声的话语，满怀对国家的深情和对青少年的希望。

韩将军的莅临在校园中引起了热烈反响，而其影响应当引发学生的深度学习。学校又利用校午会课时间进一步开展“记嘱咐　学四史　担责任”四史学习教育主题活动，通过观看韩老将军专题视频《我爱飞行员这个称号》，深入学习了韩老将军的从军过程、英勇事迹和为祖国建设所做的诸多贡献。让学生学习将军身上体现出的艰苦卓绝的奋斗精神和崇高的人格风范，促进知行合一。

场景二：书信传递红色文化

在大队部的组织和引导下，与韩将军亲切交流、共唱祖国赞歌的校大队委员魏同学代表全校给韩将军写信：“您来到我们的学校，就是把这来之不易的和平交到了我们的手中，而接下来，我们这一代的使命，就是把这份和平托得更高，更远！”11月，学校惊喜地收到了韩老将军的深情回信，恳切的言语令全校师生动容。旋即，学校开展“学习韩德彩将军回信”主题活动。进而，学校将革命将军的各种讲话、信件、题词作为学校红色文化教育资源，借助教育园地、文化墙、陈列室等文化形态呈现，发挥环境育人的作用。

场景三：与文物零距离接触

对于革命英雄的学习只有起点，没有终点。学校进一步发挥将军文化教育资源在价值观教育、思想道德教育、健全人格培育和行为规范教育中的积极作用。2021年12月，中共一大纪念馆带着馆藏珍贵革命文物——抗美援朝志愿军战士用炮弹壳制作的花瓶走进了长期开展红色教育的园南中学。活动中，雄鹰宣讲团的同学们自信地迈上舞台，用六个精彩故事串联起韩德彩将军光辉的一生，并播放了他们精心剪辑的韩德彩将军访谈实录。同学们近距离目睹这件与韩将军休戚相关的文物，聆听雄鹰宣讲团绘声绘色的英雄故事，立志弘扬中国共产党的革命精神，赓续红色血脉。

场景四:与老将军共谱百米长卷

犹记活动当天,韩将军为全校师生挥毫泼墨,留下了珍贵的书法作品。韩老将军关心祖国教育事业,传播爱国诗文翰墨的精神和德行也给到学校书法课程建设新的启示。2021年,为庆祝中国共产党100周年华诞,我校举行“百年追梦　奋斗有我”校园书法展示活动,全面动员,悉心指导,以百件作品献礼党的百年华诞,书写家国情怀,激扬青春魅力。

“与老将军面对面”系列微课程的开展,重视发挥学生的学习主体作用。活动前,让学生参与活动准备;活动中,创造条件让学生直接与将军见面互动;活动后,以多种方式搭建后续教育平台。以延展性的、系列化的课程和活动传播红色力量,激发学生对当下美好生活的珍惜之情和对党和国家的深厚情感。这些活动也让学校的德育团队意识到,参与实践型的德育教育更能真正走入学生的内心。

场景五:参与中实践,实践中成长

“少年自有少年狂,身似山河挺脊梁,敢将日月再丈量,今朝唯我少年郎……”清晨,随着《少年中国说》的进校铃声响起,校门口等待入校的同学精神肉眼可见的随之一振,刚参与过“与老将军面对面”的赵同学仿佛看到老将军的身影又再次出现在眼前。赵同学今年初三了,这也是最后一次在园南校园值周,看着同学们踩着他挑选的铃声谈笑风生地鱼贯入校,他的思绪随着铃声飘回了那天。

“同学们,随着2023届中考倒计时归零,明年的你们就要踏入中考考场,你们即将启程走向理想的目标,这段征途艰辛但快乐,为目标而奋斗的过程会是你最难忘的回忆。中考是一次激动人心的挑战,校园铃声就是为我们呐喊助力的号角,今年你们初三了,校园的铃声你们做主,希望同学们上下学、上下课都能踩着你选的铃声,每一步都走得铿锵有力。”校园铃声征集活动发布了。喜欢音乐的赵同学立刻酝酿了起来，活动听起来简单，但什么样的曲子适合在校园播放？播放铃声的时间段有哪些？哪些时间段能播放整首曲子，哪些时间段只能播放部分？自己要竞争哪个时间段的铃声？完整版？截取版？如果是截取版截哪段？怎么截，什么软件操作简单效果好？什么样的铃声不仅能对初三同学有激励同时也能鼓舞低年级的同学？如何做调查？什么类型的铃声能够从班级年级脱颖而出？自己单干还是组队？“校园铃声我做主”项目化活动开启了。一个小小的铃声竞选，调动了赵同学的知识库，因为有分析、有规划、有调查、有设计，赵同学推荐的完整版《少年中国说》鉴于歌词蕴含的价值、曲调的铿锵成功入选入校铃声。

思绪久久不能平复，值周结束，赵同学回想一路走来丰富的实践项目：红色电话厅的公约班级讨论商议——中队长会议交流各班级汇总意见——大队委员最终商议定稿；“每周一星”“行规示范班”的常规管理由大队委员和大队干事负责检查、统计、反馈、宣传；“红领巾广播电台”的社团管理大队部自行招募团员、设计版块、审核内容、按时播报、征集意见、适时调整；“井盖美化我设计”班级认领，由班级同学设计班徽，获奖作品由班级同学亲自绘制；小木屋美化，每学年开始，全校征稿，票数最多的同学入选，亲自绘画并署名；校园各处小景观，名字征集而来，由书法社团同学书写；“校园环境我献策”“我的社团我命名”“我的校歌我填词”“校园场馆我介绍”“校服款式我选择”……校园文化各个节日、各种平台，自己虽然不是所有项目都参加，但是主动选择参加的项目都让自己不论是在知识层面、能力层面，还是在意志品质层面都有提升。

学校带领着同学们从单纯的说教式学习走向更深的体验式学习，同学们自动参与、自主选择、自信分享，促进同学们生活感悟与建构的同时，锤炼主动成长的品质。

教育的目的不是传授已有的知识，而是响应人的好奇心，利用结果的吸引力将人的天赋与潜力诱导出来。园南中学通过设计各项项目化学习活动和课程，推动育人方式的变革，学子在四年的学习中得以转变自己的学习方式。这座新优质学校将不断顺应教育改革的浪潮，这样的一个个故事也将不断上演。

学校简介

上海市园南中学地处徐汇之南，毗邻上海植物园，环境优美，学风醇正，生机盎然。学校创建于1994年，全国政协原副主席苏步青题写校名，中共上海市委原副书记陈沂题写校训。建校以来，园南中学确立了"守正出新，久久为功"的办学理念，园南人追求"让心灵自由呼吸，让生命如花绽放"的教育理想，积淀形成了向阳而立的校风、各美其美的教风、百舸争流的学风。学校现为上海市新优质集群发展项目校、徐汇区紧密型长华学区主任单位、上海市初中强校工程长桥中学的支援校、南模教育集团成员校、上海市项目化学习创建校、上海市第四轮课程领导力项目校和徐汇区数字化转型区试验校。

让每一个孩子都闪闪发光

——洵阳路小学学生成长故事

上海市普陀区洵阳路小学　郑煜*

二十多年来，洵阳路小学始终坚持做的一件事就是“研究儿童”，研究儿童的发展起点、成长需求，以持续改革走出了一条高质量育人新路径，让国家课程理念得到了专业而富有创意的落实。虽然，目前学校还是一所老的公建配套小学，但是环境雅致，有了“寻阳十景”；有好玩的课程，有满足孩子学习空间布局，“WIDE SPACE”课程空间站；更有了师生不一样的成长状态，他们自信、阳光，充满力量。2011 年学校成为首批被遴选的上海市新优质学校。2015 年获得了全国基础教育的先进单位。2023 年获得了“2022 年基础教育国家级教学成果”一等奖。更重要的是老百姓的口碑不断提升，学校成为百姓心目中首选的家门口好学校。

* 郑煜，上海市普陀区洵阳路小学副书记、语文高级教师。

学在玩中　陪伴成长

一夜春眠后，趁一早尚有被清空的清醒脑袋，郑老师约莫花了五分钟时间背出了《白雪歌送武判官归京》这首长诗，年纪大了记忆力明显减弱不少。过去，郑老师只记住了其中的名句“忽如一夜春风来，千树万树梨花开”“瀚海阑干百丈冰，愁云惨淡万里凝”“山回路转不见君，雪上空留马行处”。督促自己背出这首诗，是为了一个叫“小包子”的小男孩。

前几日午间休息时，和小包子提及她名字中的“煜”字，然后提到了南唐后主李煜，然后不知不觉提到李煜的《虞美人》，再后来他们就在一起把这首词背出来了。

之后的日子里，小包子对古诗词的兴趣逐渐加深，而且有愿望挑战对一个三年级学生来说难度很大的古诗词的记诵。这，需要保护！郑老师心头生出和小包子一起背诗词的念头，每日一首或几日一首。于是，才有了她清晨一睁眼就背诗。因为，小包子在昨天就已经把背这首诗的语音发给她了，她今天也要背这首诗给他听。

这是一件美好的事情！教育是一种开启和引领！前几日读薇薇安的《共读绘本的一年》，薇薇安所阐述的核心就是她在和孩子们共读绘本的过程中，经常被一个名字叫瑞妮的幼儿园孩子引领和开启，然后学习如何重新理解和定义李欧·李奥尼绘本故事的价值。这是孩子对成人的开启和引领，这是学生对教师的开启和引领。

小包子对她来说也是一种开启和引领，让她重新去触摸喜欢的古诗词，用一种别样的方式！

三年后，小包子长成一位大男孩儿，即将毕业。回忆起当时与郑老师共读诗词的日子，小包子写了一篇习作《和郑老师共读诗词的日子》，刊登于《东方少年》。

和郑老师共读诗词的日子

姜大为

“等闲识得东风面，万紫千红总是春。”“桃花一簇开无主，可爱深红爱浅红。”……春天，她用几十首唐诗为我们编织着美好的晨间诵读，带我们走进诗的世界。

从此，我就被这一头短发的语文老师深深地吸引，更被她那时时蹦出的几句诗词深深吸引。

也许是她看出了我对诗的喜爱，那是一个平常的清悬，我刚来到教室，就被她拉到身边。她轻声问我：“喜欢诗吗？”“喜欢！”“那么从今天开始，我们一起背诗吧！”她笑着等我答应，这笑容和满眼的期待，让我明知背诗很难，充满了挑战，却无法拒绝。

第二天读诗时，我们共读了《白雪歌送武判官归京》。这是我第一次背这么长的诗。对于当时三年级的我来说，绝对是一个高难度挑战，不仅不解其意，还有不认识的字。

“北风卷地白草折，胡天八月即飞雪。”郑老师指着书上的诗读一句，我就认真地跟读一句。“忽如一夜春风来，千树万树梨花开。”读到这句时，我的脑海中产生了一幅画面：千万朵雪白的梨花一齐绽放在枝头，那样纯洁，那样美好，但细想又生出疑问，不禁脱口而出：“梨花不是春天开放的吗？胡天只有飞雪，哪来的梨花呀？”郑老师笑而不答，反问我：“你是怎么想的呢？如果不明白，可不可以自己去找找答案呢？”

带着疑问回到家后，我又把诗读了好几遍，翻阅了一些书籍，才知道诗中是把冬雪比作梨花。我对这首诗的喜爱又多了几分，也才明白老师让我自己寻找答案，笑而不答的用意。

这位热爱诗词的老师，用她独特的方式帮助我走进诗词，并渐渐爱上诗词。这些诗词以及与郑老师共读的日子，恍惚间开成了那绽放在枝头的千万朵梨花……

在共读诗词的日子里，郑老师给予小包子一种自然的、轻松的共读诗词的氛围，让诗词住进了孩子心里。三年后，小包子用文字的方式回忆师生共同走过的那段学习经历，带给郑老师无限感动。

在一堂语文模块课上，郑老师这样说："感谢小包子，用文字唤醒我的记忆。我觉得，与其说是我给了小包子成长的力量，不如说是小包子给予我作为一个语文教师的最大荣耀。诗词，我会继续读下去！希望小包子亦如是！"

主题课程的实施打破了"学"与"玩"的边界，我们在每一次的教学设计中融入"游戏体验"，在玩的过程中我们构建了彼此的信任，成为了彼此最亲密的伙伴；给予孩子野蛮生长的土壤，让孩子自由自在长大；尊重孩子的成长节奏，陪伴孩子前行的同时，和孩子们共同学习，双向滋养。

寻找每个孩子的可能

哲语同学性格活泼开朗、待人友好热情，有上进心，有努力的愿望和行动。在学校艺术创想课程、戏剧课程、体育课程的学习中表现突出，学科学习暂时处于弱势，尤其是数学学科有比较大的困难。如何帮助哲语扬长补短呢？

1. 赏识激励，让孩子始终充满自信

在"梦想花园"的评估报告里，我们不仅看到数据所呈现的哲语同学在艺术领域表现出的优势，更看到孩子丰富的艺术作品。他的一幅幅画作，空间感强、想象丰富；他在学校戏剧节展演中，参演《哪吒闹海》的剧目，成功地扮演了南海龙王角色。沉浸在绘画中的哲语是快乐的，站在舞台上的哲语是自信的。但学科学习成果或多或少给了他不少"挫折感"，怎样放大哲语的"闪光点"，让他对自己充满自信呢？

在学校的"公共艺术空间"里，教师团队为哲语同学策划了一次个人画展。精心挑选的画作装上了画框，打上了温暖的灯光。一份哲语个人画展的简介，是老师对哲语的肯定与爱。低年级小朋友驻足于画作前的啧啧赞叹和签名留影，让哲语自豪感倍增。学校还邀请哲语和家人一起看画展并合影，把学校对孩子的认可与期待传递到家长心里。

为期一个月的画展，让哲语有了“高光时刻”，自信心不断增强，这种自信也正在反哺他的学科学习，让他相信自己“我可以的”。

2. 精准辅导，让孩子获得成长力量

学校五年级数学模块每周 2 个课时采用选课走班的教学模式，学生可根据学习能力进入相应模块学习。这一模式重在研究差异，提供适切的学习。哲语的语文和英语学科属于“合格”等第，但是数学学科始终处于“须努力”状态。通过评价后台的“学科学业水平分析报告”研究，发现哲语运算求解和空间想象能力尚可，数据处理、数学抽象和数学表达很弱。他被安排在了第四模块学习。每周的这 2 个课时中，数学张老师只教授像哲语一样的 6 个小朋友学习数学，主要是针对薄弱环节进行查漏补缺。为了让辅导更有针对性，张老师有针对性地进行教学，并为哲语单独设计作业练习，精准辅导，还用各种“图示”来帮助哲语理解抽象难懂的数学问题。张老师要为哲语“画”出一个数学的春天！尽管孩子的数学暂时还是没有合格，但我们看到了上升的趋势。更看到，在老师的鼓励和辅导下，哲语没有因为数学暂时落后而对自己失去信心。

“梦想＋”空间改造课程——邂逅更好的自己

每一年，孩子们在学校的少代会上都会提出一些“有意思”的提案。学校将孩子们提出的真实问题转化为一个个好玩的“梦想＋”空间改造课程。第一个开展的课程项目就是打造一间“会讲故事”的少先队队室。这个项目，孩子们做了整整两年，已改建完成并投入使用，成为了一间“会讲故事的”少先队队室。

阳阳（徐浩洋）是个火暴脾气的小家伙，经常与小伙伴闹些小矛盾，他在班中很少与他人往来。阅读广泛，动手能力极强的他也鲜有机会能在伙伴面前露一手。

1. 第一次创投会与小组成员产生矛盾

那天我虽然没有带设计稿，但你们就这样不愿意带我上台一起完成产品介绍。真的好气啊！你们凭什么不相信我？我只是没有带设计稿，我在家里想了很久！你们都给我等着！以后有好的创意都不会贡献给你们的，我一个人自己做自己的！你们谁都别劝我，包括老师！

2. 开始跟着曾老师学习，小组接受“翻翻乐”挑战任务

我觉得老师们待我挺不错，让我跟着曾老师做他的小助手学习木工，学习到了很多的技巧，老师夸我做起东西来越来越熟练了！

不过我听说，隔壁的小组接到了一个“翻翻乐”的木工任务，听起来挺有意思，虽然想试试看，但是看见那些“坏人”才不要帮他们做事哩！

项目团队的任务挑战

1. “翻翻乐”的制作需要哪些角色和任务？

分工：

主要工作	任务	人员安排
文案	工作手册、产品介绍卡、演讲稿等的书写	
美工	思维导图、设计图等的绘制；产品美化	
演讲	介绍、演示、讲解	
木工	木质模型、产品的加工制作	
手工制作	非木质模型、产品的加工制作	
信息技术	上网搜集、整理资料；制作图、表、PPT 等	
影像摄制	照片、影片的摄制	

2. 怎样才能在 2 周内完成 20 个“翻翻乐”？

具体措施：____

____

什么?！两周内要完成这么多的“翻翻乐”样品制作！这怎么可能呢？更何况我们刚刚损失了一位木工队员，这下麻烦了……

3. 展露出木工的特长，开始得到团队成员的关注

哈哈，今天真是太高兴了！我做的木工作品获得了老师们的赞赏，老师们还给我举办了一个特殊的颁奖仪式，竟然把代表坚持做一件事的小红星颁发给了我。嗯，赶紧把我记账的“小本本”掏出来，给老师们都记一颗“小红花”。

你们瞧，那不是阳阳吗？他现在木工技术这么好了呀！真后悔我们当初的态度，其实就算他没带那件设计稿，我们也应该让他上台的，时间隔了这么久了，如果让他回来帮助我们完成任务他会愿意吗？哎，就他臭脾气，肯定不愿意，要不找找老师吧……

4. 正式聘请小徐同学成为木工小导师

到底用什么办法能才把阳阳邀请回来呢？老师们给的锦囊妙计里就只有“尊重”这两个字，难道这是提醒我们要让阳阳同学感受到我们对他的尊

重？有了！我们可以借鉴老师们的颁奖仪式，做一个聘任仪式，为他制作一份聘书，再对他说很多很多的好话！我觉得这个办法应该能行，行动起来吧！

收到这个聘书还挺意外的……没想到他们会用这种方式邀请我重新回到这个团队，这么多人看着我，可不能显得太小气了，嗯……看在这么有诚意的聘书和说了这么多好话的面子上还是勉为其难地答应下来吧！

5. 在阳阳的帮助下团队成功完成任务

哼！虽然原谅了你们，但是想要从我的"小账本"中除名可不是这么简单的，我要让你们看到你们是离不开我的！在曾老师这里学到这么多的本领，是时候展现真正的技术了，我要让他们对我刮目相看！

哇塞！阳阳确实厉害啊，别人做1个，他可以做3个，而且质量还有保证，虽然遇到矛盾时还是会发脾气，但是现在想想他这样其实也是为了整个团队能够出好的作品,我们应该好好和他讲话。

最近感觉怪怪的,我小组成员们的嘴巴都像抹了蜜一样,总是夸我,挺不好意思的,我平时脾气有这么大吗?是不是要改一改自己的方式,老师们说的话挺对的,试试看吧。

阳阳的转变并非一蹴而就,而是在“梦想+”的引导下,通过一次次实践、一次次挑战,逐渐实现的。他在木工课程中展现了自己的才华,得到了团队成员的认可和尊重;他在“翻翻乐”任务中,感受到了团队合作的重要性,也明白了尊重他人、理解他人的价值。“梦想+”不仅让阳阳邂逅了更好的自己,也让他的团队成员们看到了他的价值,从而更加珍惜和尊重他。这种相互尊重、相互理解的氛围,让团队更加团结,也让每个人都能够在团队中找到自己的位置。

26年的持续探索和不懈努力,从一个较低的起点出发,学校在不改变生源,不依靠政策倾斜,不增加学业负担的前提下,聚焦学生学习的有效性、精准性和整合性研究,创造性地实施国家课程,走出了一条适应学生成长需求的课程建构和迭代之路。

这条路的终极目标是育人，是通过课程的浸润让学生的内心世界丰富而有追求，成为“幸福而有意义的普通人”：他们阳光和自信，对这个世界永远充满好奇心；他们拥有并保持对学习的热爱，能够找到自我成长的无限可能。每一个孩子都是洵美且异！如同我们的文化“寻阳”，寻找人生中最美的一缕曙光。一样的阳光，润泽不一样的生命成长！

学校简介

洵阳路小学创办于1958年，历经60余载春华秋实。学校取校名“洵阳”的谐音，用“寻阳”二字作为学校的文化理念，意为“润泽生命，洵美且异”，学校努力为每个孩子寻找最美的曙光，让他们充满生长的力量，成为阳光自信、富有个性的人。

学校在不挑选生源，不依靠政策倾斜，不增加学业负担的前提下，通过二十六年持续研究儿童成长需求来推动整个学校的内涵发展。聚焦学生学习的有效性、精准性和综合性，建构了“分科 · 综合”课程体系，让国家课程理念在一所最平常的学校里得到了落实，实现了学校的高质量发展。《一所最平常学校落实国家课程的创造性实践与研究》获上海市第三届基础教育教学成果特等奖、2022年基础教育国家级教学成果一等奖，此外，学校出版了《洵美且异：新优质学校课程建构的洵阳路径》等4本专著。

近年来，学校成果在全国范围内辐射推广，也向市区26所学校辐射成果。学校还与天津、西藏等7地近30所学校签约结对，提供课程建设的设计思路与实施策略；与加拿大、英国、澳大利亚等开展国际交流，接待全国各地同行参访及跟岗学习近80000人次。中央电视台、上海电视台等30多家官方媒体近60次专题报道学校经验。

学校是首批遴选的上海市新优质学校之一，获“全国教育系统先进集体”称号。和谐的育人环境、规范的办学行为、先进的办学理念、凸现的办学特色、稳步提高的教育教学质量、可爱健康的师生群体，赢得了家长、社会的广泛认同，家长满意度高，洵阳路小学成为老百姓首选的一所兼具公平、优质的家门口好学校。

第二章

教师发展

教师是学校发展的第一资源。国家教育政策与改革意图、学校育人目标与发展举措要靠教师去落实，同时学校的创新性实践要靠教师去探索和创造。没有师资队伍的支撑，学校不可能获得预期的发展，改革蓝图也只是空中楼阁。所以新优质学校特别重视师资队伍的建设，但由于新优质学校没有额外的资源，也没有政策倾斜，势必不能完全依靠外力来提升师资队伍，只能依靠自身的努力，优化师资结构，提升师资专业能力。

新优质学校不仅重视师资队伍的学科教学知识（PCK）专业能力的提升，更加重视教师境界的提高，即不能只是把教师作为一个谋生的职业，而应该把教师作为为学生终身发展和民族国家振兴负责的光荣事业。本部分收录的6个故事分别从教师群体、教研组建设及教师个体发展的角度，讲述了如何发展老师专业水平，提升教师境界，赋能教师发展的故事，给人以启示。

思想的一小步　行动的一大步

上海市江宁学校　冯颖　刘紫瑜　蔡杏秀*

思想上的努力，正如可以长出大树的种子一般，在眼睛里是看不见的。但，人类社会生活的明显的变化正发生于其中。

——列夫·托尔斯泰

写在故事的前面

教育在变，教育在巨变。是什么导致了教育的变化？法国教育社会学家爱弥尔·涂尔干给出了答案："教育的转型始终是社会转型的结果和表征。"当今中国正由传统社会向现代社会整体转型，就算不论经济与政治发展水平对教育的影

* 冯颖，上海市江宁学校语文学科教师，年级组长。
刘紫瑜，上海市江宁学校语文学科教师，年级组长。
蔡杏秀，上海市江宁学校科学教师，人事干部。

响，单就人才培养的要求来看，教育的转型就势在必行。因为建设新时代更辉煌的中国需要“有理想、有本领、有担当”的、德智体美劳全面发展的社会主义建设者和接班人。

我们的故事便是在这样的背景下展开的。本故事中的老师是一个独立个体，也是众多老师的缩影，如果在她的身上你看到了自己的影子，请不用诧异，因为她就是“我们”。

她是一位教龄近30年的科学老师，用“兢兢业业”来形容她一点不为过。每天她早早到校，匆匆吃完早餐就回办公室，再翻阅一下早就准备好的教案，检查一下课件，为一会儿进入课堂做好准备。上课时，个儿小的她绝对气场全开，能量爆棚，震得娃儿们不敢越雷池一步。课后学生交上来的作业也必须是工工整整，“否则她要‘发飙’的”！她还兼任跨学科老师，经她指导的研究报告份份高质量。

可你相信吗？就是这样一位传统意义上敬业又专业的好老师，还曾经是抵触教改的“顽固派”。

第一次会议——惊雷

“叮！”

陈老师刚下课回到办公室，手机响起了一声清脆的提醒。

“跨学科教学探索？这是个什么会议？”陈老师很迷茫。与旁边的同事四目相对，大家的脸上都写满了好奇，心中还升起了一丝不太好的预感。

会议室里，大家陆陆续续走进来，对上校长笑盈盈的眼，“坐，坐……。”

“这是我们跨学科教研组的第一次正式活动，接下来我们就要开展一项全新的教学、教研实践活动了。大家身上的担子不轻啊……”

会议结束，跨学科教研组的老师们却谁都没有马上离开。校长开会培训的内容刚才听的时候好像理解了，散会后又好像什么都不知道了，大家一下炸开了锅。每一位指导老师都怀着忐忑的心情，把新官上任的跨学科教研组长蔡老师团团围住，询问各种问题，可大家脸上的神情显然都是一致的——茫然和焦虑。“跨学科”这个词语还是个时鲜货，之前只是听说但不知所云，突然要进行跨学科教学，感觉压力山大，根本无从下手。

“跨学科学习就是多学科学习吗？是不是我们不同学科老师轮流进同一个课堂上自己的课就行？”“我也只会教自己的学科啊，其他我可教不了……”

每个人走出会议室的脚步都格外沉重，上海市新中考改革的方案正式公布，其中有一项重大举措就是设置了跨学科案例分析。根据设计，跨学科案例分析会以课程标准为依据，考查学生在解决真实问题中信息提取与处理、问题分析与质疑、结论阐释与创新的能力，关注跨学科素养，落实立德树人的根本任务。根据当时的理解，跨学科案例分析对学生的要求很高，他们既要以更广阔的视野观察和分析各种现象，又要以科学的方法对疑难问题进行探究，过程中还要倡导严谨的逻辑思维与开放性思维的结合。根据现有学生的实际，不通过教师系统的指导，又没有足够的实践，他们是无法应对的。

因此学校下大决心，整合课时，将劳技、探究、拓展等学科的课时合三为一，辟出了每周三课时的跨学科课，专设跨学科教研组开展专题研究。

学校的决心很大，步子很大，校长的支持力度也很大，可被拉进跨学科教研组承担教学工作的老师们心里还是直打鼓。“上什么”“怎么上”“有用伐”一个个问题砸向教研组长和备课组长。陈老师就是其中问题最多的一位。

“每周三课时看起来好像不多，但一没教材，二没大纲，就一个‘垃圾分类’的主题，整个项目都要靠老师自己去开发。我们还有教学任务的，哪有时间和精力啊？”

“学生凑一起能鼓捣出个什么名堂？三个课时真是浪费时间！”

面对这样的抱怨，学校管理者很淡定，因为在一场教育变革中总会更新甚至否定教师固定的教育观念和学生观念，这势必会让教师不适应，引起抵制情绪。面对这种变革中的常态，学校管理者需要做的是持续推进、提供支持，因势利导、静待花开。

第一次培训——迷雾

老师们抱怨归抱怨，但工作还是认认真真地完成。学习了校长提供的几个案例，跨学科组的老师们在教研组长的推动下，依样画葫芦，边干边琢磨，边琢磨边干。

但老师们对跨学科的教与学还很陌生，为了提升教师开展跨学科教学的能力，学校邀请专家为教师展开了基于跨学科项目化学习的体验式培训。老师们要有效地指导学生跨学科学习，必须自身要有同样的经历，以"做项目"的方式来开展教师培训。

项目主持人："我们这个培训项目的任务是要分年级开发跨学科学习项目。"谁都不知道这个项目具体是什么、怎么做，挑战性极大，可不正好符合项目化学习的要求吗？

"那任务中的问题是什么？"

"在这个'跨学科学习项目的开发'项目中，本质问题是'为什么要开发跨学科学习项目'。"

"这算个什么问题？都没有明确的答案，那我们怎么设置驱动性问题啊！"

陈老师提出了这一连串的问题。

由于本质问题答案的不同，会导致整个跨学科项目设计价值取向的不同。若教师关注的是中考改革的需要，那么这个项目会更偏向跨学科案例分析的训练和指导；若教师关注的是课程改革的需要，那么这个项目会按照上海市《综合活动课程指导纲要》中“我与自己、我与社会、我与自然”三个维度进行；若教师关注的是学生学习的投入和师生思维碰撞带来的内在成就感，那么这个项目就会更多遵循学生立场，面向生活世界，突出实践经历……陈老师的问题非常实际又重要。

项目团队进行了激烈的讨论，最终由“为什么要开发跨学科学习项目”这一本质问题引发的驱动性问题是“如何设计基于学生立场的跨学科学习项目”，遵循学生学习的心理逻辑，从生活出发选取主题，引导学生“做中学”，感受、体验与探索真实世界，为后继学习和终身发展奠定基础。

项目主持人先拿出了一个预设的设计方案，一边告诉教师们设计方案前要学什么，一边手把手指导教师如何设计方案。为了便于起步，从相对简单些的小学项目起步，先行拿出假想的跨学科学习项目目标和主题，项目组成员共同讨论，然后依样画葫芦完成初中分年级分项目的目标与主题，最终形成了全校的项目群。陈老师不禁感慨道：“一把年纪的人了，好久没有这样从零开始学习过一个新事物了，感觉自己像个什么也不懂的小孩子！”

有了这样一个“靶子”，项目组成员讨论起来更有针对性，也更容易提出新的看法。讨论的过程就是逐步统一和完善的过程。通过讨论，团队成员认为应拿出一个有代表性的样本项目来进行实验，从设计到实施到评价，逐一分解，总结出可复制的模板。

通过这样一场培训，老师们逐渐拨开迷雾，在跨学科教学的探索之路上摸到了一点门道和前行的方向。

一课堂——大雪

“未来之城创意设计”跨学科项目要通过完成对一个原型城市 50 年后的创意

设计规划，从而了解城市设计的基本理念和基本方法，通过小组合作能绘制简单的城市布局图，学习基本的立体模型绘图软件 Sketch Up 的使用技巧，并根据平面设计图形转化为立体模型图。最后通过撰写研究报告的方式展示整个项目的实施过程与研究成果。

老师在课堂上向学生介绍完项目的要求、成果类型等各项细则，期盼学生们能深入理解，进而付诸实践。然而，当讲解完毕，学生们却陷入迷茫，产生了诸多困惑。这些问题遍布项目的各个角落，既有执行步骤的疑问，也有项目目标的迷茫。同学们争先恐后地举手，期待老师能给出明晰的解答。

“陈老师，SU 软件怎样建模?”

“图纸要怎么设计啊？我画画很差哎。”

“城市规划设计的原则是什么？随便想象吗?”

纷繁的思绪如同狂舞的雪花，纷纷扰扰，令人无法洞察其中的奥秘。面对学生们的问题，陈老师无法一一解答。这些问题有的超出了老师的预期，有的在备课时未曾深入探讨。教学经验丰富的陈老师第一次在讲台上愣住了，她该如何让学生们理解这个项目呢？她的专业是科学，设计点科学小实验还行，但面对孩子们提出的这些问题，没有劳动技术的专业背景，咋指导?

可以说，那节课有些兵荒马乱。好在陈老师迅速冷静下来，坦诚地告知孩子们自己在部分领域也处于探索阶段，愿意和孩子们一起去学习，然后开始收集整合学生的问题，课后带回教研组一起研究。

此时，中考跨学科案例的模考题也公布了，就涉及地理与生物两门学科，要求远远低于最初的预想。这又动摇了她。“我们学校有必要这么辛苦吗？跨学科案例分析的要求又不算高。”“学生提出的问题范围太广泛了，其他学科我不精，辅导不了啊。”有着同样困惑的不止她一个，在跨学科学习中，生物背景的老师要面对化学问题，化学背景的老师要面对地理问题，地理背景的老师要面对物理问题。

跨学科学习不仅对学生提出了挑战，也对习惯单科教学的老师提出挑战，更对学校的教研模式提出挑战。

教研活动——初霁

基础性学科是一位老师上一门课程的全部内容，一个老师认领一个班级的教学，显然，跨学科与基础学科不一样，有时候不同的老师参与同一门课程的不同部分，有时候需要几位老师同时合作进行一个内容的教学，不再是一个老师认领一个班级。

在“未来之城创意设计”项目中，对于用 SU 软件呈现项目研究成果这一内容，学校首先请同济大学设计创意学院的专家对学生培训了城市设计规划的基本步骤和方法；然后由劳技老师、信息技术教师对学生进行了软件设计的培训和指导，每个班级的指导教师同时跟进。也就是说跨学科项目中的某一内容可能也需要团队合作才能完成。

应对教师需要跨学科指导的现实困境，跨学科教研组开始尝试合作教研。各项目老师轮番把需要其他学科支持的专业问题抛出，请求支援。相关学科背景的老师在跨学科组长的协调下提供学习资源，老师共同教研讨论后再返还给学生。本校专业力量解决不了的，则由学校出面请求外援。上海市消防培训学校、同济大学建筑设计研究院、中国教育学会等都曾提供过支持。

总结起来，教研组形成了三种合作模式：第一种是教师之间在一个项目实施阶段里的协同教学，第二种是教师之间在一个项目中的接力式协同，第三种是学校教师和专业机构人员的协同，他们可能是同时合作的，也可能是先后接力式的。合作教研让教师能够突破专业的局限，从而为学生提供更充足的指导。

跨学科课前、课中、课后与以往的单一学科教学都不一样，需要教研组团队从不同学科、不同知识点、不同角度去分析同一内容。在能力方面，如何进行实验探究是基础课程就能实现的，但是如何设计问卷、如何进行长课题研究等，则需要跨学科老师共同指导才能实现。跨学科教学内容、教学方式的特殊性对跨学科教研活动提出了巨大的挑战，多门学科教师集体备课成为必然。由于众多“门外汉”的参与，其视野与思维空间远比常规学科的集体备课开阔，多个视角的碰撞与交汇会生成创造性的设计，更大程度上解决项目推进过程中学生的生成性问题。

老师们逐渐对跨学科的定义有了更准确的认知，跨学科教学应该基于真实情境和问题，以知识建构、问题解决为目的，在分析和解决问题的过程中综合运用各门学科知识，“多学科不是目的，解决问题才是”。

接受“批评”与肯定——雾散

“上课！同学们让我们用热烈的掌声欢迎今天来听课的几位老师。”熟悉的开场又一次在教室里传了出来。

“对于‘未来之城’的问题，我们小组通过讨论有以下几个观点……”学生们的侃侃而谈为课堂增添了许多生气。这是一堂“未来之城”项目的交流展示课型在教研组内进行磨课，整个项目从确立到课堂展示历时五周之久，授课教师在备课组的指导下完成教案设计、课堂学生评价表。

“下课!”

一阵清脆的掌声预示了这堂课展示的结果，授课老师长舒一口气，大家带着听课记录与教案走向会议室。

“这堂课很精彩的地方是学生对开拓想象空间板块的畅所欲言。”

“是的，但是很遗憾的是我们没有提供完整的支架来帮助学生，他们在讨论过程中有误区。”

……

大家你一言我一语，激烈地发表意见。在教研组集体观摩听课后，不同学科的教师总会在各自的领域摩擦出新的教学火花，这也让这门课程不断进步与开拓新领域，而那些“批评”完善了该类课型的授课模式和评价方式。

听课、评课是常规教研活动中最主要的形式，而跨学科听课中，资源的获取不再局限于单一的学科渠道，而是具有广泛选择性。每个学期，教研组会选择不同的年级、不同的课型、不同的项目，通过共同说课、互相磨课、集体反思等研讨方式，形成跨学科特定的教案设计模式、多元评价方式，积累过程性的资料。教研组尝试梳理出一个项目周期中对应各阶段不同任务的课型。基于校本化实践，一个项目周期被固定为三个阶段：启动阶段、探究阶段和展示阶段。教研组通过进入课堂现场观察，课后交流访谈，与教师共同整理出各课型的框架以及各课型的实施要点。

非常具有代表性的就是七年级“城市火灾与人类活动”项目的入项准备课。这个项目是受到2010年静安区胶州路公寓大火的触动，项目的教学目标从认知能力、责任担当、实践创新、合作能力四个维度进行表述。

在第一节入项准备课上，教师设计了五个环节：引入、提问、分析、调研、展示。“首先，请各位同学观看视频，这是关于当年胶州路公寓大火的新闻资料。”同学们被这场无情的火灾震慑，视觉的冲击让他们更加直观地体会到灾祸带来的不可磨灭的伤害。大家纷纷踊跃地表达自己的想法与感受，授课老师根据学生的反馈进行总结并进一步引出这个项目的本质问题：“是的，同学们说得很好，这样的灾祸让人沉痛。人类能战胜火灾吗？我们这个项目的任务是调研自己的社区的消防设施和消防预案，请大家设计一份该社区的消防安全保障方案。”老师的话音刚落，讲台下便传出窸窸窣窣的讨论声，未知的领域能激发学生的学习积极性，但是规范学生的实践方式才能够让项目更有效地进行。接下来的几节课中，学生需要通过团队合作调研自己社区的消防安全状况，然后根据了解到的情况设计消防安全保障方案。

在对这节课的集体观摩听课后，教研组展开了交流讨论，基本肯定了这堂课的框架，并形成了入项准备课型的框架。

“通过各位老师的努力与积极参与，两个项目都很顺利地收尾。而两轮研究课的打磨后，我们针对课堂中的问题进行了反思，总结出了该课型的实施要点：有具体的目标、有细化的任务、有计划的安排、有完整的团队。”教研组长激动地总结这段时间大家的劳动成果，而老师们即使面色疲惫，但是脸上的笑容代表着在教师这样的职业探索过程中获得的成就感。

对于课程探索的脚步还在继续……

结合上海市实施垃圾分类的背景，我校创生了“垃圾分类”跨学科项目。2021年11月22日，项目组教师在六(6)班教室观摩了六年级的跨学科项目“垃圾分类”的中期汇报交流。

“接下来，由我们小组进行汇报。各位老师好，我们组为了调研目前垃圾分类的问题，采用了问卷调查或者访谈调查法……具体数据如PPT所示，我们的汇报结束，感谢大家的聆听。”

讲台上是学生自信的演讲与汇报，讲台下是教师们欣慰的笑容。结合之前的课堂反思，这次授课老师在前期知识与能力建构课中给学生开展了“调查研究法”“数据分析与统计”的讲座，让学生能够根据小组研究主题来设计调查问卷或访谈提纲，采用问卷星或现场访谈的方式开展调研，并对数据进行统计与分析。

“目前我们的课堂需要各位老师观察的要点有如下三点：第一，学生的前期探究情况如何，有哪些优点或缺陷？第二，如何为学生提供有效的反馈与指导？第三，如何促进学生不断地修订与优化项目成果？”

教研组的老师根据这次课的主要内容进行总结，更加关注到学生小组交流汇报数据分析情况及项目中期进展情况。其中，大家都对四个小组课堂交流情况比较满意。

在课后研讨中，项目组教师认为学生前期的实践探究比较扎实，研究方法基本都能掌握，开展比较顺利，都取得了一定的进展，但是由于小组能力的差异，个别小组的项目进展与要解决的问题及项目预设成果还有较大的差距，需要指导教师投入更多的精力进行指导跟进。精彩的项目成果不是一次就能完成的，需要不断地修订与迭代。

"如何为学生提供有效的反馈与指导？"

"如何促进学生不断地修订与优化项目成果？"

经过讨论，老师们梳理了在不同项目阶段中教师指导的主要内容，对项目反馈指导形成了以下观点：教师要设置项目"里程碑"节点，在每一节点及时给予反馈；根据小组探究的实际情况，教师指导要有差异性和针对性；借助"教师反馈表"和"学生反思表"这两个工具促使学生不断完善和改进项目，以保证项目成果的质量。

课堂上的锋芒毕露——云舒

通过两年的摸索，跨学科教学逐渐走向常态，第一个项目"垃圾分类"已然成熟。十六周的安排中有先导期的动员、选题指导，有准备期的知识讲座、现场参观、确立课题，有实施期的学生开题、问卷调查、采访调研、数据分析、撰写报告以及相关培训，还有展示期的交流与评价。在经历了先导期、准备期和实施期后，各小组将成果进行了公开展示。

"今天是我们关于'垃圾分类'这个项目的中期汇报交流，接下来有请我们第一组进行阐述。"

每个小组成员面前都摆放着厚厚一摞资料，上面圈圈划划的痕迹都是孩子们的心血，无疑，大家对于这一次的交流课都期待已久，也为此做了充足的准备。第一组交流的同学深深地向台下鞠了一躬，微笑打开提前准备的PPT。

"我们小组研究的课题是'家庭可回收垃圾再利用'。我们选择采用社会调研的方法，先是采用问卷收集数据形成基本观点，随后再通过街头采访验证和补充观点，最终得出结论。大家可以通过这些图表发现一个很明显的结论，一半以上的人们愿意将家庭可回收垃圾制作成可装饰的物品。"

精致的画面，简洁的语言，自信的表情，第一组的发挥远远超过了授课老师的预期，陈老师被孩子们身上这股能量所吸引，这与她前期预测的课堂效果截然不同，她回忆起当时自己的心态——"我只能尽力"。她并没有想到，这一次学生成果汇报展示颠覆了她的想法。

随着响亮的掌声，第二组代表的同学也带着事先准备好的材料走上讲台。

"我们组研究的课题是'垃圾分类不能充分实施的原因调查'。针对这个课题我们通过多次讨论以及与老师的沟通确定了调查路径，在数据分析时用上了数据的交叉分析，从而得出的结论是由于人们对垃圾运输时的情况不清楚，存在乱扔垃圾的侥幸心理。根据这一调查结果我们提出了以下几点建议，一是要加大垃圾运输时的宣传，二是改进垃圾运输方式，三是派人在垃圾投放的时间段在垃圾桶旁监督……"观点虽然不一定令人信服，但孩子们认真踏实的严谨态度，孜孜以求的探索精神令人肃然起敬。这样给老师带来惊喜的课题组还不止一两个，"过期药物回收利用的研究"课题组、"废电池对植物的影响"课题组、"关于塑料袋减量的实践调查"课题组、"湿垃圾再利用的实践研究"课题组等等都有着自己的独特精彩。

"原来学生的潜力真的无限。"

"原来学生学习的方式并不只有'我讲他听'，自己鼓捣也是在学习。"

“原来这三个课时并没有浪费。”

“原来……”

学生的表现惊艳到了她，也让她改变了自己的教育观和学生观。自此，陈老师开始更投入地琢磨如何能更好地引导孩子们取得更丰硕的成果。

赛场上的回馈——晴好

在“垃圾分类”项目学习中，七年级刘义宏同学的小组发现：在日常的垃圾投放中，居民们遇到一些问题，其中最突出的就是需要手工把装在垃圾袋内的湿垃圾倾倒到湿垃圾桶里，然后把垃圾袋放入一旁的干垃圾桶。小组同学通过采访与记录，发现很多居民们都反映过这样增加了麻烦，也容易弄脏手。另一个问题是湿垃圾集中投放后，含水量高，很容易产生异味，特别是气温较高的时候。听到学生对问题的深入探讨，老师怎能不惊喜与激动？“能否有办法帮助居民解决这两种问题、给居民带来方便呢？能否设计一种电动破袋的装置，帮助居民非常方便地破袋投放呢？”老师的问题为学生的实践之路点亮了一盏明灯，也引导着大家继续思考的步伐。

在老师的理论知识辅导下，学生进行了多方考察，大家大胆设想：“如果我们可以制作出一种新型的自动破袋装置，可以套在市政垃圾桶的上端，方便所有人投放湿垃圾，就再也不会弄脏手了。如果再加上一个盖，还可以防止垃圾异味的散发，让各个小区的环境变得更清洁，空气更清新。”这样的提议是稚嫩的，但是却也是充满新意与可发展性的，就这样同学们确定了设计方向，并一鼓作气地开始着手实施。

在老师的指导下，小组对研究设计进行了三次迭代。第一代设计是一个完整的垃圾桶，拥有除臭功能，但破袋的方法尚不明确；第二代设计加入了旋转的圆形刀片提供破袋功能，并制作出了模型；第三代设计是为了更好地结合实际情况，将原来的完整垃圾桶改为可以套在现有市政垃圾桶上的垃圾盖，并将桶盖改成了沿滑轨移动的门。

经过小组同学的团队合作与反复实验，形成了项目学习成果"一种方便湿垃圾袋破袋和防止湿垃圾桶异味散发的电动装置"，这一成果在以"创新 体验 成长"为主题的第 35 届上海市青少年科技创新大赛中荣获一等奖。同获一等奖的还有朱秋翰小组的项目成果"恒温智能垃圾桶"。仇梓廷小组的项目成果"低附加值废弃物的可回收分类宣传教育"获得青少年科技创意二等奖。

这些荣誉象征着肯定，对学生能力的肯定，亦是对老师付出的肯定。

一直在路上——艳阳

啪啪啪……

江宁总部的小礼堂里不时传来热烈的掌声，全校的教学工作会议正在如火如荼地进行着，这次会议聚焦于"双新"教学改革、教学质量提升、课程体系建设以及教师专业发展等多个核心议题。

吴庆琳校长高兴地说："我们学校在'双新'背景下，积极强化课程的综合性和实践性，这不仅是落实新课标的要求，也是新优质学校的使命。我校将推进学科融合作为转变学习方式的重要切入点，通过开展跨学科学习、项目学习等来带动课程综合化实施。五年来，我校创设了实施跨学科学习的支持系统，跨学科教研组团队的努力取得了不错的成绩，老师们的跨学科项目案例获上海市义务教育项目化学习三年行动计划优秀案例、'普陀区义务教育阶段'项目化学习优秀论文案例评选一等奖，祝贺他们！"

在大家喜悦的目光中，校长亲自为获奖老师颁奖。

“我们将继续在跨学科的探索道路上前行，不断深化教学改革，坚持素养导向，强化学科实践，引导学生在真实的问题情境中开展深度学习，促使学生获得丰富的学习经历，从而为其终身发展奠基……”

在校长的总结中，会议接近尾声了。但是教师们对课程与教学改革的探索之路是没有尽头的，这条充满挑战却又满载希望的道路，正是每一位教师为之奋斗终身的伟大事业。

学校简介

上海市江宁学校前身为江宁路小学，创建于1933年。1988年，江泽民同志为学校题词“务实创新　健康向上”，1999年升格为九年一贯制学校，2011年成为上海市第一批新优质项目校。学校以“不一定第一，但绝对唯一”为办学理念，以学生的差异和需求为起点，以学生全面、持续、终身发展为目标，通过“有细节的德育”“有选择的课程”“有品质的课堂”“有智慧的教师”“有温度的管理”，努力创设“关怀每个孩子成长需求、激发每个孩子追求成功、引导每个孩子获得最优化发展”的教育环境，为每一个孩子提供适合的教育。

建校九十多年来，学校始终坚持贯彻党的教育方针，聚焦内涵发展，形成了“务实创新、健康向上”的校风，“格高、业精、严谨、求新”的教风，“乐学、好学、活学、博学”的学风。学校的课程教学改革成果获得两次上海市基础教育成果奖二等奖、上海市第十一届教育科研优秀成果一等奖，出版专著2本。学校办学总体水平处于区域前列，是社会与家长认可的“老百姓家门口的好学校”。

"大拇指教师"修炼　让每个人成为最好的自己

奉贤明德外国语小学　徐娟*

"大拇指教师"诞生

2013年7月，一个酷热难耐的夏季，一间极其简陋的教室里，几张学生桌椅临时拼搭的条形会议桌旁，围坐着包括校长在内的学校全体人员——19位教师。

记不清，这是大家一起围坐培训的第几天了。会场内，大家时而低吟沉思，时而热议非凡，唯有屋顶的两架老式风扇在呼啦啦地不停旋转，似乎在助力大家转动出全新的思维……

"今天，我们分小组，用不同的方式，勾勒出你们心中理想的学校是怎样

* 徐娟，高级教师，明德外国语小学课程教学部主任。

的，希望自己成为怎样的老师。”

校长话音刚落，几个小组立即行动。取好纸、笔材料后，在组长的带领下，大家好似一下子插上了想象的翅膀，争相描绘自己理想的学校、理想的教师：

“我认为理想学校应该是教师和学生都能感到幸福的地方。”

“理想的学校，课程是丰富多彩的，学生能快乐地学习和玩耍。”

“我以前最怕老师凶巴巴地批评，我觉得理想的学校是，即使学生犯错，也不会心有恐惧，老师能温柔地告诉孩子错在哪了。”

“是呀！理想的教师应该是德行高，本领强，让孩子们信服的。”

……

七嘴八舌的议论声中，各组的理想学校已现雏形，凝化成了一个个画面。采取什么样的方式呈现呢？各组或写，或画，或唱，逐个登场展示，精彩纷呈。

“接下来，我们组用说唱的形式，来展现我们心中理想的学校……”有音乐教师的小组干脆唱起来了。掌声四起，该小组完胜，感觉大家的心声被唱起，美妙的感觉油然而生。

“小伙伴们智慧、有创意，了不起！”校长由衷地给大家竖起了“大拇指”。大家注视着“大拇指”，每个人的脸上都泛着红晕，一种被欣赏的满足感溢出脸庞。“是啊！大家的呈现方式不一样，但是每个人心中理想的学校、理想的教师却都有共同之处，那就是——”校长饱含深情的目光注视着大家。

“那就是所有人都希望被夸奖、被赏识、被认可呀！”好几个人脱口而出。

“对，因此我们理想学校应该践行的是‘大拇指教育’，每个人在这里都能成为最好的自己，学生、老师都是。”

怎样的教师才能称得上是“大拇指教师”呢？一番各抒己见后，慢慢聚焦、再聚焦……大家形成共识：“大拇指教师”应该是“厚德、博学、善思、乐为”

的教师，应该是与时俱进、不断成长的教师。

“对，对，对，我们就是要成为这样的教师……”老师们斗志昂扬。

“拥有一支怎样的教师队伍，就能打造一所怎样的学校”，如何培育出一支优良的师资队伍，是时代的呼唤，是社会的需求，是学生的渴望，更是明德外小作为一所年轻学校成长中的首要任务。

2013年9月，19位教师从四面八方陆续来到明德外小，其中成熟教师9人，职初教师10人，或自带烙印，或清纯如纸。如何带着对理想学校的崇高追求，培育学校特质的教师呢？学校开办之初，在一次次的交流与思维碰撞中，学校确立了“大拇指教育”的办校哲学，确定了要培养“厚德、博学、善思、乐为”的“大拇指教师”，以此为序幕，拉开了学校“大拇指教育在行动”的培育体系……

当然，理想很丰满，现实未免有些“骨感”。“大拇指教师”修炼之路，任重而道远。

“大拇指教师”言行

“唉，你怎么那么笨，讲了那么多遍，你还听不懂？”

“坐下！”教师狠狠地拍了拍孩子的肩膀，失望地喊道。

一日，校长巡视校园，看到这个场景，心里一阵酸楚。当初，大家一起勾勒的理想，一起憧憬的“大拇指教育”，为何在现实面前如此快速地“倒塌”？为了一探究竟，校长找来老师畅谈。

“校长，单位换算知识，我真的在班级讲过很多遍了，大部分人都听懂了，这个小莉同学脑子就是转不过弯儿，一直错，一直错……我单独跟她也讲过很多遍了……”刚踏上工作岗位的小陆老师一边说，一边自顾自委屈起来。

“一种方法讲了很多遍，她始终听不懂，你有没有尝试再换一些方法讲给她听呢?”面对校长突如其来的一问,小陆老师瞬间怔住。“如果因为孩子不懂某个知识点,就直言孩子笨,你觉得孩子心里会怎么想?”小陆老师有些语塞。“想想当初,我们一起畅想的理想校园……”小陆老师低下了头。

“良言一句三冬暖,恶语伤人六月寒。”语言是一门艺术,也是一种意识。如此不经意的“伤害”,并不少见。长期以来,对“严师出高徒”理解的偏颇,很多年轻教师会固有地认为对学生“凶一点”,让他们“怕一点”,是为了孩子的成长,自己也是这样一步步成长起来的。而且,不少成熟教师也认为这样的行为并无不妥,从自己踏上讲台开始耳濡目染的也是如此这般的教育方法。司空见惯,难道就是理所当然吗?时代在发展,教育也在发展,新时代教师的言行究竟应该发生怎样的变化呢?

又一次“大拇指教师在行动”培训会上,校长公布了议题:回忆自己的成长经历,想一想你最讨厌听到老师说的话是什么?你最喜欢听到老师说的话是什么?这一次,大家心领神会,打开回忆之门,纷纷在纸上写下话语:

“你真是笨得不透气,干脆不要学了。”

“坐下去,吞吞吐吐,浪费时间。”

“你的声音小得像蚊子叫,谁能听见啊?”

“作业忘带了?骗子,你肯定压根没做……”

……

“嗯,这个知识点的确有点难,暂时没理解透彻没关系,慢慢来,待会老师再单独教教你吧!”

“老师表扬你,虽然说得还不够流畅,但是老师听出来了,你已经有点懂了,不错不错!”

“老师在你身边听,发现你的回答用词准确,很棒啊!如果声音响亮一些,让全班同学都能听清,那就更棒啦!加油!再来一次……”

“记得以后做好作业，要分类装好、检查好，老师相信你，明天一定会把作业本带过来，对吧？”

随着老师们的交流分享，无须多言，大家都切身感受到了：语言，带给人内心及思维的冲击。我们的教育对象是懵懂幼嫩的孩童，内心更是需要如花土培育般的呵护。教师言语，是孩子成长土壤中最为珍贵的养料。

因此，学校调查、梳理出“大拇指教师能对学生说的50句话”，以及“大拇指教师不能对学生说的50句话”，提炼成文，分组学习、内化。看似简单的教育常规落实背后，潜藏的是教育理念的巨大转变。校园里，不经意间脱口而出的“伤害”越来越少，此起彼伏的花样“激励”越来越多。赏识之花，开遍校园的每一个角落，孩子们脸上的笑容更多了，孩子们的声音更爽朗了，课堂效果越来越好，教师们也越发感受到职业的幸福感。

教师意识的小小转换，教师行为的自觉改变，成就“大拇指教师”形象的初步显现。当然，语言的内涵不限于此。美国心理学家通过实验得出这样的结论：信息的效果＝7％的文字＋38％的音调＋55％的面部表情及动作。我们倡导“大拇指教师”针对小学生的年龄特点和心理特点，采取形象、生动、新奇、有趣的方法，充分调动各种感官，运用肢体语言，如善用眼神、表情和动作进行教学，学生们沉浸在这样一片被共情、被激励的氛围中，教育教学效果自然事半功倍。

“葵花宝典”——《大拇指教育“36”计》

“高老师，我们班有个男孩子，每天都会有各种理由，跟身边同学闹矛盾，一会说人家拿了他的铅笔，一会说人家碰了他一下，一会又说人家不跟他玩……每次犯错，我批评他时，好像懂了的样子，可是，第二天又出现新的问题，家长也找了，一点改善也没有，我真是太头疼了……”一年级班主任钟老师正苦恼地请教她的师父。

“我们班学生的脑回路真是太清奇了！今天，我上《想别人没想到的》这课时，我发给每位学生一张白纸，让学生思考如何才能在上面画出最多的骆驼，本意想启发学生有整体和局部的意识，结果班级里小林同学竟然大喊自己要画出很多怀孕的母骆驼出来，其他同学一下子哄堂大笑，吵得我课都没法继续上了……”

“是呀！是呀！我们班学生也是这样，今天我讲《景阳冈》时，拓展了故事发生的一些背景，交代了武松这个人物，结果王同学大呼武松的哥哥是武大郎，武大郎的妻子是潘金莲，潘金莲……”

一日中午，笑声一阵又一阵传入耳畔，原来是午餐时分，老师们正在倾情“吐槽”课堂上发生的各种奇闻异事。

孩子们虽懵懂，却非无知，他们对未知的世界充满了好奇，会犯很多懵懂无知的错误，也经常会“语出惊人”，出现令人啼笑皆非的场面，这些都是最真实、最宝贵的教育教学资源呀！

如何将这些散落的真实问题捡拾起来，像串起珍珠项链似的，摇身一变，成为启迪教师去思考、去解决，进而化为一种可传递、可分享的教育教学策略呢？“三人行必有我师”，其实我们每个人都有接触过，抑或是解决过类似这些问题的经历。如果我们能好好地盘点这些经历，凝练成策略，像武林秘籍——《葵花宝典》似的，收集智慧、分享智慧，那么，“大拇指教师”修炼，不也是有了我们独属的“武功秘籍”了吗？

说干就干，学校立即组建“秘籍”编委会，收集案例，归纳梳理，提炼出教育、教学的若干问题与若干措施。同时，邀请专家来校指导，引导发现问题背后折射的教育教学本质问题。一番探讨后，专家惊叹地说道：“你们的老师真了不起！这些问题有的具有典型意义，有的极具时代发展新特征，很有发现的眼光。而且，面对这些问题，老师们很智慧，发现并实践了很多行之有效的方法，这些可都是宝贵的经验呀！你们干脆写本书，就叫《“大拇指教育”36计》吧，受益的可不止你们学校的老师了……哈哈哈……”“‘一语惊醒梦中人’，对，对，对！我们就是想出这样一本书……”校长激动地连连回应。

不久，蕴含全校教师智慧的结晶——《让教育与心灵贴得紧紧的——“大拇指教育”36计》应运而生。

该书以“大拇指教育”理念为指引，围绕“童趣”“宽容”“激励”“欣赏”“爱心”“倾听”六个维度，创造性地总结出了教师们在教育教学中“大拇指教育”的“三十六计”。

“童趣”中的“相映成趣、单刀趣入、标情夺趣、知情识趣、妙趣横生、多元趣评”六计，让学校充满磁性，让每一个孩子喜欢学校、喜欢老师、喜欢伙伴、爱上学习；“宽容”能让教师走进学生的心灵，能给我们的教育教学增添一道道靓丽的风景线，“将错就错、徐徐图之、有容乃大、反求诸己、换位思考、身体力行”，每一计给予学生的都是最佳的教育时机；“糖衣炮弹、耳濡目染、身先士卒、大浪淘金、同心尽力、有的放矢”通过“激励”手段，计计满足孩子内心渴求；“欣赏”是对学生的一种理解，一种认同，一种尊重，一种肯定，“伯乐一顾、了如指掌、知人善任、海纳百川、齐头并进、爱屋及乌”就是让每一位学生有存在感、成就感；另外，围绕“爱心”的“兼爱无私、爱如己出、爱人以德、周听不蔽、倾囊而授、润物无声”和“倾听”的“因材施教、察言观色、抛砖引玉、以诚相待、感同身受、水到渠成”，每一计都是“大拇指教育”的一种理念、一种实践、一种创意和成果。

“大拇指教师”新基本功

“工欲善其事，必先利其器。”建校之初，学校坚持实行传统基本功“三一”

修炼计划，“三字一画”包括钢笔、毛笔、粉笔、板画；“三话一具”包括讲故事、演讲、朗诵、制作教具；“三课一命题”包括备课、上课、说课、命题技术和作业设计。每学期的岗位大练兵，成熟教师示范引领，年轻教师崭露头角，好一派欣欣向荣之景！

时代的车轮滚滚向前，不知不觉，互联网信息技术席卷全球，改变着人们的生活方式，也给教育教学带来了前所未有的改革。

“哇，小茅，你的文本再构真有创意，课件制作也非常精美，听你的课，感觉就像在电影情境里穿梭一样……”

“小苏，上次听你的课，那个动画效果展示小熊的思维活动过程，好形象啊，你是怎么做的?”

“小张，我们两个班的电脑屏幕是一样的吗? 为什么你上课的时候，可以随时调用那么多实用的功能出来呢?”

……

越来越多的年轻教师尝试运用信息技术赋能教育教学，提高质效。与此同时，也出现了另外一种不太和谐的现象。成熟老教师接纳新事物的理念跟不上，实践更是少之又少，因此，“古老”的课堂和“崭新”的课堂并存。每当公开课或者评职称课之际，年轻教师往往首当其冲，加班熬夜做课件，做动画自然不在话下，后来有些细微的改动，也全仰仗着他们。久而久之，不免会产生一些牢骚与埋怨。信息技术赋能，当真只有年轻教师学得会，学得好吗? 答案，当然不是。“厚德、博学、善思、乐为”的“大拇指教师”理应是与时俱进的。

不久，“翻转课堂”成为风靡全球的教育模式：教师课前录制一段 8 至 10 分钟的微课学习视频，然后上传云服务器。班级学生在家或在有无线网络覆盖的地方学习微课视频，然后完成视频里老师留下的练习。教师根据自己在网上监测到的学习情况，可以有针对性地备课。在课堂上，教师先聚焦主要问题，互动交流，再有针对性组织学习。在翻转课堂上，传统的教学形式受到了颠覆，知识传授通过信息技术的辅助在课后完成，知识内化则在课堂中经老师的帮助与同学的协助而完成。

以微课研究和制作为切入口，学校组织全体教师进行信息技术赋能课堂的系列培训。蓦地，大家一下子找到了共同奋进的研修口。成熟教师是梳理微课知识体系的行家，年轻教师则成了微课系列视频制作的能手，大家在研究中互相学习，一起成长：年轻教师学会了盘点微课知识点，细化学习层次；成熟教师则以年轻教师的现场教学为榜样，尝试亲自制作微课。在互学共进中，全体教师形成共识。经过几番探讨，学校顺势凝练出教师"新基本功"修炼的内容，大家欣然接纳。

"互联网+"时代下，教师的专业发展需求正发生着变化，传统的教师基本功已然适应不了新时代学生的发展，学生核心素养的培养也需要教师的核心素养的蓄能。为此，在调查民意基础上，学校提炼出了教师新基本功"三一二二"修炼计划，即"三思考一开发"，包括会文本再构、会教学反思、会案例分析、会课程开发；"二制作二应用"，包括课件制作、微课制作、移动触摸屏应用、pad 应用。教师初尝收获的甜蜜：自然学科陈静老师荣获全国微课制作一等奖，语文学科蔡庆能老师在区教学节中荣获智慧课堂教学达人小学组一等奖……越来越多的教师以修炼新基本功撬动专业的新发展，学校被评为"上海市优秀教师发展校"。

学校还申请了市级课题"核心素养背景下，教师新基本功构建与培育的实践研究"作为学校龙头课题，以课题为引领，进行深化研究，助力"大拇指教师"的修炼广度与深度，开启"大拇指教师"修炼的全新篇章，唱响时代的凯歌。

同年，学校被遴选为"上海市信息化标杆培育校"，构建"五慧"校园，以信息技术赋能学校管理、教育教学，开启了全新的探索征程。

“大拇指特色教师”

“校长，恭喜你们，经过区级选拔，我们最终决定推荐你校陈老师参加上海市自然学科中青年教师教学评比……”区自然教研员褚老师打来电话。

通话完毕，校长喜笑颜开，立即呼叫陈老师来校长室，迫不及待地想分享这个好消息。

片刻，陈老师迈入校长室。“小陈啊，恭喜你啊，你被推荐参加市级教学评比了……”话音刚落，没有看到原本期待看到的激动与欣喜，小陈老师的脸上泛出的竟是一片为难之色。

校长有些狐疑，问道：“怎么？有什么顾虑吗？”

“校长，我不行的，我能不能不参加……”小陈吞吞吐吐地说。

“你行的！区级选拔出来，就是认可了你的专业能力了呀！”校长鼓励她道。

“可是，市级备赛的过程是很艰难的，我一个人肯定不行……而且，我日常的工作也很多，我觉得自己胜任不了的……”小陈继续“委婉”地拒绝道。

听到这里，校长明白了小陈老师心里的忐忑，语重心长地开导：“小陈啊，推荐你参加市级比赛是对你的肯定，同时，你要承受的压力肯定也很大，但是，‘你不是一个人在战斗’哦！学校会给你组建团队，帮助你一起攻坚克难，你放心……”

一番情真意切的交流后，小陈老师刚才紧皱的眉头终于舒展开来，决心勇敢迎接这次挑战。

后来，学校邀请教研员，组建自然磨课团队，形成研磨共同体。依从课标，梳理教材，确定主题，设计方案，几番试教，几经修改，几轮研磨，终于，到了正式课堂教学评比的日子，小陈老师自信地站在市级舞台上，从容地完成了任务，获得了市二等奖、区一等奖的殊荣，团队振奋。

“谢谢校长的鼓励，谢谢学校的支持，我觉得这次备赛、参赛的经历，是我从教以来最宝贵的财富，原来一切皆有可能……”校长室里，小陈老师激动地说道。

“整个参与过程，虽然我没有直接上台，但是幕后的研磨让我受益匪浅，原来教学设计不亚于艺术设计，须独具匠心，才能更好地激发学生的学习兴趣，增强学生的学习体验，才能更好地完成教学目标……”研磨团队小朱老师感慨地讲。

研磨团队小袁老师也急于发表自己的感悟：“我们真的不能做‘井底之蛙’，以为一线老师只要会上课就行了，这次教研员褚老师的参与，让我深深感受到了专家的魅力。其实，所有的教学行为背后必须要有思想与理念的引领，这样才能走得深，走得远……我们真的要加强理论学习，理论与实践相结合才行呀！”

……

校长看着大家各抒己见的场面，陷入沉思。

学校初创期，我们设计了《“琢玉”——奉贤明德外国语小学职初教师培育方案》和《“摆渡”——奉贤明德外国语小学成熟教师培育方案》，通过长期、系列的培训，职初教师成长迅速，像小陈这样的老师已经到了可以参加市级比赛的阶段了；而与此同时，学校骨干教师，如徐娟、胡琼琼、高春红等已是区骨干教师了。传统的教师修炼模式，显然已经不能适应教师快速成长的需求。

于是，学校采取问卷调查、课堂观察、个别访谈等方式，调研现阶段不同发展水平教师的职业成长需求，创设了“‘TMB’大拇指教师工作坊”和“‘GST’金种子教师工作坊”。前者以在区域范围内有一定知名度和影响力的骨干教师为负责人，邀请市、区级学科专家或教研员组成专家指导团，着力培养有潜质的、成长迅速的教师；后者以特级教师姚剑强、朱浦、朱煜等为导师，确保工作坊足够高度的指导力，倾力培养学校骨干成熟教师，希望他们的专业能力更上新台阶。以此，来完善、迭代升级学校“大拇指教育在行动”培育体系。

学校坚持寒暑假集中培训与平时分散培训相结合、个体研修和项目组研究相结合、跟踪性专家指导和自主性学习研究相结合，效果显著：短短几年时间，有9人通过高级教师职称评审；5人成为中级职称评审专家；3人成为教师资格面试专家；胡爱花特级校长工作室、胡琼琼区名教师工作室成立；徐娟、张卫、胡琼琼、王冬香4位教师被评为“区名师”；刘营、顾剑、陈磊、刘佳宁4位教师被评为“区特长教师”；7位教师被选为“区学科中心组”成员……

“大拇指特色教师”，如雨后春笋一般，拔节生长。

“大拇指教师”修炼成果

2023年4月26日，明德外小校园迎来一件盛事——作为奉贤区点位学校，迎接上海市课程与教学调研。

这一天，全校教师课堂全天候“对外开放”。上海市教育研究院专家、跨区教研员及本区教研员们，手持各式工具量表，对学校课程与教学工作进行全方位检核、打分、反馈，这是前所未有的压力与挑战。

这一天，学校梳理、呈现出了近三年学校管理、教研组研究的全部资料；这一天，学校推出了21节全学科推荐课，其余均为随时恭候的推门课；这一天，学校对外展示了四门学科教研活动；这一天，学校同时迎接市级教师专业发展调研、语言与文字工作调研、卫生与健康调研、学校教育信息化调研……千头万绪，这是真正考验学校“大拇指教师团队”修炼成果的时刻。

区级反馈会上，上海市教委会教研室教研员、质量监测部主任汪茂华博士对明德外小作评价，他汇报的主题是“办学十载，何以优质?”

这是汪博呈现的数据：

工作五年以下的年轻教师占到26.2% 教学经验欠缺?!

工作21年的教师占到13.1% 职业倦怠萌生?!

56.6%的一级教师 职称压力凸显?!

12.1%的高级教师 个人主张生长?!

他以此为话题，让大家思考一个问题：对于一所年轻的学校，这样的师资队伍，究竟是学校发展的优势，还是劣势？明德外小此次迎接市课程与教学调研100%优良课，无差课评价背后，成长的核心密码是什么？优质之路是否可复制？

接下去，他从“合力营造校园文化氛围，积极进取务实创新”“落实立德树人根本任务，加强学校课程建设”“加强教学流程研究管理，促进教学方式转变”“科学构建教师研训体系，赋能教师专业发展”“注重规章制度执行落实，助力教学质量提升”五个方面进行了深入地剖析。谈及学校教师研训体系时，冯所一阵感慨：“这是一所有信仰、有灵魂的学校。初进校园映入眼帘的是‘大拇指’雕塑；抬头往前看，是赫然在目的‘大拇指’形象命名的楼宇；走进课堂，你看到的是随处可见、随时可听的‘大拇指’教学样态；与教师、学生接触，萦绕耳畔的是我们要努力成为‘大拇指学生’‘大拇指教师’，这真是很有意思的事情，每个人都积极向上，每个人脸上都洋溢着一种拼搏的自豪感……对，这就是一座‘大拇指’校园呀！”

如此高度的赞扬，不正是学校长期坚持的“大拇指教师”修炼最好的成果吗？

思想是力量的源泉，只有强大的思想才能催生强大的行动力和创造力。“人民有信仰，国家有力量”，的确，“教师有信仰，学校有希望”。“学无止境，研无终点”，在“大拇指教师”修炼的征途上，学校始终跟着时代的脚步大步向前。2023 年 5 月，学校光荣地申请成为上海市第四轮课程领导力项目校，继续开展必选项目《让每一个孩子成为最好的自己——奉贤区明德外国语小学 2023 学年课程实施方案》和自选项目《高质量教育发展背景下，“大拇指课堂”新样态设计与实施的研究》，乘着研修之东风，借助更高平台之助力，加速“大拇指教师”从专业型向研究型转变、升级。2023 年 9 月，区教学节现场会上，明德 · 青村联合小学正式颁牌。11 月 30 日，学校以“点燃专业发展新动能，撬动联合办学新动力”为主题作汇报，迎接区教育局教师专业发展示范校现场评估，获得一等奖。

“大拇指”理想校园前奏曲

2023 年 11 月 18 日，“十年华彩，因你精彩”，学校隆重举办办学十周年成果展。

十载春华秋实，栉风沐雨；十载砥砺奋进，桃李芬芳。在这个五彩斑斓的季节，明德校园更是一幅硕果累累的繁荣景象。大拇指广场、一条条走廊、激情洋溢的音乐、岁月如歌的时光剪影，主题鲜明的文化布展……光阴回溯，记忆重叠。

一届又一届毕业的学长、学姐从四面八方涌入校园。毕业生小吕同学如今已回家乡浙江就读高中，看到母校生日集结令，立刻报名，与上海的同学联系好。周五晚上乘坐动车来到同学家住宿，第二天与同学一起奔赴母校，重温母校的点点滴滴，感念恩师的启蒙教育。毕业生小谢全家移民西班牙生活，她精心录制视频，激动地表达了对母校的感激与祝福。毕业生陈陈同学，更是在舞台上阐述了学校丰富课程带给自己的成长与蜕变，细数曾经的恩师教了他们知识，启迪了他们智慧，更在潜移默化中练就了他们坚韧的品格……

一届又一届敬爱的家长从繁忙工作中拨冗进入校园。办学十年，五届家委会主席上台领取“大拇指家长”奖杯，延续家校合力的传统文化。在这里，也有他们育儿成长的喜悦之路。

一位又一位从这里走出的“大拇指教师”款款迈入校园。董英，学校曾经的课程教学部主任现已是肖塘小学的校长；赵欢欢，学校曾经的英语项目组长已是洪庙小学的校长；陆文婷，学校曾经的学生发展部主任已是头桥小学的副校长；王珊、茅婵玥、庄雪薇、施云等，学校曾经的“大拇指教师”已调至市区知名学校成为骨干教师……

领导致辞，区教育工作党委书记、区教育局局长施文龙肯定了学校积极推进育人变革，提出了“大拇指教育”理念，构建了内涵丰富、视野宽广的课程群，培养了一批优秀的管理者和教师，办出了一所兼具鲜明标识度和颇高美誉度的高品质、现代化、国际化的，老百姓家门口的好学校。

十年华诞新起点，锦绣前程向未来。十年，大家共同见证了明德外小显著的办学成果；十年，大家共同见证了明德教师以爱育人，初心不改；十年，大家共同见证了明德学子华丽的成长蜕变……也许，这只是“大拇指”理想校园的前奏曲，当初的“理想校园”尚未真正实现，但是我们始终在追逐“光”的路上。“路漫漫其修远兮”，“大拇指教师”修炼之路，没有尽头，在努力成为更好自己的征途上，向成为最好的自己勇敢迈进，再迈进……成就学生，成就自己，成就学校，成就教育的美丽新篇章。

学校简介

奉贤区明德外国语小学2013年9月正式创立，是奉贤区第一所外国语小学。

位于南桥新城大型居住区四标段，是一所公建配套的公办学校。

学校坚持“大拇指教育”哲学，致力于打造“高起点、高品质、有特色、国际化”的南上海优质品牌学校。学校以“大视野”课程浸润学生、成就老师。学校通过丰富课程的滋养，让明德学子既具有深厚的民族情怀，浓郁的爱国主义精神，又具有宽广的国际视野和超群的合作沟通能力。

学校回归教育本源，真正关注人的发展，关注育人的全过程，注重学生多样化的学习需求。近年来，学校围绕教与学方式的改变，不断寻找信息化创新突破点：构建混合式学习新常态，让个性化学习抓得准，让个别化指导点到位。同时，学校搭建数字化成长平台，让每一次精彩看得见，让每一个孩子的成长留得住，让教育成为新城最亮丽的一张名片。

学校先后被评为全国教育先进集体、上海市新优质学校项目校、上海市教育信息化应用标杆校、上海市第四轮课程领导力项目校、上海市安全文明校园、上海市行为规范示范校、上海市教师专业发展优秀校、上海市家庭教育示范校、上海市心理健康示范校、区教育科研示范校等。学校先后做过10个龙头课题，并出版《让教育与心灵贴得紧紧的——“大拇指教育”36计》《为了每个学生的生命出彩——新时代“大拇指”教师素养五项修炼》等多本书籍。

碰撞·破冰·创造

——曾老师的三堂课

上海市三门中学(上海财经大学附属初级中学)　秦娟　刘瑞华　周琪*

怎样培养出于漪老师所说的"问倒老师的学生"呢？我觉得最核心的就是培育学生的思维品质。作为校长，我十分注重引导教师在对课堂的深挖重构中实现自我成长，培育具有良好思维品质的学生。曾老师的三堂课，就是这种理念和过程的缩影。

第一堂课　碰撞：种下思维的种子

2012年10月，我刚到三门，随堂走进了曾老师的课堂。

曾老师在这节课上针对部分学生作业情况讲解了两道作业题。题目难度并

* 秦娟，上海市三门中学(上海财经大学附属初级中学)校长，正高级教师。
刘瑞华，上海市三门中学(上海财经大学附属初级中学)挂职副校长，高级教师，上海市优秀园丁。
周琪，上海市三门中学(上海财经大学附属初级中学)教导副主任，一级教师。

不高，但曾老师却整整花了一节课时间，学生参与度也不高。我坐在下面越听越着急，一下课就找曾老师沟通。

“曾老师，你是怎么设计这节课的？”

“昨天作业有五六个学生这两道题不会，所以今天就讲了这两道题。”

“你班上一共有35个孩子，大多数孩子在等着你两道题后面的内容，但他们没想到没有。”

“那不管这五六个孩子了，合格率不要了？”

曾老师瞪着眼睛问，他也着急了。看到曾老师有点气呼呼的，我反而踏实了。不愿意放弃任何一个学生的老师，怎么会上不好课呢？他只是少了些办法。

“当然要管，但不能这么多同学陪练。为什么我们公办的孩子中考时，数学老觉得时间不够，你思考过原因吗？”

曾老师沉默了一会儿，说：“难题练得少。”

“这是其中一个原因，导致学生高层次思维能力较弱，还有一点是我们老师平时对他们没有时间上的要求。我们可以分层对待。”

“分层？怎么分？”曾老师来了兴致。

“课堂分组，每个组第一个做完而且全对的同学，当‘小先生’，帮助老师批改整个小组练习题情况，还要告诉大家小组完成的整体情况以及发生的错误。你的好孩子每节课都有露脸的机会，你的课上他会越来越积极，会给你越多的惊喜。”

“倒是可以试试，但学困生怎么办呢？”

“在课堂上当然要设计一个部分关注这些孩子的学习，但由于他们速度比较慢，可能在课堂上不一定能及时解决。你可以要求同学们将每节课的练习都做在课堂练习本上，下课以后全部上交。你重点查学困生，课余时间帮他把最基本的知识给解决掉，这样他的作业就有方向了。”

曾老师听了我这番话以后，觉得有道理，于是在他的课堂上积极实践起来。

为何我们学生的高层次能力偏低？究其原因，教师育人方式陈旧，把知识嚼得很细喂给学生，日久天长就养成了学生思维的惰性和依赖性。

经过学校班子的认真研究，我们决定从思维培育入手，把“关注学生终身发展的思维培育”实践研究项目作为学校发展的龙头课题。但老师反响还是很激烈的，感觉困难很大。他们的担忧不无道理，但事关学校、教师和每个孩子的发展，项目必须要推进。在开展各类教师座谈会之后，我们做了三件事：增强危机意识、巧用激励杠杆、学校搭小架子确保教师能跟上。

其实，老师们心里都明白，我们的“低进高出”是以时间为代价的，并不利于学校、教师特别是学生的发展。只有真正提高教师的课堂效率，提高学生的学习能力，才能从“向时间要质量”转为“向课堂要质量，向科研要质量”。为了带动老师们参与进来，学校利用项目绩效鼓励老师们实现教学质量考核与项目课题考核双赢。此外，学校还搭设小架子确保教师能跟上，将任务分解后，每个人承担一点，逐步拾级而上。

于是，学校确定了思维培育项目主要做三块，第一块是思维培育的目标；第二块是思维培育的策略；第三块是关注思维培育成效的课堂观察。

第二堂课　破冰：枝桠向上，奋力生长

2013年，曾英老师带领着数学组的老师们“撸起袖子”干起来了。

老师们认真梳理了学生平时作业和考试反映出来的思维问题；通过学生访谈，了解他们思维上碰到的困难；通过问卷，让每个备课组老师提出2—3个学科思维培育目标关键词进行备课讨论；通过专家把关，形成各年级思维培育目标的关键词，并要求教师对每个关键词结合教材进行案例解析，力求能真正把握这个

目标关键词的内涵。在上海市普教所夏雪梅博士的指导下，我们引入了“关注学生思维发展的课堂观察”，并确定了课堂观察的5个维度。

观察维度一是教师的问题设计，关注的是教师怎么问，教师设计的问题，对促进学生的思维的效果怎么样。观察维度二是学生课堂互动，也就是学生整节课的课堂表现，重点关注的老师的问题是否让学生的思维发生，有无促进。观察维度三是学生课堂思维整体表现，关注的是教师、学生、思维三者之间发生联系，思维培育的课堂环境怎么样。观察维度四是学生个体思维，关注的是问题顺应学生思维的适切度如何。观察维度五是学生课后反馈，关注的是教师指导的思维方法，学生理解了多少。

这样的课堂观察具有课堂数据的直观呈现，又有观察员老师对关键事件的主观描述，课堂观察对课堂教学起到了促进作用。为了让老师们更加便捷地进行课堂观察活动，我们还打造了课堂观察的信息化平台。

2015年，一堂区公开课，让所有人看到了我们的课堂和学生的思维能力正在改变。

“校长，这次我打算上《22.2平行四边形的判定(一)》，你帮我把把关。”曾老师把教案递给了我。

我看过以后说：“曾老师，你准备得很扎实，但设计有点常规，把平行四边形的性质逆过来就得到了判定的猜想，体现不出我们学校思维培育的特色。”

“那怎么上？”

“能不能类比三角形的确定？”

“三角形是通过边角的3个条件确定的。”

“对呀，是学生自己从一个、两个、三个条件自己探究出来的。你把问题打开，让学生自己从对边、对角、对角线出发得到猜想，论证，得到定理。开放问题，才会有更多精彩。”

“我回去仔细想一想。”

第二天一早，顶着大大黑眼圈的曾老师来找我了。

“秦校长，你这个想法好像不太可能实现，因为从对边、对角、对角线出发得到的猜想有28种可能，一节课上根本完成不了。”

我想了一下说：“那你这一节课就只讲对边吧，对角和对角线的情况，放在后面第二节课自己解决。”

“对边有6种猜想，倒是可以的。”

在随后的试讲中，课堂上同学们完成了6种猜想，曾老师的追问也及时跟进，把“是什么”“为什么”都探究得很清楚，但总觉得思维力度不够，差口气，有点遗憾。

正式展示课在我的忐忑中开讲了。但我一下子就被曾老师吸引了，原来他悄悄“升级”了。在证明真假命题时，他要求学生用尺规按条件画出图形，难度提高了，我的心也跟着提起来了。学生能画出来吗？

事实证明，我的担心是多么多余。孩子们不仅能画，还能讲，在曾老师的追问下，同学们用规范的数学语言讲清楚了怎么画、为什么要这么画、怎么想到这样画的，给了不会画的同学一个清晰的思维示范，这让在场的数学老师都很“眼馋”。

课后，教研员宋老师组织评课，大家纷纷肯定曾老师设计上的大胆尝试，数学思想的渗透，问题设计的得当，对曾老师的学生大家也很赞赏。

复旦兰生的一位数学老师说：“没想到，公办学校的数学课堂上思维这么有力度，学生的数学素养这么好！”

我想我不太会忘记这堂课上神采奕奕的曾老师和充满自信的同学们。

在当周的教工大会上，我激动地和全体老师说：“我终于听到我一直想听的声音了，那就是称赞我们学生的声音。”

“当我们的学生用非常规范的学科语言大声地、自信地陈述他的观点和想法时，是我们老师最开心的一刻。学生讲得好比老师讲得好更让我激动，因为我们老师的天职就是培养我们的学生。”

不仅如此，曾老师的课让我们对培养学生的思维又有了一条新路径。优秀学生的思维路径会给其他相似层次的同学一个思维示范，当课堂上我们盯着回答出难题的孩子追问“怎么想的，为什么会这么想”，同层级的孩子也被带动、引领和同步思考，优秀的孩子会越来越多！

第三堂课　创造：静候花开，硕果累累

教育就是一个静候花开的过程，经过几年的时间，我们欣喜地发现思维培育在课堂上开花结果，绽放出光彩。

2018年，三门中学的思维培育项目走出杨浦区，在全市都有了一定影响力。上海市教研室数学教研员刘老师推荐我们上一堂市级公开展示课。

我又一次找到曾老师说：“还记得上次你没能上全的那个平行四边形判定吗？”

“校长，当然记得。”

“教研员刘老师很支持，让我们用两节课时间把它上完。要不要挑战下？”

曾老师已经不是当年那个为公开课而发怵的数学老师了，他颇有大将风范，接下了挑战。

他和初二年级的姚老师合作，姚老师上第一堂课，完成了四边形的两组对边、两组对角、两条对角线互相平分等6个条件的组合，把28个命题全部引出来，并梳理归类。

曾老师上第二堂课，他设计了5个问题及追问。但有一个命题的反例难度还是很大的，面对从未上过曾老师课的初二学生，我们做好了学生画不出来的准备。

曾老师画好了几何画板呈现反例，学生一旦画不过来就由老师来呈现演示。

但令我们没想到的是，同学们在曾老师的问题链的引导下，不仅运用已有的知识画出了反例，还有两个孩子用了两种不同的方法。

“精彩!”我心里在鼓掌！为可爱的学生鼓掌，为曾老师鼓掌，为所有参与思维培育的老师鼓掌，也为我们三门中学鼓掌。

2019年，在杨浦教育学院60年院庆时，曾英老师又代表杨浦数学老师向全市进行了一次数学教学的公开展示，当时于漪老师也到了他的课堂，听了他的课，给了充分的肯定。来自偶像的鼓励和激励让曾老师非常高兴，我们也与有荣焉。

如今，曾英老师已经是杨浦教育学院的一名初中数学教研员，带领更多的数学老师进行数学教学研究。我真心为他而感到高兴，因为他是随着我们的思维培育项目成长起来的。

像曾老师这样获得自我成长和发展的老师还有很多。我们“L-O-V-E”课堂关注的思维培育成为学生整体发展和教师专业成长的新载体。

在课题研究的引领下，老师们更好地理解了教学、课堂和学生，为老师的专业成长提供了基石。老师在日常教学中对学生思维培育的意识和能力得到了强化，通过“问题开放发散思维”“设计关键问题聚合思维”“关注追问迁移思维”等策略拓展了学生思维的宽度和深度。

在新一轮上海市中小学学业质量绿色指标综合评价中，三门中学学生的思维能力指标有了提升。高层次思维能力指数从平均4.6提升到6.0；自信心指数从平均5.6提升到6.7。学生能主动选择有效的学习方法，能灵活运用原有的知识解决新的问题，能自信有创意地表达自己的观点，思维品质得到提升。思维品质培养成为学校获得区域普遍认可的人才培养特色。

学生和老师的成长也提升了三门中学的办学水平。学校通过“思维培育”项目2016年成为区“新优质项目三门中学群”的群主学校，2017年成为杨浦区“三门中学教育集团”的核心校，2019年被评为“上海市五一劳动奖章”集体。《人民日报》《中国教育报》等多家媒体都对学校做过报道，《上海教育》也撰文称：“三门中学是一所学校求新求变的缩影，是教育优质均衡的一个样本。”

三门中学“思维培育”的脚步不会停，我们带着育人使命，朝着习总书记提出的“办人民满意的教育”，坚定前行！

学校简介

上海市三门中学创办于1997年9月，2019年9月增挂“上海财经大学附属初级中学”。学校秉承“让爱滋润每一位师生心田”的办学理念，全体师生聚焦学生思维培育，建设“会爱、会教、会研、会学、会管”的教师队伍，不断提升教师的教育境界；以“L-O-V-E课堂”启迪学生全面成长的心智，努力培养“厚德、乐学、敏行”的阳光少年；将学校建设成为科学与人文并重、整体多元发展、财经素养见长的大学附校。学校先后荣获上海市五一劳动奖状集体、上海市文明校园、上海市新优质项目基地学校、上海市学生行为规范示范校、杨浦区提升课程领导力行动研究项目示范校、杨浦区校本研修先进单位、杨浦区德育工作先进单位、杨浦区教科研先进集体、杨浦区少先队优秀大队等荣誉称号。

手牵着手　走在成长的路上

上海市天山初级中学　江秀萍*

天山校园，金灿灿的银杏树叶纷纷扬扬飘落，即将迎来寒假的短暂休憩。

小剧场内，暖意融融，天山初中"新优质项目学校认证会"正在举行。

语文组全体成员走向舞台——他们，将以"微教研"的形式，面向上海市新优质项目认证专家及全体教职员工，展示他们的项目研究"基于课堂观察的专业听评课"的成果。"微教研"包括"教师说课""课堂观察""综合评课"全过程。

结束后，市专家激动地说："这是一次高水平的'微教研'活动！这次，我们新优质项目认证组来到贵校，所见所闻，真切感受到学校的进步和变化。相信你们在迈向'新优质'的过程中，一定有不少促使你们学校突破、成长的关键故事。有机会请整理出来，分享给大家，好吗？"

带着这份重托，我们回溯学校迈向"新优质"成长路程。一路走来，有无数的

---

* 江秀萍，中学语文高级教师，兼学校教科研员，《天山初中》报责任编辑。

艰难曲折，也有不少收获的喜悦。那些被回放的镜头，足以拍成十几集电视连续剧。

如果只能选择其中一个关键故事，那就让我们追忆那一个个值得回味的场景，说说“基于课堂观察的专业听评课”项目研究的故事吧。

场景一　七(1)班教室

“叮铃铃”，上课铃响了。孩子们从四面八方跑回教室。“快点快点，这节语文课有人来听课呢。”他们相互提醒道。

小许老师略显紧张地站在讲台前——作为一名入职不久的新教师，她不时要“被听课”。她担心自己会被“差评”，但也期待得到更多的反馈和指导。

听课老师鱼贯而入，几乎每人手里都抱着一沓作业本。这是语文教研组组织的例行听课活动，大家在听课时“顺手改本子”似乎早已形成习惯了。

上课了，写上课题《安塞腰鼓》后，小许老师播放了一段气势磅礴的“安塞腰鼓”表演录像，并激情洋溢地问：“你们能用朗读表现出安塞腰鼓豪迈与震撼的气势吗？”

她请一位同学朗读课文，可这位同学读得磕磕绊绊。小许老师说：“我们发现，个人朗读很难表现出安塞腰鼓表演的雄壮场面，需要改变一下朗读形式。”

之后，小许老师选了几段课文，神情激昂如乐队指挥一般，指定“男声领读”一句，“女生领读”一句，接着“男生合读”一句，“女生合读”一句，再“众合读”一句——“好一个安塞腰鼓！”……课堂十分热闹，但她想要的“豪迈与震撼的气势”却没能体现出来。

到了“探究”环节，小许老师问：“课文中为什么反复出现‘好一个安塞腰鼓’这句话？你们认为安塞腰鼓到底‘好’在哪里？”学生面面相觑。

小许老师只好有些尴尬地自己说了答案。紧接着又问:“你们觉得这篇文章结构精当在哪里?”学生们沉默无语,小许老师赶紧总结:从“形”方面看……从“神”方面看……

尽管学生对每个问题的回答都很勉强,小许老师的问题还是一个接一个不停地抛将出去——

“为什么作者说‘多水的江南’打不得这样的腰鼓?”

“为什么听到这样一声‘鸡啼’?”

……

小许老师按照教案上精心设计的每一个“环节”,精心准备的每一句话,激情洋溢地“演讲”着。可学生的回应始终不太积极,给出的答案往往不是她想要的。她脑门冒出冷汗……当她望向听课老师,只见大部分老师都埋头忙着批改自己的作业,不由又有些暗自庆幸。

到了评课时间,大部分老师都说:小许老师语言功底不错,上课有激情,教学设计很用心,板书合理,语言顺畅,每个环节衔接自如,时间把控得不错……

语文教研组长项老师微笑着说:“小许啊,你上课是不是只顾着自己‘教’,没顾得上学生的‘学’呀?”

小许脸红了。听了刚才那些不痛不痒的评语,她内心其实挺复杂的:幸亏没人给“差评”!可她知道,上课效果其实并不好!但问题究竟出在哪儿呢?她也很茫然。听到项老师这么一问,她连忙点头:“是的是的,觉得学生很被动。可……我该怎么改进呢?”项老师环顾了一下教研组的老师们,大家都沉默无语。

场景二 小会议室

栀子花开的时节,天山初中的“传统项目”——“暑期骨干教师培训”如期举行。本次探讨的主题是:作为上海“新优质”项目学校,如何突破发展瓶颈?

小组讨论时间到了,语文教研组的骨干教师们集中在小会议室讨论。项老师神色凝重地说:“正如陈校长所说的,虽然今年我校成为上海市首批‘新优质项目学校’,但其实,我们还有很多有待突破和提升的地方,特别是课堂教学品质有待提升!我觉得,要提升教师的专业能力,首先要提高教研活动的有效性。知道大家工作都很忙,连听课时间都在忙着批改本子。可如果我们听课后不能给予青年老师有价值的反馈,怎么整体提高教学能力?”

余老师连连点头:“是的是的,我早就想说了,评课全是泛泛而谈,蜻蜓点水,咱们的听评课是得改进改进了。”

李老师接过话头:“是啊,教研组新进了这么多年轻教师,得多花些时间和精力帮助他们才是呀。”

方老师若有所思:“咱们学校不是在推广‘关键教育事件’教师教育研究成果吗?听评课也可以抓‘关键事件’嘛,不一定要面面俱到的。”

“说得好!”原来,陈红校长早已被语文教研组小组热烈的讨论声吸引了过来,一直在一旁静静地听大家讨论。“刚才在会上我说了这次研讨的背景与问题——教学调研显示,学校不少老师只管自己‘教’,不够关注学生的学习过程;只关心自己工作任务的完成,不注重学习研究;教研组的作用没有充分发挥,合作研讨的氛围尚未形成;青年教师的培养迫在眉睫……这些问题是需要系统解决,但我觉得教研组也可以先行研究起来,以点带面嘛。我看,就从‘基于课堂观察的专业听评课’的研究入手吧。”

项老师兴奋地说:“说到我心里去了!咱们的听评课真的需要改进!学校科研室正在号召大家申报‘校本项目’,咱们语文组就申报这个项目,借助课堂观察的技术与手段,以课堂中学生的学习为观察重点,开展专业听评课研究,希望达到提升教研活动有效性,促进教师的专业发展,促进课堂‘教’与‘学’方式转变的目标，好吧?”大家纷纷表示赞同。

陈校长微笑着点头:“作为‘新优质项目学校’，要促进每个学生的健康成长，前提是每位教师的专业成长，以及生命生长。大家快快行动起来，需要什么资源、遇到什么问题我来想办法解决!”

场景三　六(2)班教室

又是一次语文组例行听课活动，这次是听小李老师的课。

上课铃响了，听课老师鱼贯而入。只见听课老师人手一册拿着的是《基于课堂观察的听课笔记》——这是项目组根据华师大教授崔允漷提出的课堂观察“4个观察维度”“64个观察点”设计的听课笔记。研制这个听课工具的初衷，是为了让大家在观课时能更专注、更具专业性。

为了把上面的空格填满，大家竖起耳朵听，手里忙不迭地记。

一下课，好几位老师都冲着项老师嚷嚷:“这么多观察点，根本忙不过来！我不要用这个笔记!”“是啊，这么多观察维度，谁看得过来嘛!”

方老师建议道:“其实，我们可以简化‘观察点’嘛。针对咱们要解决的主要问题，可以减少观察维度和观察点。”

“对呀，根据不同教学研讨目标、不同课型、不同任课教师的要求，观察量表应该是可以灵活调整的。”李老师也表示赞同。

项老师点点头:“周四下午是项目组活动时间，大家到小会议室集中，再一起研究研究。”

场景四　八(1)班教室

又一次语文组的听课活动，这次又要听小许老师的课了。

小许老师神情淡定地站在讲台前，内心却颇为感慨：这一年过得好忙碌呀！不过，也挺充实的。作为“基于课堂观察的专业听评课”项目组的一员，自己咬咬牙，自愿充当“被听课”的“小白鼠”。尽管每次听课前要做很多准备工作，听课老师们的评课也不像过去那么“讲情面”，而是用数据、用事实说话，让自己的“玻璃心”颇有些受挫，但自己需要的正是这种切实有效的帮助。她发现，自己已逐渐从“被听课”的焦虑中走了出来，甚至还挺期待。

今天，她选上的课是难度较大的精读课文《俄罗斯性格》。在“课前说课”环节，她提出了自己的一大困惑：为什么上课时自己为了启发学生思考，问了很多问题，但学生似乎老听不懂自己在问什么，总是答非所问？

上课铃响了，听课老师鱼贯而入。这次，大家人手一册拿着的是《专业听评课量表》。

只见方老师、赵老师、余老师分别坐在语文程度为“好”、“中”、“弱”的学生身旁；李老师坐在讲台左侧，面向全体同学，负责观察学生的整体表现；项老师则坐在教室的最后，负责观察小许老师的教学全过程——按项目组制订的听课要求，课堂观课时，听课老师按设定的听课位置入座，改变原有听课座位的随意性。

此刻，项老师心里也是五味杂陈。一年来，自己带领大家开展项目研究，其间，也听了不少埋怨——还嫌咱们语文老师不够忙吗？也得到来自学校的很多鼓励。从学习有关听评课的理论，到听评课工具不断被开发又不断被更新，项目研究是越来越“接地气”了。如今，用于“家常课”听课的《基于课堂观察的听课笔记》从1.0版本进化到3.0版本，将64个观察点简化成12个观察点，再到听课教师可以自选圈选几个主要观察点，这个听课笔记从刚开始被排斥到后来的“很好用”，值得欣慰！在此基础上，项目组又研制出“评优课”观察工具——《课堂教学评优评价表》，从1.0到修订版，“评优课”的听评课质量也提高了不少。现在，大家手里拿着的《专业的听评课量表》，是专门为帮助青年教师成长而研制的“研究课”观察工具——坐在不同观察点的老师手上拿的是不同的观察量表，要求对相关的数据和客观细节做详尽的真实记录……每向前走一步，真的都很不容易呀！

上课了，导入、提问、回答、讨论……教学过程进行得还算顺利。听评课老师根据各自的观察角度、观察点的观察要求，拿着不同的观察表，或倾听学生的讨论，或观察学生的表现，或记录老师提出的问题，将听课情况认真地记录下来。过去那种“边改本子边听课”的现象早已一去不复返了。

场景五　小会议室

听课结束，五位听课老师来到小会议室，把五张量表都平摊在桌上，仔细研究起来……经过讨论，达成了共识。之后，请小许老师以及全教研组的语文老师一起进入“综合评课”环节。

作为主持人，项老师首先发话：“这次听课，根据小许老师的说课情况及她自己提出的观课需求，我们五位听课老师有不同分工和不同的观察量表，其实就是从不同角度帮小许老师发现上课的问题所在，并提出相应的建议，希望能帮到小许老师。”

小许老师十分诚恳地点点头，眼里写满期待。

实物投影展示出一张张记录得密密麻麻的观察量表。项老师说：“从我们五人刚才的观察记录发现，学生上课注意力开始疏离，基本上都发生在第三个环节——核心问题探究环节。请各位老师结合所记录的数据和观察到的事实，说说自己的看法吧。”

李老师推了推眼镜:“我的座位是面向全体同学的。第一环节,学生注意流失仅一人;第二环节,学生注意流失有5人;到了第三环节,注意流失达25人之多。”

余老师说:“我观察到的疏离也是发生在第三环节。当你提问到‘什么是俄罗斯性格?’这个问题时,课堂中一片沉默。我坐在一个中等学生旁边,她想举手,但又缩了回来,我问她为何不举手,她说不清楚老师问的是什么。”

方老师说:“我坐在一个学习能力弱的同学身旁。当你问这个问题时,他开始玩铅笔盒了。”

赵老师说:“我坐在一个语文能力好的同学身旁,当她听到这个问题时,小声地说了答案,但也不敢举手回答。你知道这是为什么吗?”

小许摇摇头:“不太清楚。我对自己的课堂提问是否恰当,总是没有把握,这一直是我想突破的难点,谢谢大家帮我观察得这么细致,也希望得到老师们的指点。”

项老师说:“‘俄罗斯性格有什么含义’是个很大的问题,你直接把这个大问题抛下去,学生的确会感到茫然。我建议,可以将它分解为若干的小问题,比如可以提问学生‘读完本文,你认为俄罗斯性格由哪些品质组成?’再问‘伊戈尔一家人是不是和俄罗斯性格有什么联系?’最后追问‘俄罗斯性格有什么含义?’这样,把一个比较难、比较大的问题,分解成几个学生可以答得出的,有逻辑关系的小问题,形成问题链,层层推进,大的问题就会迎刃而解了。”

李老师进一步通过统观全班同学的视角,反馈学生的课堂举手次数与课堂表现,告知小许教师,哪些课堂提问切实有效,可以积极引发学生的课堂思考与回答;哪些课堂提问需要思考修改,以避免学生因无法集中思想思考与回答这些问题而游离于课堂之外……对“课堂提问适切度”的问题给小许老师以很好的意见和建议。

细节的观察使评课言之有理，量表的记录使评课言之有据。每一位评课老师都根据自己的观察结果得出结论，他们看到的是坐在后排的老师所不能看到的，也是上课的小许老师很难看到的。

小许老师认真地听着、记着，频频点头。这些观察数据以及老师们的建议，让她有一种醍醐灌顶的感觉。她暗自庆幸——要不是教研组老师们的观察和中肯的建议，自己不知道还要在黑暗中摸索多久呢！

项老师让其他语文老师谈谈自己的看法。小李老师猛地站起来说："项老师，下次让我当'小白鼠'，好吧？"大家都笑了，纷纷说："可以可以，小许老师很快就要进化成'大白兔'了！"

的确，这次听评课让小许老师大有收获。小许老师的课从此面貌焕然一新，并在学校组织的"天初杯"青年教师教学竞赛中崭露头角。

项目组老师们也深受鼓舞。学校向各学科教研组推广语文组的经验。各学科组也根据各自的学科特色，制定了适应于不同听课目的、不同课型的量表，比如综合理科的"实验课观察量表""复习课观察量表"；综合文科的"活动课观察量表""探究课观察量表"……量表的使用对象也从青年教师扩展到"资深教师展示课"的课堂观察。

场景八　小剧场

又到银杏叶飘落的季节。小剧场里，天山初中教科研年终总结表彰会正在隆重举行。

陈红校长激动地宣布："以项老师为组长的'基于课堂观察的听评课'项目组获得本学年校本项目一等奖；语文组被评为长宁区优秀教研组；项老师被评为'长宁区初中语文学科带头人''长宁区初中语文中心组成员'；许老师荣获区教学公

开课二等奖！让我们用热烈的掌声向他们表示祝贺！"

项老师表达了由衷的感谢："我们这个项目能取得成果，要归功于'新优质'理念的引领，归功于学校营造的合作研修的氛围以及提供的各种支持，归功于大家的相互配合和无私奉献！谢谢大家，我们会继续努力的！"

各教研组组长也在会上分享改变教研方式的尝试。在语文组的带领下，他们教研组开展的"基于课堂观察的听评课"，也是收获颇丰。

最后，陈红校长走上主席台："老师们，看到大家的收获和进步，我很激动。我们一直强调，咱们学校的文化是'合作研修，自觉成长'，你们看，语文组不就是一个很好的'专业自觉'的团队吗？如何实现"专业自觉"？单靠外界推动或仅靠教师自己摸索，都难以实现。只有学校的积极作为与教师的内在发展需求双向奔赴，才能成就。祝贺项目组的全体组员们！"

一阵热烈的掌声后，陈校长继续说道："老师们，大家不要以为这仅仅是课堂观察方法的一个小改变，其实，这是我们学校在新优质学校'让每一位学生健康成长'理念的引领下，坚守'以生为本'，立足教育教学的关键环节，努力做到让教师的'教'更贴近每个学生的'学'的有效探索，也是探索适合教师专业能力提升的研修方式的一次重要探索！"

最后，陈校长激动地宣布："经过推荐，我校成为上海市'新优质项目实验学校'了！这与我校立足课堂教学实践，实实在在搞研究，致力于营造'合作研修、自觉成长'的学校环境有着不可分割的关系。从一个薄弱学校蜕变为"新优质"学校，靠的就是我们实实在在的求实态度，靠的就是一丝不苟的科学研究精神，靠的就是团队的合作和教师的专业自觉！从这个意义上来说，语文组的探索在我校迈向'新优质'的道路上具有'里程碑'的意义。老师们，我们推动也见证了学校的成长，让我们手拉着手，一起继续走在成长的路上！"

全场掌声雷动！此时，尽管窗外寒气袭人，小剧场里却洋溢着春天般的温暖！

学校简介

上海市天山初级中学，创建于1963年，原名“玉屏中学”，2004年迁入新校址天中路155号，更名为天山初级中学，与华东师范大学附属天山学校（原天山中学）在同一校园，共享优质教育资源。校园环境优美，是花园式绿色学校。

学校的体育与艺术教育成绩突出，射击项目是市传统特色项目，在市级比赛中荣获诸多团体和个人重大奖项。多年来，学校先后被评为上海市健康促进学校、市中学生行为规范校、市生命教育试点学校、区科技特色学校、区健康校园先进单位等。

多年来，学校坚持“健康第一，发展为本”办学理念，不断迈向优质发展。2011年11月，学校成为上海市第一批“新优质项目学校”之一。2015年4月，我校成为首批上海市新优质研究所基地校之一。2015年6月，我校成为上海市第二轮课程领导力项目学校之一。2017年，我校成为华东师范大学基础教育集团成员；2018年，与姚连生中学、天山二中共同成立天山初中教育集团。

学校以落实“立德树人”根本任务为核心，以基础型课程为依托，结合核心素养的培育要求，根据学校及学生的特点，将学科知识与学生生活相结合，深入挖掘整合各类学习资源，对基础性课程进行了合理的延伸与拓展，开发了包括人文社会、自然科学、艺术审美与体育健康等在内的多个门类的校本拓展型、研究型课程，构建了“天山初中健康素养培育”课程体系。

在课程实施方面，学校以创建“健康课堂”为抓手，关注学生学习的过程与方法，关注学生的主动参与，关注学生差异性，关注在和谐氛围中的学生自主学习能力的提升；持续探索“指向学生学业品质提升的过程性评价”，取得了一定的成果。

学校鼓励每一位学生健康身心、自主学习、关爱他人、追求梦想。全面为学生提供汲取知识和发展潜能的机会，使学生树立正确的世界观、人生观、价值观，培养学生成为身心健康、品德优良、学力扎实、志趣尚美的合格中学生，为学生今后的发展作准备。

学校的教师文化是“合作研修，自觉成长”，致力于通过各种方式培育教师的专业自觉。开展“基于课堂观察的听评课”项目研究，便是学校在新优质学校“让每一位学生健康成长”理念的引领下，坚守“以生为本”，立足教育教学的关键环节。围绕“如何提升教师学情研究力”，学校不断探索适合本校教师专业能力提升的方式，努力做到让教师的“教”更贴近每个学生的“学”，这是学校开展的多项研究实践所取得的成果之一。

2011 年，我校新一轮五年发展规划正在酝酿制订。经过深入调研，学校发现课堂中存在的最大问题是“重教轻学”，不少老师只管自己‘教’，不够关注学生的学习过程；只关心自己工作任务的完成，不注重学习研究；教研组的作用没有充分发挥，青年教师的培养浮于表面，合作研讨的氛围尚未形成……

基于此，学校决定从“听评课”研究入手，由语文组组建“基于课堂观察的专业听评课研究”项目组。该项目的核心任务是研究新的课堂观察工具、听评课流程、方法等，目标是改传统的听课时重教师的“教”轻学生的“学”，尝试引导教师换个角度来看待课堂中“教”与“学”的行为，通过有效的观察和数据，帮助教师发现与纠正教学中的问题。同时，学校希望通过合作研讨，改变教研方式，形成合作研修的氛围，培育教师的专业自觉，促进教师共同成长。

项目组组建之后，每月集中研讨一次。通过学习“课堂观察”相关理论资料，更新教学理念，为项目研究蓄势；通过行动研究，不断研发课堂观察工具，并在实践中运用与不断改进。平时，项目组成员采取分散与集中相结合的灵活机动的活动模式，以克服工作繁忙、集中时间相对较少的困难。

经过两年的研究，项目组研制出系列校本化课堂观察工具。1.“家常课”评价工具——《基于课堂观察的听课笔记》从 1.0 进化到 3.0 版，该笔记适用于“家常课"听课记录笔记。笔记的设计会根据学校阶段性教研重点,适时调整课堂观察维度和观察点,不定期地进行改版和修订。2."评优课"观察工具——《课堂教学评优评价表》1.0修订版,这是供一年一度的"教学评优课"使用的观察工具。结合学校年度评优的主题,根据"课堂观察"的不同维度不同视角,要每年一次对"评优评价表"进行调整。3.研究课观察工具——《专业的听评课量表》,这是专门为提升教师专业能力而设计的课堂观察工具,借助该量表,听评课小组采取团队合作的方式,通过"课前说课、课中观察、课后评课"三个阶段,通过观察者们与课堂实施者之间专业的平等对话和思想碰撞,为被听课教师提供专业发展的意见和建议,促教师,特别是青年教师的专业发展。由于《专业的听评课量表》是为不同教师量身定做的,需要针对实际情况加以调整。

鉴于"基于课堂观察的听评课"项目研究对课堂教学改革所起的作用,2013年9月,学校将该项目列为新一轮五年发展规划重点研究项目之一。该项目由陈红校长领衔,以语文组、政史地组、综合科学组相关教师十五人为主要研究成员,并制定了研究计划。

在前期研究的基础上,项目组梳理了"基于课堂观察的专业听评课流程":课前说课——制定量表——课堂观察——综合评价。

1. 课前说课:除传统说课模式中的学情分析、教材分析外,特别增设"自我分析"部分。被听课教师可以根据自身情况,提出需要听课老师特别关注的方面,包括教学设计的思索与困惑、难以处理的瓶颈问题等,例如课堂应变能力、教学用语、课堂提问、教学姿态、难点突破、重点设置、教学环节设计、学困生的关注、学优生的提高、师生交流用语等等。

2. 制定量表:根据教师的自我诊断,对具有鲜明个性特点的课题组成员特制观察量表。从上课老师的自我分析出发确定维度,并根据该观察维度确定数个观察点。量表制定的目标直接指向说课中的教师自我诊断内容。

3. 课堂观察:课堂观课时,听课老师按设定的听课位置入座,改变原有听课座位的随意性。根据既定的观察维度,听课老师分散在教室的各个指定位置进行课堂观察。不同的观察点有不同的记录内容,量表记录要求是客观细节的实录。

4. 综合评价:观课小组把数张量表相结合,根据课堂观察点的记录,针对上课老师课前提出的观课要求,全面分析,提炼观点,得出相对合理科学的结论,并提出可操作性建议,解决授课老师寻求解决的困惑。

项目研究还在进一步的深化研究中。在教育数字化转型的背景下,我们有理由相信,这一项目的研究与实践,将取得更大的突破,从而促进教师专业能力的不断提升,助力于学校教育的高质量发展。

我，我们

——2023年度新优质学校关键成长故事

上海市普陀区新普陀小学　冯丽萍*

新普陀，一个朴实的名字，一所明媚的校园。朴实中，折射教育之美；明媚里，流淌教育之暖。

学校积极践行"为每个孩子积蓄成长力量"的办学理念，近年来，在不挑生源、大班额办学的情况之下，新普陀直面转型发展的挑战。学校在"均衡、优质、高位"运行中印刻下一串串对教育精益求精的足迹，在务实前行中新普陀人共同努力，在追求为每个孩子更生动、自由的生命成长，为每一位教师更主动、向上的专业发展之路上书写下教育的美好。

汲爱之暖，追光前行。在新普陀人的心中，似有一泓取之不尽的源头活水，那是教师们在"承以谨志　传而善习"的学校文化浸润中，形成的厚德、敬业、暖爱、深研、优教的品格与追求。教师们以匠心致初心，以仁心润童心之举，如涓涓细流

---

* 冯丽萍，新普陀小学党支部副书记，中学高级教师，曾获"上海市园丁奖""上海市教学能手"等荣誉。

融汇而成更为丰盈的新普陀教育精神，让我们共同走进一个从我到我们的温暖故事。

我叫冯丽萍，是一名90后教师，十年砥砺，化茧成蝶，这是我这几年成长最好的诠释。2012年，是新普陀小学作为公办小学扩大招生范围的第一年，作为应届毕业生的我加入了这个温暖而美好的大家庭。短短十年来，在学校的呵护下，我从见习教师到上海市园丁奖获得者；从学校教坛新兵到普陀区高级指导教师；从区域学科骨干到上海市种子教师；从校内实践课到市级赛课特等奖；从备课组长到挂职副校长……十年的时间，我不忘初心，脚踏实地地践行着自己的教育理想——做"学生为学、为事、为人示范"的明亮教师，做"师爱温暖、匠心独具"的特色教师，做"精业优教、润育学子"的优秀教师。

为了更好帮助青年教师顺利地驶向专业成长的快车道，学校为不同时期教师的培养铺设通道，促进我们"修德养情，融合发展；修志养心，习炼教艺；修身养业，追求卓越"。仍记得我入校时，学校就已启动了青年教师五年培育计划，结合每位青年教师的特点与专长，制定了个人发展规划，而在师傅的指导下我也思考自己的成长目标，并撰写了《新普陀小学青年教师个人发展规划》。仍记得当时我写下了八字目标：专业立身、善学求精。

通过"内外联动"的研修模式，我开启了自己的专业发展之路，内外联动即"校内规范化培训＋校外名师工作室"。刚工作的第一年，每周我都会参与到上海市见习教师规范化培训，而我的基地校就是新普陀小学，带教师傅也就是本校的英语学科负责人、中学高级教师赵萍老师。赵老师耐心细致地从如何备课、如何上课、如何开展研修等多方面快速指引我入门入格，助力站稳三尺讲台。在师傅专业的引领下，我顺利度过了见习期，并荣获第一届见习教师规范化培训优秀学员。

作为青年教师，在入职的第二年，我就接到了一个好消息：我能有机会能参加上海市师资培训中心所举办的英语骨干教师研修班。这对一位刚入职没多久的青年教师来说实属难得。在学校的推荐下,我分外珍惜这来之不易的学习机会,在名师的带教下,带着教学中的实际问题我积极与专家对话,寻找课堂的生长点,问题的突破点,研究的结合点,理论的支撑点。我虚心学习,紧跟市级英语学科研究的走向,从"文本再构"到"单元整体设计",将在市级层面的所学所获内化于心,外化于行,学以致用,努力将学习成果实践于课堂。2015年,在工作第四年的时候我有幸代表学校参加了"普陀杯"教学评比,获得英语学科一等奖的好成绩,并晋级代表普陀区参选2016年上海小学英语课堂教学与教师发展观摩研讨活动,获得教学展评特等奖。

当时大家都有一个问题:这个姑娘在工作第五年就拿下了市级荣誉,未来发展走向该通往哪里?在迷茫之时,学校基于日常流程管理的信息,为我生成了教师专业成长"数字画像"。该画像聚焦专业信念、专业技能、专业素养三个维度,通过9项内容评价,初步搭建了教师专业发展雷达图。在评价表中我能直观看到自己专业发展的强项:有较强的专业信念,且专业技能中教材解读与学习活动设计能力较好。但雷达图也反映出了我薄弱之处,如专业技能中评价自控改进能力与作业批改诊断能力待提高,在专业素养中成长性激励和跨学科融合待加强。过程性数据很真实地反映出教师日常专业发展的特点,也很精准地诊断出现阶段发展的优势与问题,为我指明了未来发展的方向。

为了帮助我更好实现专业发展的新突破,通过数据诊断与问题归因,学校还聘请了上海市特级教师、上海市师资培训中心的专家顾立宁老师作为我的带教导师蹲点进校面对面指导。仍记得顾老师对我说:"想成为一名专业顶尖的老师光会上课是远远不够的,她还要学会思考、善于研究、勇于突破,而课题就是通往这条路上最好的桥梁。"在顾老师的带领下,我尝试聚焦英语学科单元整体设计做相关的实践与研究,并将所研所行化作课题,尝试专业上的新突破。2016年我完成了普陀区个人课题,2018年带领团队伙伴在原课题上再做深化,完成了普陀区区级一般课题的研究。专家的助力更精准地给予了我专业上的指导，也很好地帮助我解决了专业发展上的突破与生长。2017 年我有幸代表普陀区参与到了上海市第二届“爱岗敬业”教学评比文科组比赛，并荣获一等奖及“上海市教学能手”称号。

回望自己一路的成长，我非常感激在每个专业发展的关键阶段英语团队的合力支持，大家就像哺育雏鸟一般对我呵护有加但又严慈并济。当羽翼日渐丰满之时，我也不能忘记学校的培养，我尝试将自己的成长经验与密码复制推广，助力更多青年教师走上成长快车道，带领团队走向新的辉煌。

“独行快、众行远”，从个人的发展到团队的领跑，作为学校英语学科负责人的我一刻不敢松懈，我尝试通过“低年级单元整体设计下‘教—学—评’一致性”研修项目带动青年教师更快速入门入格入道，将自己的经验与思考分享给团队的成员，携手共同成长。2021 年我也有幸被评为了第六轮普陀区教育系统干部教师专业发展团队小学英语高级指导教师，所带领的团队曾多次站上区级教研的舞台，进行公开教学展示与专题汇报，为更多青年教师们搭建了专业发展的平台，提供了自我展示的机会。

2022 年初，上海疫情卷土重来，在线上教学期间，如何让低年级学生也能够更高效地完成网上的学习任务呢？我们这支平均年龄不到 29 岁的年轻团队聚焦新问题开启了线上学习有效活动设计与评价的实践研究，借助“小鹅云课”与线上线下资源融合共生，通过信息化手段大大提升了低年级学生的听课效率与参与度，让在线学习趣味又高效。作为学校先驱团队，我们将经验及时梳理总结，代表学校在区层面做了分享交流。团队中的青年教师也梳理研究成果，发表的文章曾在市区级教育科研征文比赛中荣获佳绩。英语教研组因在专业发展和队伍建设上突出的成绩，获得了“普陀区优秀教研组”“上海市巾帼文明岗”和“上海市教育系统三八红旗组织”称号。

从2012到2023，从新芽破土与理想相约，到抽枝吐绿与信念相守，从茁壮成长与成功相拥，到苍翠浓茂与生命相伴。我成长与蜕变的十年，也是新普陀小学专业立校、向上发展的十年。

从我，到我们。沉浸在做教师，育学子这份热爱里，我和我的伙伴们逐渐读懂了教育，读懂了学校的孩子，读懂了自己。静心读懂教育，践行教育初心；暖心读懂孩子，启航每一位学生的飞扬梦想；修心读懂自己，以匠心品质积蓄每一位儿童的成长力量。

学校厚实的校园文化和专业的团队支撑，为更多教师的业务发展铺就快车道，同时我们的静心研磨和向上生长，也为学校教育的优质均衡发展注入了蓬勃力量。近几年来，学校在教育教学上成绩斐然，承担25项市区级重点课题与项目研究，组织市区级教学研讨活动106场，66人次在国家与市区级教学评比中获奖，18位教师分获各级园丁奖，3位教师获得普陀区“我心目中的好老师”和“四有教师”称号，1人荣获“上海市百佳班主任”称号，1人获得“普陀区青年英才”称号，1人获得“上海市教学能手”称号。学校因在教师队伍建设与校园文化创建方面的突出成绩，荣获上海市“五一劳动奖状”和“上海市青年文明号”。

在这一段相互成就的岁月里，每个新普陀人用爱心暖育学子，用仁心呵护童真，用匠心点亮梦想，用慧心助力成长，用实际行动描绘着从我到我们的温暖故事，这段美好仍持续发生……

学校简介

新普陀小学创建于1998年，立足“高起点、高标准、高质量”的发展定位，成为普陀区一所新优质小学。学校秉承“普适均衡、普惠优质”的办学宗旨，践行“精益求精、追求卓越”的学校精神，围绕“为每个孩子积蓄成长力量”的办学理念，外塑“专业、仁爱、开放”的学校形象，内走“精细、精致、精品”的新优质建设之路，实践着塑造精品、创建优质、凸显特色的办学追求。

近年来,学校在课改项目的引领性、课堂教学的示范性、教学质量的稳定性、教师梯队的影响力、学生特长培养的成效性为标志的办学综合实力不断增强,被广大家长公认为是成长的基地、育人的摇篮。

春风画绿成墙，墙下笋成出林

上海市中远实验学校　陈婷、吴婧、张薇轶、窦颖*

中远实验学校信息教研组是一支“宝藏”教研组，目前仅有4名成员，其中高级教师2人，组内教师曾获得市、区园丁奖，上海市中小学中青年教师教学评选活动一等奖等多项荣誉，教研组老师开设的社团曾荣获上海市少年宫优秀项目。教研组依托优秀师资开发开设了丰富多彩的信息科技校本课程，指导学生在全国、市、区的学科创新活动和竞赛中获奖3500余人次。在培育学生信息素养的道路上，他们一直砥砺前行。

中远实验学校有两面墙，两面光彩熠熠的墙。

一面在学校的大厅，用金色的大字和音符谱写着校歌和校训；另一面是五楼

* 陈婷，上海市中远实验学校党总支书记、校长，正高级教师。
吴婧，上海市中远实验学校年级组长、语文高级教师。
张薇轶，上海市中远实验学校信息中心主任、信息科技高级教师。
窦颖，上海市中远实验学校信息科技教研组长、信息科技高级教师。

的信息长廊墙面，用密密麻麻的小楷记录着十五年来参加信息比赛获奖的 2 000 余名学生的名字和 3 500 余个奖项。

几个可爱的小学生刚刚上完信息课，舍不得走，驻足在荣誉墙前上上下下仔细阅读，眼里闪出崇敬而自豪的目光。一个说："哇，我们学校有这么多优秀的学生哟！"另一个说："哎，什么时候我的名字也能被记在这面墙上？"这时候，他们的目光交汇了，手指不约而同地指向了同一个名字："何骁祺！这个学生不是我们现在的信息老师吗？！"咦，这是怎么一回事呢？

不忘初心　归来仍怀"信息梦"

在很多小学生眼里，何骁祺老师是一位年轻帅气的大哥哥，他亲切爱笑，对待小朋友总是风趣又耐心。何老师教授的是低年级小学生的信息课，可以说是许多孩子进入奇妙的信息世界的启蒙老师。虽然他工作年限不长，可是他认真负责爱钻研，对低龄孩子有一套独特的教育方法。他的信息社团只要一开班，名额就被一抢而空。人们很好奇，为什么本该在小学生眼里枯燥乏味的信息课到了何老师的教室里就变得生动有趣了呢？那就得从何老师自己的学生时代说起啦！

骁祺在学生时代最期待的课程就是每周的信息课。那时候，很多人并未意识到信息科技在未来的发展不可估量，机房里的显示器也还是大胖子 CRT。可是骁祺的信息老师张老师总是满怀激情地带领着学生们探索这个既浩瀚又神秘的世界，她的每一句讲解都知识点满满，好像自带魔力一般让学生目不转睛，丝毫松懈不得。骁祺很佩服张老师能娴熟地操作电脑，于是他立志要探索出更多的电脑奥秘。他在课堂上不断摸索，放学后主动留下来，在张老师的指导下开始尝试编程，编写着一个个交织着科技梦的小小程序。很快，"何骁祺"的名字出现在信息教室门口的荣誉墙上。

2010年夏天，骁祺从这个奠定了他信息梦的中学毕业了。

2018年秋天，骁祺从上师大教育技术学专业学成归来，回到了他梦想起飞的地方，自豪且幸福地成为了一名信息老师。

这里，就是中远实验学校，这里的春雨润物无声，这里的春泥护红无数，这里的春光照拂无私，这里春风如沐，培育了一批又一批信息科技人才。

如今，在各大院校的信息专业、在各大公司的信息研发岗位、在全国甚至全球各地的信息科技领域，都活跃着许多像何骁祺这样坚持热爱、如愿圆梦的中远人，他们，没有忘了荣誉墙上的初心。

邹同学、邵同学等学生在华东师范大学第二附属中学、交通大学附属中学等优秀高中努力学习，参加了各类信息技术比赛；

仇同学、卢同学等学生在上海交通大学致远学院、南京大学、德国亚琛工业大学、伦敦大学学院等顶尖学府攻读计算机科学、航空航天工程等与信息科技打交道的热门专业，继续他们的信息学习和梦想；

张同学、周同学等校友在普华永道中天会计师事务所、申万宏源证券、上海证券交易所等知名企业担任审计师、衍生品交易员等重要职位，他们的工作离不开最前沿的信息技术使用，展现出了出色的职业素养和能力。蒋同学、沈同学、何同学等校友在翱捷科技、爱奇艺、瑞峰资本等知名机构担任IC设计工程师、产品经理、董事等职务，他们学以致用，扎实的专业能力和创新精神得到了广泛的认可。此外，仇同学、姚同学等校友在国际知名企业如英特尔、IBM、甲骨文、Salesforce、高通公司、保时捷等担任数据科学家、软件工程师、嵌入式工程师等职位，他们的国际化视野和信息处理专业技能为公司的发展做出了重要贡献。

这些朗朗上口的名字是中远信息荣誉墙上五彩斑斓的骄傲，这些学生的成就不仅是个人的荣耀，更是对他们初中时代信息启蒙和指导老师的最好回报，也充分证明了信息课程的价值对学生综合素养的培育举足轻重。信息课程,不仅对学生掌握知识技能有重要的培养作用,更对他们走向未来、发展未来有着积极的影响。

如今,骁祺老师每天都会站在那熟悉的教室里,他将自身所学的知识和满腔热情都倾注于课堂之中,他设计了贴合小学生心理的教学方案,把复杂的计算机语言用浅显易出的故事生动表述;他在ppt的每一个动画设计上用心加入童趣;他手把手耐心指导孩子们小心试探的每一步;他积极肯定学生每一次创新的实践,他期盼通过自己的努力,能够点燃孩子们兴趣的火花。一如,当年的自己。

功夫不负有心人。任教短短五年间,骁祺老师分别获得了第五届"普陀杯"教师专业能力评优活动信息科技学科(小学组)二等奖、第四届"普陀杯"拓展型课程学科(小学组)二等奖、2021年上海市青少年电子制作大赛优秀指导教师。获得"普陀杯"得奖证书的那一天,他又一次站在荣誉墙前。他举起手中的获奖证书,把新的"何骁祺"和墙上旧的"何骁祺"紧贴在一起,他心中激动难平,仿佛听到了初探信息时,张老师那鼓励的话语:"你做得很好。"骁祺老师平日不爱拍照,这一天,他含着泪光,悄悄自拍了一回。两个何骁祺,两个身份,同一份热爱,同一份执着,他从前是求知的小绿苗,如今是自豪的植绿人。

近来,骁祺老师注意到信息技术在各学科领域中的融合作用。勇于创新的他开始进行跨学科探究,在这个全新且充满挑战的领域里,他遇到了另一个和他年龄相仿,志趣相投,同样认真负责热爱信息技术的青年小伙——张泽宇老师。于是,中远的信息故事,又揭开了崭新的一页,展开了更奇妙的探索。

综合实践　在"桥"上创造风景

张泽宇老师,是一位腼腆有礼的大男孩,他待人谦和,"谢谢"总不离口,和他打过交道的人都夸他“人很好”！可是，当听说工作仅仅四年的泽宇老师已经收获了三个市区级一等奖后，你更会惊叹不已！那如果我再告诉你，这三个一等奖分别是第五届普陀杯教师专业能力评优初中探究型课程一等奖和第二十七、三十届上海市水仙花雕刻大赛一等奖时，你是不是会目瞪口呆?！是的，你没有听错，年轻谦逊的泽宇老师竟然是一位跨学科的复合型人才！那一年，网络工程本科毕业的张泽宇来到中远，临危受命临时接任了当时正有空缺的劳技老师岗位。大学学习的信息技术技能一直是他工作前行中的一盏灯，引领着爱思考的泽宇老师在劳技课程中不断进行科技探索。他想:纯手工制造的时代已经渐行渐远，无论是水仙花雕刻还是木工雕刻，如果利用电子程序来雕琢，是否更准确、更精美、更安全呢？很多次，劳技课结束后，泽宇老师都端坐在劳技教室中迟迟不出。他正在反复实验，潜心研究理想中的“人工智能劳技”，他不愿轻易退出这个大胆的头脑风暴运行程序。于是，在学校领导的积极支持下，本着普及人工智能开发和运用的目的，泽宇老师主动请缨，在初中六至八年级创客社团中开设跨学科项目。这个社团的孩子从计算机硬件知识起步，同时全方面操练手工技能，在跨学科探究团队带领下，在泽宇老师的鼓励下，学生们在信息技术人工智能领域大胆实践与开发，展现了奇思妙想又贴近生活的创新设计能力！

最近，泽宇老师带着他的小“创客”们又有了新的探索，多次开展了区级公开课“桥见未来”系列课程。从认识桥到修缮桥到为桥设计人工智能程序，一系列的原创课程开发有趣又实用，孩子们激动不已，听课老师络绎不绝，泽宇老师也有了一个亲切的新外号——“桥老师”！

或许在一年前，张老师还没想到会有今天和桥密不可分的缘分。“桥之缘”起源于一次偶然的发现，学校有一个繁茂的七楼屋顶花园，里面种了许多瓜果、蔬菜和花卉，一年四季总有新鲜嫩芽和成熟的果实此起彼伏地摇曳，这里是很多学生亲近自然、认识自然的乐园。在这个乐园里有一座“古老”的木桥，它的年龄和中远的校史一般大了，因为纯属是园景设计装饰，所以即使老旧也似乎别有一番风味。可是有一天，张老师带着创客团队来桥上看风景了，本来只是因木工制作需要看看桥的结构，没想到，一看不可收拾。老师和孩子们都关注到老木桥的各种伤疤，大家开始七嘴八舌议论起来——如何来"修"桥呢？说着说着不尽兴了，回到教室说干就干，开始上网搜索结构原理、维修材料、设计图纸；开始分组讨论维修经费，选材比较，改进措施……"桥老师"想：既然做就不是儿戏，我们不如真的来尝试下劳技和信息跨学科的"修桥"体验吧！为了支持孩子们的热情，他又提出：带孩子们出去看看真正的桥！这个创新的尝试，得到了校领导们积极支持。于是，在三月的春风中，学校借了大巴车，"桥老师"带队组织创客班的孩子们前往青浦博物馆学习认识桥的"古往"，又亲临金泽古镇，观摩水乡各式各样的桥，看一看、走一走、摸一摸，了解感知桥的"今来"。张老师站在桥上看风景：看溪水蜿蜒穿村过，春色满眸入画图；看孩子们围着桥梁叽叽喳喳地讨论和记录。他在淅沥的小雨中静立许久，心里久久不能平静：从今天开始，我一定要全力以赴，未来的"茅以升"或许就在这里诞生，"桥老师"的梦想也在这里萌芽。

从那以后，"桥老师"付出了无数个夜晚，查阅了大量的资料，翻阅了成百上千的古桥图，假设了一种又一种的修改细节，把所有学生可能设想到的做法都预设了一遍操作的可能性。比如：桥上能不能装上夜间智能灯带；是否有必要装上人脸识别；如何在桥边做智能的语音提示……终于，他的《桥见未来 1》参与了上海市中小学创课程建设与实验教学展示；《桥见未来 2》在第五届"普陀杯"教师专业能力评优中进入决赛并获得一等奖；《"桥"之焕新大行动》参与了第五届"普陀杯"教师专业能力评优展示。最近，在区教研室开设的"半马苏河"跨学科主题课程中，"桥"老师的探究课规模更大了，不仅又带学生参观了梦清馆及 33 座苏州河现有的天然桥梁博物馆，竟然还把学校屋顶花园的木桥原比例搬到了开课教室中！

来看一看这样的跨学科综合实践课程设计依据，看看它是如何带领学生们在真实情境中去感受知识整合的实践魅力的吧！

“我为苏河设计桥”设计依据：

● **科学学科**

了解桥梁的材料、功能、结构、分类、承重测试等，通过对苏河天然桥梁博物馆中古桥模型的分析，对力学中蕴含的桥梁设计原理有初步认识。

在实物桥梁设计构思过程中，知道工程需要经历明确问题、设计方案、实施计划、检验作品、改进完善、发布成果等过程，能够考虑产品的材料、性能、安全性、美观、成本等因素，分析限制条件，提出验收标准。

尝试使用合适的方法，运用估计与测量等科学方法完成方案设计，对选定的设计方案进行模拟分析和预测，依据不同来源的证据、限制条件等因素，从需求层面优化设计方案，利用工具制作实物模型，尝试应用科学原理指导制作过程，根据实际反馈结果，对模型进行有科学依据的迭代改进，最终进行展示。

● **劳动学科**

通过识别梦清馆、苏河工业博物馆等中展示的不同古桥示意图，初步学会看图，并能够绘制桥梁结构设计草图，用图表达自己的设计方案并选择合适的材料和工具进行作品制作。

通过制作木制桥梁模型作品，学习对木材料进行连接和表面处理等技术要点，在使用刻刀、木锉刀等工具的加工活动中，掌握木制材料的锯割、打磨、连接等加工方法，体验木材料的加工方法和作品设计制作的一般过程，感受传统工艺劳动的智慧。

从桥梁的功能、结构、加工工艺等方面对苏河天然桥梁博物馆水乡桥话展厅中的桥梁模型作品进行评议和改进，说明传统工艺的价值，体会运用所学知识分析和解决实际问题的过程，从而优化小组的桥梁设计。

- **信息科技学科**

了解简单工程设计软件建模等技术，体验新技术的学习方法，并尝试运用所学的新技术针对桥梁承重这一问题进行要素分析、整体规划，运用计算机模拟等方法进行设计，主动利用数字设备开展创新实践活动。

从桥梁发展历史中感受中国人民的智慧结晶和建桥实力，思考技术与人类文明的有机联系；通过了解中国桥梁经历建成学会、发奋追赶、超越引领三个阶段，认识到持续发展的经济基础、日益旺盛的交通需求、不断发展的科学技术，引领着中国桥梁不断跨越，从而思考中国桥梁未来的高质量发展方向，进一步认识到原始创新对国家可持续发展的重要性。

做“桥老师”的学生是幸福的，他们在不断的讨论和尝试中借助智能硬件和其他工具材料经历了发现问题到尝试解决问题的过程。桥是路的延伸，筑起了人们跨越的梦想，相信孩子们能将学习到的探究方法在生活中学以致用，提升自己的知识和技能水平，从而更好地发现并解决生活中的各种问题。在“桥”老师一次又一次的数字化修桥课程打磨中，我们看到了信息探究课程新的价值：教孩子做一个善于发现、勤于思考、敢于想象、勇于创造、有能力创新的人！这，才是未来所需要的人才！愿这座桥为孩子们联通未来，打造未来美好生活！

泽宇老师之所以能成为一鸣惊人的探究达人“桥老师”，离不开他自己的奋斗钻研，更离不开他背后全心全意支持的坚强团队——信息教研组的所有成员！泽宇老师的每一份教案都在团队的共同努力下反复斟酌，每一个细节都凝聚着大家的心血与智慧。尤其是活泼热情的窦颖老师，不仅在教学上提供泽宇老师全方位的指导，更在思想上、心理上给予他无微不至的关心和支持，成为了泽宇老师成长为“桥老师”的道路上重要的引领者。

“魔法”老师 麾下人才辈出

在中远，有一个众人皆知的可爱老师，那就是拥有甜甜笑容和圆圆脸蛋，被所有人热情唤作“豆豆”的窦颖老师。豆豆是个拥有迷之年龄的姐姐，传说她来到中远已近20年，可是她看着也就20岁呀；传说信息荣誉墙上有一半学生都是她指导的，可是她自己看着还是个学生模样呀。豆豆喜欢哆啦A梦，走到哪里，身上的哆啦小铃就跟着发出清脆的铃声，提醒人们这只欢乐的小猫正向你奔来。无论多忙，她永远是朝气蓬勃的；无论谁需要她帮忙，她永远是先人后己。这份难能可贵的童真和真诚待人的善良以及积极乐观的心态，成就了豆豆姐姐近二十年的不老传说，更成就了她麾下人才辈出的传奇。

时光回到2023年6月29日，中远实验学校正举行着2023届毕业典礼。

大屏幕上一部名叫《土豆少年》的动画作品正闪亮登场，这可是初三年级动画小组同学倾尽全力的杰作，快来一起欣赏这土豆少年们的精彩冒险吧！“愿你们是坚固的大船，剪开蓝色的波澜。”屏幕上一个个熟悉的笑脸、一句句熟悉的口头禅、一幕幕熟悉的场景都牵动着初三人的记忆和情思，四年来的一切仿佛历历在目。这部动画作品就像哆啦A梦的时光机，带在场所有人穿越到那些美好瞬间，重温旧日的欢乐与感动！

这是中远的传统特色项目，每年毕业季，动画兴趣小组的毕业生都会用所学的数字化工具制作一个毕业大片送给母校。这堪比春晚压轴节目的视频用最具创意的技法记录了这一届学生四年以来在中远学习和生活的点滴故事。视频通常会包括幽默欢笑的生活日常，感动难忘的瞬间，朝夕相处的恩师祝福，各班独特又泪目的宝贵经历……这些故事每一届都在重复上演着，可是每一届的视频大片都在不断创新，用不同的视角和方法表现着。如果把这些视频联系起来看，那就是中远所有学子的精彩留影了,而这珍贵资料的总设计师和总导演,正是用心构思指导了中远校园一代又一代信息“才子”的窦老师和张老师。

那这些“大片”是如何诞生的呢?让我们再次乘坐时光机,走进2021年6月23日的机房。那天,中考已经结束,可这里热火朝天的景象一定会让你心潮澎湃!8:30,机房里早已齐刷刷坐满的初三动画社团的孩子让豆豆心里踏实了下来。可是离今年的毕业典礼只有4天了,要讲一个4年的故事,来得及吗?这时候,学生们一个个走上讲台,有“神级”场景原画师,那清新自然的画风能还原毕业季最纯真的青春;有人物灵魂小画手,可以精准刻画每一个人物的形象精髓;还有百搭小龙套,可以从演员到画师,从摄影助理到彩蛋设计无所不能……咦?这个学生怎么看上去特别高?原来是2017届毕业的学长,回校看望老师的他发现学弟学妹们在制作毕业动画,大学选择了媒体设计专业的他主动加入到动画小组的设计,作为特别技术支持为成片贡献了令人拍案叫绝的精彩片段!用他的话来说:“没想到四年过去了,还是最喜欢和豆豆一起制作动画!”

第一天,豆豆带学生回忆四年生活,与他们畅谈那些年的笑与泪。两位编剧豁然开朗,文思泉涌,一个接一个的故事如雨后春笋,有滋有味。有了方向后,在豆豆的安排下,学生们迅速分成了视频组和动画组。视频组的“摄像师”们从摄像机都架不准到像模像样,从用手机闪光灯、雪弗板打光直到变成“专业”灯光师。动画组的任务很艰巨,大家分工绘制老师们的群像,每个场景线稿加上色几乎都要几个小时。机房里静悄悄的,所有擅长和不擅长绘画的娃们都捧着数位板伏案画画,或是场景,或是人物,反反复复,删删改改,修修补补,一刻不停。而“人多势众”带来的后果就是巨大的后期拼接工程!当然每个片段都是豆豆导演精心打磨了许多遍的结果,哪怕推倒重来,也要力求完美!

进程终于走到最后一天的剪辑,动画的转换,片段的衔接和音乐的契合没有一件是容易的事,学生“总导演”又扛着家里的主机显示器鼠标键盘出现在机房门口，不遗余力地做好最后的保障工作。晚上十点半，大家一起守在体育馆的大屏幕前看成片诞生，那一刻，成功的欢呼不亚于北京申奥成功的激动！

这样的故事一年又一年的在夏天重复，让我们再开启哆啦A梦的任意门，来回顾历年学生们的创意佳作，来感受他们留下的青春印记与无限创意。2021年作品《课堂》，2020年数字故事《有一种甜》，2019年动画大片《中远人》，2018年定格动画作品《我们的中远时光》，2017年作品《coscocraft》校园全景……

直至今日，豆豆都能轻而易举地罗列出每一届毕业大片的主题和主创团队每一个孩子的名字，如数家珍。因为这些，都是她的宝贝。

很难想象，一位信息科技老师，或者只是每周一次的动画社团老师，会让许多孩子念念不忘，甚至感恩终生。许多中远毕业生回到母校，第一位去探望的就是亲爱的豆豆，即使他们的班主任也欣然认可，绝不会吃醋，因为窦老师就是这样一位值得所有老师和孩子喜欢的好伙伴。

豆豆教学生学习信息技术，完全是倾囊而出。除了正常的课堂辅导，只要学生需要，她完全不吝惜额外的付出。有学生想要参加各类信息比赛，她总是积极鼓励，并且义务加班辅导。而且每次陪学生放学练习，她还主动和孩子班主任打招呼，和孩子家长报告，明明是认真负责做好事，可她却好像怕自己拖了什么后腿。这样谦虚有爱的豆豆让人忍不住又对她多了一份敬爱。很多次，你会看到豆豆在周末奔波于各个信息比赛的现场，明明可以让学生自己去的，可是只是为了送上一句现场的鼓励，她不惜放弃自己的休息时间，逢赛必到。寒暑假，对于豆豆来说从来没有完整过。来学校义务辅导，去赛场踩点送行。她在酷暑中奔波，在暴雨中等候，在夜幕中独行，在无人的时候悄悄把病假建议压入抽屉。从来没有学生知道窦老师曾经忙碌到病倒过，他们眼中的豆豆永远是容光焕发活泼开朗的；校领导从来没有收到过豆豆的加班费申请，可是他们确实多次看到豆豆在休息时间来工作了呀。这就是窦老师，无私奉献的豆豆姐姐。所以，豆豆本没有哆啦A梦的百变魔法,她的魔法口诀就是:用真心,换真情。

那一年,初三毕业生小秦考上了理想的市重点。他是窦老师的得意门生,有着优秀的思维和出色的能力。那一天,是他新高中的第一天重要活动,他还是请好假,选择跟着窦老师代表中远去参加同一天举行的信息比赛。他说:"没有豆豆,就没有今天的我。"三年后,小秦以该校当年高考理科第一的成绩考入了复旦大学。那一刻,豆豆喜极而欣慰。

窦老师的付出不计其数,单看这些年她获得荣誉和发展的足迹已然让人肃然起敬:

> 窦颖,教育硕士,高级教师,中共党员,上海市中远实验学校信息科技教研组长,普陀区教育系统教师专业发展团队初中计算机高级指导教师,上海市教育委员会教育技术装备中心"教育无人机"项目专家,上海市教育委员会教学研究室专家库人选,CCF NOI 指导教师,华东师范大学中外博物馆教育研究中心成员。在学科教学、校本课程建设、课题研究和学生竞赛指导等方面成绩斐然。曾荣获上海市园丁奖、上海市中小学中青年教师教学评选一等奖、上海市青年教师教育教学研究课题三等奖、CCF 计算机程序设计片段教学比赛全国一等奖、普陀区信息技术学科教学评优一等奖、普陀区科学学科教学评优一等奖等多项荣誉;曾参与编写湖南省九年义务教育实验教科书《信息科技(七年级)》《人工智能(初中版)》《百馆百单——跟着课本去研学@博物馆》《在真实世界解决问题——基于博物馆的项目化学习》等教材和书籍,曾录制上海市中小学信息科技学科空中课堂、上海市教师教育学院教师培训课程,指导上海市中小学在线视频课,培养指导的学生在国家、市、区级竞赛中获奖1700余项。

窦老师身体力行地推动信息技术课程的发展,在她的故事里,我们看到了信息课程新的价值。这是一种只有经历和实践过才能锻造的坚毅品格,体会过豆豆姐姐魔法教学的孩子们是幸运的，因为他们可以深刻感受到每一个梦想的成就都需要坚持不放弃的努力，每一份对热爱的追求都是人生路上不可磨灭的成长足迹，每一次真情的流露都会换来对世界多一份温柔的期许。来吧，孩子，许下悠悠少年梦，踏上迢迢少年路，赢得翩翩少年情。

优秀人才辈出的地方一定有一位优秀的领衔人物。中远信息教研组培养了这么多敬业负责的骨干教师和好学求真的卓越学生，如此突出的成绩离不开这个优秀团队核心组长的课程规划和凝聚组织，她，就是在中远信息组耕耘二十年的元老张薇轶。

“悦享越创” 前行路上拥抱未来

还记得骁祺老师感恩的启蒙张老师吗？是的，没错，她就是如今的信息部主任张薇轶老师。还记得窦老师令人肃然起敬的个人简历吗，那么作为团队队长，张薇轶老师二十年来也理所当然从未停止过带领团队努力前行的脚步。

> 张薇轶，高级教师，华东师范大学在职教育硕士，从事信息科技学科教学一线工作多年，承担学校信息科技学科基础型、拓展型和探究型课程的教学工作，有着丰富的学科教学经验。她立足信息科技课堂，重视学生思维能力和学习能力的提高，通过有趣、高效的教学，培养了一批有信息科技学科特长、有信息专业素养的学生，组织学生参加区级、市级及全国各类信息科技比赛获得大奖。近年来获普陀区园丁奖，“普陀区教育系统教学(教育)能手”称号，获第三届“普陀杯”教师专业能力评优活动信息科技学科(初中组)二等奖。撰写案例《走进二进制》在第十二届全国信息技术课程教学案例大赛中获二等奖，在第二十一届全国教育教学信息化交流展示活动上海赛区“基础教育组课例”荣获三等奖。2015年起参与上海市中小学(幼儿园)教材教法研

修一体网络课程建设项目第一、二、三期初中信息科技主题课程的开发，承担了《走进二进制》一课的案例分析课例录像、现象思考撰写和拍摄等工作。编写的校本课程案例《闪客世界——神奇的FLASH动画世界》编入《面向核心素养的信息科技课程与教学案例集》。2020年初积极投身中小学在线教学视频课(空中课堂)录制工作，完成初中信息科技学科4节视频课的录制任务，2021年作为学科指导专家参加第二轮"空中课堂"信息科技教学内容指导，获得好评。

从张老师的简历中，不难发现，人到中年的她还像年轻时一样在职业发展赛道上积极赛跑。二十年来，她从没有停歇和放弃。考研、编写课程、录制空中课堂，她一直保持着一个优秀团队队长的领跑姿势，一直以身作则地积极参与到信息教研组所有的活动研讨和课程群的开发规划中。作为中远信息课程的两位元老，作为学校最小的教研组，仅有的两位老师张老师和窦老师志同道合，在许多年前就感受到信息课程对学生的重要作用，在那个还主张着中考考什么就学什么的老旧观念教育模式下，两位老师勇敢地打破传统思路，积极提升信息技术课程的学科地位，培育学生的信息素养。

十五年前，校长室。六月初夏天气闷热潮湿，陈校长正和教学部的老师热烈讨论着下学期的课程安排。这时候，张老师和窦老师进来了。

"校长，学校现在只在三年级和六年级开设信息科技课程，这些信息科技课程不能满足我们学生的需求，我希望再开设一些信息科技的拓展课，开发一些信息科技的校本学习内容，让我们的孩子能接触更多的新技术，满足他们个性化的发展。"两位老师你一言我一语说了许多，已经满头大汗，言语中充满了理想和期待，那时候，学校的信息教研组，只有张老师和窦老师两个人，是名副其实的学校最小教研组。两位老师当时是典型的"副科老师"，她们常常看着课程标准的信息课时安排感慨：如果就按课时计划来安排信息课课时，现状可以轻松，可是等这些孩子从学校毕业出去，他们所掌握的信息能力早已不能适应高强度的社会需要。如今书本上学习的还是最基础的对计算机应用的认识，而日新月异的绘图技术、动画技术、编程技术已经遍地开花，我们中远的孩子什么时候才能有机会接触到这些与时俱进的信息科技本领啊！

陈校长听了两位老师的建议，为两位老师的教育情怀深深感动："你们的想法非常好，我们不能埋头拉车，更要抬头看路，提供有价值的课程体验，为学生的远航奠基。"校长告诉两位老师，学校正在推进课程一体化建设，通过课程统整进行顶层设计，着力打造人文素养、科学素养、艺术素养、信息素养、身心素养、公民素养、劳动素养七大素养课程群。这时候开展信息拓展课正符合学校的课程群设计理念，实在是最好的时机！三人不知不觉聊了很久，陈校长感动于老师们强烈的课程开发意识，拉着她们的手认可道："教师的作为是学科的地位，更是学生的成长之福，学校将不遗余力地给予信息科技学科全方位的支持，要让信息时代的学生领会到信息前沿的知识技能，提升学生适应未来的信息素养。"

"好的，校长，我们一定会全力以赴。"两位老师走出校长室的那一刻，她们的眼睛是闪亮的，因为她们看到眼前有一条宽广的信息高速通道正无尽地绵延着。这条路，要走下去很远很累，但是她们相信，这一定是一条对孩子们的人生很有影响力的大路，于是，张老师和窦老师，一起走上学校信息课程群开发之路。

答应校长的承诺说出来了，也做到了。随着信息技术的发展步伐，信息组不断开发适应学生的信息课程。曾经在社会上风靡一时的 Photoshop 图片编辑和 Flash 动画都及时出现在中远拓展课程教学目录中，报名的学生争先恐后，甚至还吸引了许多老师慕名前来听课学习。

就这样，一年又一年，一个技术接一个技术，张老师和她的信息团队一直在千变万化的信息浪潮中勇往直前。在十多年课程建设中，两位老师精诚合作，持续开发了不插电的计算机科学、图形化编程、像素游戏制作、电脑动画制作、网页开发及设计、APP手机应用开发、C++程序设计、Python程序设计、“创”课程等多项校本课程内容。通过信息素养课程群的系统教学，全面提升了热爱信息技术的学生们的信息素养。每一届选修两位老师课程的学生们都能够了解、学习当时最前端的信息技术工具，随着信息荣誉墙上的名字越来越多，中远学校的信息社团也成了中远学子心目中的宝藏。如今，学校已经形成良好的信息化育人环境，众多热爱信息科技的新苗已在春风沐浴下绿意盎然。瞧，在那荣誉墙下，早已笋成出林。

时光荏苒。在一个春光明媚的下午，学校“创客”教室，一节教学研究课结束，张老师和窦老师请陈校长点评，陈校长难掩内心激动和感慨，在黑板上写下了“悦享越创”四个大字，校长深情地说道：“唯有热爱、投入方能实践创新，这四个字是中远学子在信息海洋中学习遨游的状态，是信息团队在多年的耕耘中给予学生的学习体验，更是中远信息课程的理念和魅力所在，同时，这四个字也可以读为‘悦越享创’，‘悦越’中远对学子的形象期待，其核心特征是：热爱、悦纳、独立、越己。中远学子在信息教研组提供的高质量课程中，在信息课程高素质教师团队的引领下，热爱学习、享受创新，享受科创。”这是多美的校园生活，多好的校园风景！

如今，这个团队越发壮大，在学校的组织下，呼应“双新”变革的课程要求，学校信息团队的全体成员和获得过上海市艺术课程教学评优一等奖的赵宝仓老师、上海市中青年教师教学评优化学课程二等奖的李雯俊老师、上海市中青年教师教学评优探究型课程二等奖的陆霄旻老师、“普陀杯”生命科学教学评优一等奖蒋迪老师等共同成立了综合实践课程教研组，加入了“悦享越创”的骨干团队！

这就是团队的影响力，从两个人，到四个人，再到一群人。学校信息素养课程群飞速地生长和发展，最大的受益者就是中远的“悦越”学子们。他们掌握了不断寻求新的思维方式来解决问题的能力，丰富的学习内容让孩子们拥有强大的实践力和创新力，他们“悦来越强”，用自己的信息化作品描绘创造美好生活，在新时代的科技舞台上展现出无限的潜力和拥抱未来无限的可能。

桃李不言成蹊，蹊上暗香如流。

春风画绿成墙，墙下笋成出林。

中远实验学校有两面墙，两面光彩熠熠的墙。

一面浮光跃金，灿烂的音符在跳动，“好学求真，追求卓越”的歌声唱响着学校对学子的殷殷期盼；另一面静影沉璧，低调的华丽在延续，十五年近两千个学生名字和3500余张学生奖状，镌刻所有努力过的印迹，燃亮孩子梦想中的星空！

学校简介

上海市中远实验学校创办于2002年7月，原属央企中远集团投资举办的民办九年一贯制学校，2008年转制为公办，学校坐落于环线内普陀静安交界的中远两湾城西侧，美丽的苏州河畔，学校校舍由国际设计师设计，占地面积28亩，建筑面积23027平方米，办学环境雅致温馨，教学设施先进完备，现有51个教学班，在校就读学生近2000名。

学校秉承“好学求真，追求卓越”的校训，遵循“让每一个学生在喜悦中获得成功，在夯实基础上得到卓越发展”的办学理念，凝聚一支以中青年骨干教师为主的优秀教师队伍，围绕基于核心素养培育的“悦越”学子养成的核心任务，立足基于课程统整建构的“致远”课程建设和基于教师专业进阶的“情智”教师培养，强化基于学校持续发展的“润心”文化培育，打造了优良的校园文化，积淀了厚重的人文底蕴，构筑了师生共同成长的精神家园。学校教育以其规范扎实、轻负高效、均衡优质得到了全体师生、家长及社会的广泛认可与肯定，是上海市教委首批全市宣传的家门口的好学校。

学校先后荣获联合国教科文组织中国可持续发展教育示范校、上海市文明单位、上海市首届文明校园、上海市安全文明校园、上海市花园单位、上海市未成年人思想道德建设先进校、上海市行为规范示范校、上海市新优质学校、上海市依法治校示范校、上海市语言文字工作示范单位、上海市红旗大队等多项荣誉称号。

第三章

治理方式

治理与管理相差一个字。治理强调相关主体对教育事务的共同参与，强调主体性的激发。在推进中国式现代化的过程中，健全治理体系，提升治理能力是一项重要任务。教育自不能例外，教育现代化也需要教育治理现代化。

新优质学校强调内涵发展、内生发展，其本质是利用校内资源，挖掘内在潜力，形成自我发展的机制，但它不能脱离学校发展的内外环境，既要立足内在要素，优化资源配置，激发内在主体活力，构建内在要素高效运作的内在治理机制，也要综合校内外要素，建立校内外协调合作机制，凝聚校家社政共育合力，形成校内校外双循环互促局面。本部分收录的 3 个故事，即是对新优质学校治理的生动例证。

找到学生成长的幸福密码

——敬业初级中学“班级育人共同体”建设的故事

上海市敬业初级中学　张宝琴*

缘起：你们，将还我一个怎样的人呢？

“×老师，我们家孩子就拜托你了……”

“×老师，你们班级这些孩子啊，真是不能放假，每个星期一收收作业就是一包气，还能提啥要求？”

“我们家长已经仁至义尽了，请家教，缺啥补啥，钱不知道花了多少，还要怎么样？”

“我们对孩子没啥要求，反正房子、车子、票子都给他准备好了，随他

* 张宝琴，中学高级教师，现任上海市敬业初级中学校长，获上海市园丁奖、三八红旗手、教育系统先进工作者、教育系统学科带头人等荣誉。

吧……”

“我和他爸爸都是名牌大学毕业，工作也都很不错，他怎么就一点不像我们？老师你说怎么会这样？”

“××，今天你们老师又打电话叫我明天去学校，你又干什么了？小心你爸回来揍你！”

“哎呀，×老师啊，她怎么会这样想的啦？我怎么一点不知道的？”

……

这是每天真实发生在学校的对话，对话的双方有家长、有学生、有老师，对话的内容却都指向一个共同问题——如何让学生健康快乐成长。学校、老师和家长究竟该怎么做？需要创设什么条件？

答案毋庸置疑，正如作家张晓风的散文《我交给你们一个孩子》中所言："世界啊，今天早晨，我，一个母亲，向你交出她可爱的小男孩。而你们，将还我一个怎样的人呢？"教育本来就是时时刻刻发生的事，学生的成长可以受到多方面的影响，绝非只有某所学校或是某位教师这一条渠道。它就像一个你中有我、我中有你的"命运共同体"，需要一个能够给予学生充分养料的教育生态环境。

事实上，随着我校新优质发展，学校课程建设不断推进，逐步走上正向发展快车道，越来越多的家长选择了我们这所"家门口的好学校"，生源和家庭情况日趋多样化，大家的诉求也日趋多元化、个性化。2019年初我们进行了一次问卷，调查显示新时代背景下的家长和学生综合素质都有整体性上升：我校家长中受教育程度大专及以上达63.42%，其中还有2.68%的研究生学历，仅17.56%家长为初中学历。家长对于学校的需求也从单一的学业成绩转变为亲子沟通、青春期教育、个性化教育、心理健康、教育理念、社会实践等综合诉求。学生对于自己的学习状况、择友标准都有比较明晰的认识，主要集中在"缺乏好的学习方法"，愿意和"品德好,会沟通”“能帮助、关心其他人”的伙伴相处。家长和学生都比较推崇家校间新科技手段的运用。

学生的需要、家长的需求就是我们亟需解决的问题。如何破解教育壁垒?如何使之成为学校新的成长点?好在,新优质理念告诉我们,新优质学校需要改变以往依据自上而下的指令性要求被动执行的状态,需要对学校内外需求保持敏锐洞察和积极适应,需要采取有效应对措施,给学校的“生命机体”注入持续动力,最终指向促进学生健康快乐成长。学校就是要在常态办学条件下,通过解决学校发展中的常态问题,不断走向新优质。

于是,我校在通过“嘉年华”课程建设满足学生学习需求的同时,也积极关照学生的精神成长。在落实立德树人的根本任务,坚持“五育”并举,全面发展素质教育的时代背景下,为改进学生发展不均衡、综合素质有待提升的现状,为学生提供更和谐的成长环境、提供更丰富的成长资源。为此,学校于 2019 学年着手开展“班级育人共同体”创建工作。

“班级育人共同体”是指以“共建共育共发展”为核心理念,建立在班集体基础上,有育人的共同愿景和鲜明的文化特色,由班主任负责的本班学生、教师、家长乃至校外多方资源合作形成的共同体。它由“学生自主管理育人子共同体”“师生互信育人子共同体”“教师合作育人子共同体”“家班互联育人子共同体”及“社会实践育人子共同体”五个子共同体组成,在共同育人的目标追求下,形成多元立体的育人格局。

初遇:这些不都应该是班主任的工作吗?

“奇怪啊?你们语文老师约我干什么?你语文学得不是挺好的吗?”

“共同体?班级本来就是一个集体吧?有区别吗?”

"啊？任课老师家访？访什么？这些不都应该是班主任的工作吗？"

……

"班级育人共同体"创建之初，各种声音纷至沓来，质疑者有之，观望者有之，反对者亦有之……特别是有一定资历的成熟型教师，他们已经习惯于班主任制度的存在及班主任津贴的设置，在潜意识里就把育人和教学划出了界限。班级德育工作几乎成为班主任的独角戏，任课教师往往是"不在其位，不谋其政"。不过，对此我们也有信心改变，因为新优质理念已经深入人心，只要是有利于学生身心健康发展、有利于学生精神品格成长，教师们就一定会接受并实施。所以学校进一步召开各层面座谈会，校长不厌其烦地解读，鼓劲儿，实现思想统一，形成共识，使教师、家长、学生都能在推动"共同体"建设中了解自己的作用，发挥自己的能量。同时，推出相应的实施制度和激励机制，集中教师智慧，形成团队效应。过去是班主任独自站在班级管理的最前线，一个人应对学生不同成长阶段的不同问题；现在是集中多人智慧，大家一起关注学生的成长。

熟谙：咱们商量一下还有什么好办法可以帮帮这个孩子！

任何一项改革措施的实施，在没有形成统一观念的前提下，必然基于细致严格的制度约束。但不能永远依靠制度的束缚。在"共同体"创建初期，师生的理念在没有完全转化的情况下，制度性的约束是帮助师生共同建立新的管理氛围的最佳途径，在一定程度上能加速班级向"集体管理"的方向发展，但并不能促使其形成共同体。完善的制度可以规范人们的行为，但若思想的建设不能跟上，那班级只能沦为形式化的共同体。因此创建发展阶段，需要通过探讨"共同体"的文化符号，形成班级核心价值观，提升学习品质形成全面的质量观，精心设计有效实施社会实践活动等创建内容，在过程中转变评价方式，建立健全管理制度，形成一定的保障机制。教师、家长、学生真正将自己放在“共同体”中，成为具有强大自主性的主体。

“学生自主管理育人子共同体”“师生互信育人子共同体”“教师合作育人子共同体”“家班互联育人子共同体”及“社会实践育人子共同体”五个子共同体相继在理论研究的基础上开展实践活动。

“我们的共同愿景”心理雕塑展示活动中，学生们通过静态的造型和动态的表演来诠释班级的班徽以及共同规划的美好愿景。从编写活动策划书、制作道具、自主排练到正式展示，他们通过一个个各具特色的故事：有取材真实的班级事件的，有虚拟战争故事的，有魔幻故事的，还有以平行宇宙为叙事手法的，将班徽的核心内涵以及班级共同的目标加以呈现。这样，学生们用自己喜欢的方式加深对班级核心文化的理解，增强对班集体的认同感和归属感。

第一次线上学习期间，通过“学生自主管理育人子共同体”有效运作的“云中队”，采取由班主任组建组长群、组长组建小组群的三级管理方式。让每个学生在班级里都能承担相应的责任，在“共同体”的运作中发挥出自己的能量，改善了“在线学习”时班级遇到的诸如上课缺勤迟到、作业上交和订正反馈等突出问题。

“教师合作育人子共同体”更是为“师师”携手打造特色课程提供助力。学校的“走进上海商标历史文化走廊”学生综合实践活动课程，就是以学校六个教研组为核心创设六大活动主题。学生自主选择活动主题，教师合作指导项目小组，带领学生从学科视角探究中华老字号商标文化，厚植爱国主义情怀，提高学生综合运用知识解决实际问题的能力。

班主任和任课教师的合作也悄然发生着改变，原来是：“×教师，你看你们班某某某，作业又没交，上课还不注意听讲，你可要管管呀！”现在是：“亲，你看咱们班的某某某作业没交，上课听讲也不够专注，我们商量一下还有什么好办法可以帮帮这个孩子？”从“你们班”到“咱们班”，从“你可要管管呀”到“我们商量一下还有什么好办法可以帮帮这个孩子”，从“你”到“我们”，改变的不仅是表述，更重要的是心态。这是教师从旁观者心态到全员育人主人翁意识的转变。

“家班互联育人子共同体”则是在班级建设中引入家长资源，指导学生开展综合实践活动等特色课程，丰富学生的学习经历和学习体验。这一举措也是为构建良好的亲子关系及健康和谐的家庭环境赋能，家长在主动参与的过程中，教育理念也在逐渐发生转变。曾经六(2)班的小马同学爸爸作为家长志愿者，依托自己的专业资源，为班级学生开展了一次“中学生口腔健康知识”讲座。为了参与这次儿子的班级活动，马爸爸做了相当认真的准备。活动中，学生们互动热烈，也学到了不少口腔护理知识。没想到看似一次平常的家长志愿者活动，还产生了学生教育之外的效应——促进亲子关系更趋良好。马爸爸谈道：“这是我第一次给自己的儿子做讲座，既紧张又兴奋。在我看来学校为家长搭建这个平台不仅是让我把专业知识传授给学生，也是让我的孩子能真正了解他的父亲。除了家里那个洗衣烧饭爱唠叨的父亲，他还可以见识到一个专业、正直、爱给人看牙的父亲。在讲座的后半程，我发现原来紧张兮兮的儿子，开始主动张罗着举手提问的小朋友了，更在后面的医生检查环节做起了小指挥。在那一刻，我看到了孩子认真处事的一面，他或许也能感受到我是一个对待工作认真负责的爸爸，我想这也会影响他今后对生活对学习的态度吧!”

“精修过的楼房看不出战争的影子，我澎湃的内心却看到了这房内的峥嵘过往。走进住所，隆重，端庄，一切安静得出奇……当我看到他工作过的小房间时，除去震惊，就只剩下无限的钦佩——一间四平米的房间，不能透强光，不能透凉风，电台是他唯一的伙伴，电波声是最婉转的乐章，我听到了，同学们听到了，现场的人们都听到了，那是李白先烈掷地有声地宣誓，是无数先辈们的誓言，是我们最温暖的福音。”这是我校“李白中队”的小顾同学在瞻仰李白烈士故居后写的一段体会。学校在喜迎中国共产党建党 100 周年之际成立的“李白中队”是“社会实践育人子共同体”的成功案例。六(1)中队的队员们从学校嘉年华课程汇演音乐剧《永不消逝的电波》开始，瞻仰李白烈士故居、祭拜李白烈士墓、担任“李白烈士故居纪念展进校园”活动讲解员、运用 Scratch 程序设计摩斯电码学习小游戏……践行着“电波不逝，信念永存”中队精神，希望通过自己的一言一行感染身边更多的人，一起续写“永不消逝的电波”的伟大精神！

“社会实践育人子共同体”是“班级育人共同体”建设的延伸。它将班级社会实践课程作为重要内容进行设计和实施，充分发挥共同体成员和所有资源在课程中的重要作用，使社会实践课程的科学性、系列化、实效性得到充分体现，从而满足学生对课程学习、合作交往以及参与社会的需求。一方面，我校通过与大世界传艺中心、李白烈士故居、上海文庙、复兴消防救援站、上海商标历史文化走廊等社会资源签约达成合作共建的意向，为“班级育人共同体”构建起较强的校外支持体系；另一方面，各个班级结合自身实际，开展有班级特色的社会实践课程，形成百花齐放的育人格局。

再续：要成为学生心中的好导师

义务教育均衡发展是一个永远没有终点的过程，是一个“均衡基础上的新优质，优质基础上的新均衡”的动态过程。正当我校“班级育人共同体”建设如火如荼开展之时，上海开始实施“中小学全员导师制”试点，可以说就是“班级育人共同体”的升级版，这也从一个侧面印证了我们选择的正确。

作为黄浦区“中小学全员导师制”试点学校，我校从 2020 年 12 月起全面推进“全员导师制”工作。“全员导师制”背景下的“班级育人共同体”有了更加明晰的举措——为学生量身定制个性化“导师团”，“导师团”由学生、导师、班主任、其他任课教师及学生家长共同组成，形成一个“师生互信育人子共同体”。在这个“共同体”的运作下，既能依据学生的认知特点、基线水平开展有针对性的心理支持和学业指导，也能充分激发家长的教育动力，和学校一起助力学生达成自己的人生目标。因此它也成为了学生成长和家庭教育指导的主阵地。

导师们用爱心、耐心和教育的智慧，和学生建立起相互信任、携手成长的师生关系，也和家长形成了良性互动，共同筑起学生健康快乐成长的保护屏障。这种高质量的师生关系也在潜移默化中影响学生、影响家长，使他们能更好地认识自我，共同成长。在学校连续三届“十佳导师”评选中，这样的故事俯拾皆是。

2021 年暑假我校“拾音聚艺”音乐剧社团的音乐剧作品《永不消逝的电波》参加了“雏鹰杯”“红领巾心向党”红色戏剧展演和“龙华魂”上海市中小学生暑期情景剧汇演，获得了上海市一等奖和二等奖的好成绩。剧中女主角扮演者小尤同学属于随迁子女，碍于家庭条件，刚进社团时比较自卑，认为其他同学都有特长而自己只是一个普通人，正是在她的导师——社团指导徐老师的悉心帮助下，小尤逐渐发现了自身的优势，成长为一个越来越自信的学生，最后中考语文还取得了 135 分的好成绩。她在“我心中的好导师”故事中写道：“是徐老师发掘了我的长处，让我在表演方面有了突破。是她影响着我，成就了不一样的我。”

“今年突如其来的疫情打乱了我们的工作，也搅乱了孩子的学习。一面处理公司棘手的问题，一面操持日常起居生活。虽然每天与孩子在一起，却没有太多的心力去关心他。但朱老师对孩子们的问候、鼓励、建议……每每萦绕在我耳边，让我感动、欣慰、感激，也提醒自己对孩子的关注。‘同学们早上好’，‘同学们周末过得怎样呀’，‘同学们表现得很不错’，‘同学们在家也要坚持锻炼哦，不要再见面变成小胖子’……每天都能听到朱老师对孩子们的句句关爱。下课后也总能听到朱老师说某某同学留一下，老师想和你聊聊。余同学也经常收到朱老师的邀请，谈学习、谈生活、了解学生近期情况，询问所在小区的疫情、提供给孩子一些学习方法等等。聊天轻松快乐，充满了对孩子们的关心。余同学经常调侃说，哎，朱老师今天没有翻我的牌。一句玩笑话，却让我感受到孩子对能与朱老师交流的渴望。”2022年“十佳导师”获得者之一的朱敏老师班级学生家长如是说。

“来势汹汹的疫情打乱了我们的生活节奏，将我们家人分隔三处，孩子独自居家。得知情况后，班主任林老师主动联系我们家长和孩子，共同商量解决办法。在孩子独自居家的这段时间，学校安排食堂每隔两天送去烧制好的可口饭菜。林老师和导师董老师每天都会和孩子沟通交流，时刻关注孩子的学习、心理，及时疏导孩子的不良情绪，让我们隔离在外的家人暖心、安心！虽然疫情阻挡了我们家校之间的距离，但阻挡不了我们家校之间的互联。”来自林翊老师班级的小石家长特意写的一封感谢信中真情流露。

……

学生的认可、家长的肯定，更加激励老师们“要成为学生心中的好导师”，“全员导师制”背景下的“班级育人共同体”也因此得到了再续发展。

可以说，“好导师”们成就了学生、成就了家长，也成就了自身的成长。我们的90后年轻班主任小高就是其中的一位。第一次当导师时，他还只是一名科学课教师，彼时，他的导生小李同学可是把他折腾得够呛。在一次道法考试中，小李在试卷上写了一些与题目无关的侮辱性语言，事后又和批评他这一行为的任课老师发生了冲突。小高老师闻讯，特意找了一个午休时间，请小李同学到一处相对安静的办公室，心平气和地展开谈心。或许是年轻老师的笑容消弭了孩子的紧张，小李开始吐露自己的心声，他表示自己平时的学习压力很大，可是无论是在家中还是在班中都得不到理解和宣泄，他渴望发泄自己心中的压力，而试卷上的这道开放性简答题正好成为了他发泄的天地。了解了事情的原委，小高老师表示理解，并且用自己学生时代的经验给小李支招：“每个人都会有烦心事，都会有感觉到压力大的时候，而最好缓解压力的方式我认为就是运动。如果条件允许的话，可以在家里买一个沙袋，感觉到内心烦躁了，就对着沙袋发泄，这对身体素质和心理素质都有一定的提高，而且在力量的释放和汗水的挥洒中，压力就能够得到缓解。”后来，小高老师还利用自己的科学课堂经常鼓励小李动手实验、大胆表达，用另一种方式释放压力，感受成功。渐渐地，小李同学在高老师的帮助下，顺利融入班集体，各方面表现长足进步。

小李的成功转变，也鼓励了我们小高老师。第二年，小高老师就主动申请要求担任班主任。没想到，刚上任不久，疫情来了。好在已经有了先期“班级育人共同体”的大量实践经验，小高老师的班主任初体验倒也游刃有余。不过，意外还是出现了。他班上的小刘同学因为种种原因，需要独自前往浙江金华的酒店进行长达 14 天的隔离。一个六年级的孩子，要独自到外地隔离 14 天之久，不管是家人还是他自己内心难免会有不安和恐惧。小高老师得知这个消息后，马上电话联系小刘同学，先安稳他的情绪，告诉他到了酒店要给老师和家长报平安，有问题多问负责的工作人员，不要胆小怯生。接着又开始关心起小刘的学习状况，因为高老师深知小刘平时就是一个电子产品重度依赖者，一定要在家人的监管下才能做到按照要求学习。现在他已经获得了心心念念的 iPad，又是在隔离酒店独自一人，如何帮助他保持住原来的学习状态，才是当务之急。果不其然，接下来的两天，小刘要么上课迟到，要么作业不交，晚上打他电话他也没有接，估计一个人在酒店里玩 iPad 玩得正欢呢！

怎么办？先前“班级育人共同体”时帮助小李同学的经验给了高老师启发。高老师也找来了同盟军，和小刘的导师一起商量对策，觉得小刘沉迷电子产品并不是因为贪玩，而是在缺少家人关爱的情况下，选择网络来躲避孤独，那就针对小刘的问题，为他量身定制“一生一策”。于是，一间两个人的线上自习室正式诞生。高老师和小刘约定，每天中午 11 点半陪着小刘进自习室，开始补前一天的作业，争取在下午上课之前把作业补好。尽管隔着屏幕，但是小刘同学因为有老师在网络的一端静静地陪伴着他，他也就很快把前一天的作业补好了。这样的陪伴，一直持续到了小刘结束隔离和家人再次相聚。事后，小高老师自己总结说："是'班级育人共同体'的历练让我学会了透过现象看本质，我知道只要心里装着学生，所有的难题就都会迎刃而解。"

是啊，因为"心里装着学生"，所以"学生在哪里，教育就应该在哪里"，通过"班级育人共同体"建设，成长和进步的不只是学生，还有教师、家长和学校。学校推广共建理念、明确共建方法、探索共建途径，从班级育人共同体入手，进而打造年级育人共同体，实现学校育人共同体。从中，学生感受到学校生活的快乐，获得学业进步和精神成长；教师体验到自身成长与成功的快乐，家长也由旁观者转变为参与者，学校的办学内涵更是得到进一步提升。

近几年的中考中，我们接近100%的学生升入高中阶段学习，高中达线率稳定在80%左右，30%以上的学生升入市实验性示范性高中学习。这些数据也在向我们昭示着，当学校能真正对不同起点的孩子通过不同的教育方式对其不同的发展路径起到推动作用，也必将推动学生学习习得水平的增长，可以创造他的无限可能。

待续：我们的新优质建设永远在路上

新优质学校的核心特质就是主动地、持续地发展，积极回应和满足来自学生、家长和社会对公共教育的需求。所以我们新优质学校的建设永远在路上，没有完成时，只有进行时。我校秉持"让每个学生都能得到发展，让每个教师都能感受幸福"的办学理念，始终坚持学校服务的主体是学生，学校的发展是以学生的全面发展为目标，教师的发展、家长的成长都是促进学生全面发展的手段，课程的建设是学生全面发展的质量保障，班级育人共同体的建设是学生全面发展的支持系统。只有形成学生、教师、家长、社会的多方联动，才能真正推动学校健康、可持续的发展。

“十四五”期间，我校将重点打造“亲心庭——家校互联育人共同体”，拟在原有家庭教育工作相关章程的基础上，结合最新的要求和时下现状，修改完善家委会选举制度，明确家委会职责，旨在制度保障的前提下，为家校互通提供更多的机会、更大的平台，进一步加深家校共建共育。同时，进一步成立家长“智库”，丰富学校教育教学资源。学校将在原有基础上，把校门打开，将家长资源“引进来”，例如开展专题培训、结合家长资源开展职业体验活动、参与学校的大小活动等，将“走出去”和“引进来”双向打通，让家长更全面、更深入地了解、参与学校的整体建设。区级课题“全员导师制下的积极师生关系促进班级育人共同体建设的实践研究”已于2023年3月立项。

我们始终坚信，如果将生命的成长视为一段旅途，我们的学生在学校的这段时光会是他们人生中最宝贵和美好的时期。他们朝气蓬勃，未来的生活有无限的可能，而现在他们所接受的每一个体验都影响到其未来成为这个国家和社会的公民的素质。教育不仅是为了学生未来的生活，教育本身就是学生当下的生活。生活的品质如何，取决于学校提供的教育环境带给他们多大的幸福体验。让学生处于教育的幸福之中，享受教育的幸福，这就是学生成长的终极密码，也是我们每一所新优质学校追求的理想愿景！

学校简介

上海市敬业初级中学是一所地处老城厢的公办初中，在新优质学校理念引领下，坚守教育本原、坚持育人为本、提倡学校发展共同体的价值追求，正在为每个学生提供高质量的教育教学资源，真正做到促进学生“高成长”，成为学生和家长满意的“家门口的好学校”，是上海市首批认证的新优质学校。

学校是上海市安全文明校、上海市依法治校示范校、上海市体育多样化试点学校、上海市STEM+研究项目合作学校、上海市推进学习型家庭建设优秀实验基地、上海市家长学校创新发展联盟首批成员单位、上海市教科院普教所“引擎”计划项目合作学校、上海市心理健康教育达标校、上海市非遗进校园优秀传习基地、上海市第二批新优质集群项目学校，区新优质集群项目学校共同体成员校、区家庭教育示范校、豫园学区成员校。目前在校学生677人，六至九年级共17个班级，教职工70人，教师61人，其中高级教师9人、中级教师35人、参与名师工作室5人、骨干教师20人。

学校与百年老校敬业中学形成紧密联系的“教育链”，秉承“求真知礼，敬业乐群”校训，以“让每一个孩子体验成功，让每一位教师感受幸福”为办学理念，五育并举，立德树人，致力于培育具有知书明理、良善通达、健康和谐和全面发展特质的“诗情画艺”敬初学子，并着力打造一支敬业、爱生、严谨、创新的教师队伍。

学校始终坚守“办人民满意教育”的初心，把学生的发展作为学校关注的起点和终点。创设了以“I-CACM课程群和STEM+课程群”两大特色校本课程引领的“嘉年华”课程，着重打造“学会选择、体验表达和分享成功”的多彩课堂，其中“墨香书联”课程入选首批上海学校“中国系列”课程、市级课题《构建融合传统文化的初中特色课程研究》顺利结题并获黄浦区教育科研成果二等奖。学校坚持把牢绿色指标，实施“做预测、定指标、行诊断、施干预”四步法质量保障体系，切实提升办学质量。

学校于2019年提出开展“班级育人共同体”创建工作，班主任及本班学生、教师、家长乃至校外资源共同参与班级文化建设。“创建‘班级育人共同体’的实践研究(2019.12—2021.10)”获得上海市中小学德育研究协会第九届科研成果二等奖。2020年底学校又成为黄浦区“全员导师制”工作试点校，就此开启了“全员导师制”背景下的“班级育人共同体”建设实践探索。

双向奔赴　拥抱可见的成长

——记上实东校“无墙·成美”教育故事

上海市实验学校东校　仇虹豪　白云云*

有这样一所学校，它诞生在新世纪的第四年、在浦东碧云社区已矗立二十年，是社区百姓心中满意的公办学校；有这样一所学校，历年来毕业的孩子，成为了各行各业的青年翘楚；也是这样一所学校，它经历的一切，精彩中带泪、笑中有波折，温暖着、打动着、鼓舞着无数孩子与老师。这就是年轻的上海市实验学校东校。建校二十年，它的那些激荡人心、感人肺腑，又难以忘怀的故事，闪耀着上实东校一个个“无墙·成美”教育的瞬间，启迪着一颗颗怀有教育梦想之心的人们。这些，是学校的记忆，也是历史的回想。以下三个故事，带你我走入这所发展中的学校，认识她的“无墙”文化、了解她的“三生”故事、体会她的“成美”教育。

* 仇虹豪，上海市实验学校东校校长兼书记。
白云云，上海市实验学校东校发展部主任。

故事1:绕不过的矛盾——无可奈何的“两败俱伤”

2018年,家住碧云社区的小王同学长大了,到了入学的年纪。上学这一天,爸爸妈妈开开心心地把小王送到学校大门口,温柔的仇校长微笑着说:“欢迎你,小王同学!欢迎你来实验东校读书!”

美好的求学篇章就这样展开了,小王同学在像花园一样的校园里一天天长大,从一个懵懵懂懂的小娃娃,长成了一个眉眼渐渐清晰、眼光日益发亮的大娃娃。在班主任李老师的关怀下,小王同学没有一天不想和同学们快快乐乐地在一起,开心地在课堂里学习、热情地在教室里游戏、畅快地在操场上奔跑。

2020年春节,一场突如其来的新冠疫情打破了这一切。刚刚二年级的小王同学和爸爸妈妈、所有同学的家庭、学校老师都被迫躲在了家里,大家忍住各种不习惯,在阳台和窗户上看着花开花落、春去夏来,艰难地度过了那一年的春季和初夏。等再见面时,季节已悄然来到了夏天。6月复学上课的那天,同学们一大早就从家里奔到学校,一见面,小刘就忍不住眉开眼笑地对小王说:“哈,你长高了!也长胖了!有没有想我呀?”小王哈哈大笑说:“你也胖啦!你都胖出两个我啦!”

欢乐的上学时光美好而又短暂,小王觉得学校生活还像以前一样,没有什么不同——同学们还像以前那样可爱、老师还像以前那样亲切,尤其是班主任李老师,不仅美丽,而且温柔。学校里的午餐还是那样好吃,小王不仅全部吃了个干净,还用舌头舔了舔盘子……直到一节数学课上,他忽然觉得想上厕所,而且是憋不住的那种。

小王怯生生地看了看四下,大家好像都不想上厕所。怎么办?怎么办?那就举手吧!于是,小王只好举起了小手,“老师……老师……我想……想去厕所”,“那快去吧!”正在认真上课的数学戴老师停下手中的粉笔,转过来头对小王同学说。听到这话，小王“噌”地一下站起来，立马就往卫生间跑去。卫生间在走廊中间的位置，出了教室还有一点点距离，小王有点儿憋不住了，他坚持着撑到了卫生间。几分钟后，警报解除了！耶！

小王开心地回到教室，叫了声“报告”后就入座了。这节数学课虽然缺了几分钟时间，但我还是跟得上的，小王心里想。

下午的美术课，小王跟着大家排队一起到了美术教室。美术老师是个可爱的、圆圆脸的年轻老师，也姓王。小王和所有同学一样，都很喜欢这位王老师，教师节的时候还送过王老师卡片呢！因此，每次美术课，小王都会提前准备好美术工具，生怕遗漏了哪样材料而让老师失望。这次也不例外。可是，上课铃响过没几分钟，坏了！小王又有了尿意！他着急得不得了，怎么办？怎么办？我的画才刚刚开始呢！正当小王抓耳挠腮、犹豫不决的时候，尿意越来越严重了。憋不住啦！这次，他都没来得及举手告诉老师，拎着裤子就跑了出去。旁边有个戴眼镜的男孩子马上举手说：“王老师，小王跑出去了”！“谁跑出去了？”王老师警觉地反应道。“是小王！”大家同时反应过来。原来，不跟老师打招呼就跑出去的小王，已经引起了大家的注意。王老师马上跟出去，站在走廊上远远地等着。一会儿，看着小王从厕所里出来，才舒了一口气。小王回来，王老师关切地问他：“小王，你肚子不舒服吗？如果有，及时告诉老师哦。”“哦，好的”，小王轻轻地回答。

复学第一天就这样结束了，大家排着队伍、背着书包往家走。回到家，小王想跟妈妈说些什么，张了张嘴，又不知道该怎么说，转头拿玩具的工夫，就想不起来了。

第二天、第三天……复学的兴奋已渐渐远去，学校里恢复了往日的平静与喧闹，一切都回到了正轨。可小王呢？除了日常的学习与玩闹，他还增加了一样内容，那就是“上厕所”——几乎每节课，小王都会情不自禁地想上厕所。终于有一天，同桌忍不住问他：“你怎么总是去厕所呀？”“我……我也不知道，但我就是一上课就很想去厕所。”

班主任李老师听任课老师们反映说，最近小王同学上课的时候总是举手上厕所，还拜托李老师多关心一下，看是不是身体的问题。这一天，李老师找到小王，关切地问：“小王，你最近总是课上去厕所，告诉老师，是不是哪里不舒服？”“我……我没有哪里不舒服啊，我只是上厕所……”小王羞涩又有点怯生生的，让李老师哭笑不得。“好吧！只要不是身体原因，老师就放心了！但老师希望你养成好习惯，最好在课间十分钟去上厕所，否则要打扰老师上课和同学们的学习噢！”“好的！老师！”小王看老师对自己并没有批评的意思，一边干脆地答应下来，一边忙不迭地“逃”走了。

尽管李老师和小王谈过话，但小王“偏爱”在上课的时候上厕所的状况似乎并没有什么起色。就这样，又过去了几天，参考小王平日就有些“调皮”的表现，李老师联想到复学后小王的学习状态，发现这个问题似乎不小——这是典型的逃避学习的表现啊！而且，习惯还不够好，哪能只想着下课玩、上课去厕所呢？于是，李老师再次来到教室里、找到小王，严肃地告诉他，从现在开始，禁止上课以后去厕所，要去的话，必须在课间十分钟的时候。

于是，之后的几天，小王“不敢”在课上举手了，反而练就了一样本领：只要尿意袭来，就拼命憋啊憋，硬生生把尿憋回去。但奇怪的是，尽管是如此的“尿意难耐”，但下课铃一响，小王就只顾得和好朋友酣畅淋漓地玩耍，完全把上厕所这件事抛诸脑后了。

可是，另一个棘手的问题出现了。自从李老师对小王“颁布”了“禁令”之后，每次回到家，小王的裤腿就湿漉漉的。王妈妈第一次发现问题的时候，以为是小王大意了，还狠狠地教训了他一顿。结果，连着好几天都发生了同类事件，这是怎么回事呢？不明就里的王妈妈拉着儿子一顿讯问。小王像倒豆子一样把事情的前因后果、来龙去脉都讲了个遍。原来是这样！一时之间，王妈妈非常气恼，当时就给班主任李老师打去了电话。

“喂！是李老师吗？我是小王的妈妈，我想问问你，为什么不让小王上厕所？”

“小王妈妈，情况是这样的：小王总在上课的时候去厕所，持续好多天了，都是这样。你知道的，这会打扰老师和同学，所以我请他课间去上厕所。有什么问题吗？”

“你不是班主任吗？你应该关爱学生啊！学生想什么时候去厕所、就应该什么时候去厕所。你是不是有点过分？知道吗？小王已经尿了好几天裤子了！这几天又是阴天，我们家都快没裤子可以换了！”

“什么？尿裤子？难道他课间没有去厕所吗？”

“这不是课间不课间的问题，李老师，我们做家长的无法时时刻刻跟着孩子，就希望上厕所这点小小的诉求能被你们接受！就这样，李老师，明天我不希望孩子尿裤子回来！再见！”

挂了电话，小王妈妈气鼓鼓的，当天的晚饭都没有心情做。睡觉之前，恨恨地洗掉了儿子再一次尿湿的裤子。

被怼了一肚子气的李老师，一脸委屈、满腹牢骚地对老公说：“我们做教师的真难！这个家长怎么不懂事？就只有你的孩子有需求吗？”

第二天，心气难消的李老师上班了。到了教室，李老师先找到小王，明确地告诉他，必须课间去厕所，上课的时候不允许去厕所。小王依旧像上次一样答应得很爽快，可依然一下课就和伙伴玩，把上厕所忘得干干净净。所以，这天回到家里，他的裤子依然还是湿的。

小王妈妈下班回到家，看到湿漉漉的裤子摆在门厅，气就不打一处来，“小王！你给我过来！这是怎么回事？”“我……我又尿裤子了……”小王害怕地蜷缩着身体，一步步挪向正怒火中烧的妈妈，就像靠近一个随时爆炸的火药桶。“你记住！就算老师不让你上课去厕所，你也要去的！明白吗？”“明白了，妈妈。”小王转身而去的时候，妈妈忽然想出了一个主意，“我抽屉里不是有个录音笔吗？正好派上用场！”晚上，趁小王洗澡的时候，王妈妈把录音笔换了两节电池、开启到录音状态，悄悄地塞到了小王书包的底层。

早上天一亮，小王同学完全忘记了前一天晚上的不愉快，开开心心地牵着妈妈的手去上学，他哪里知道自己书包里有支录音笔呢？更不知道它在开启状态。于是，这只满电状态的录音笔就静静地躲在小王的书包里，躺了整整一天。到了晚上，妈妈趁着他写作业的工夫，悄悄取走了录音笔，并把这一天的“收获”拷贝在电脑上，开始逐段“分析”。整整一夜，王妈妈没有合眼，终于从嘈杂的、零碎的录音里识别出李老师的声音——那是上午的语文课，李老师正在慷慨激昂地讲解着一篇课文，这时，有个声音急促地说：“老师，我想上厕所。”同学们先是哄堂大笑，笑声持续了很久，然后有一个高亢而响亮的声音说：“你每次都在不合适的时间去做不合适的事情，不许去！”紧接着又是一阵笑声。听完这段，王妈妈肺都气炸了。连夜把这件事告诉了王爸爸，两人决定第二天一早去找老师。

熬了一夜的王爸和王妈，天不亮就等在了学校门口，大门一开，两人就冲进了校长办公室，等校长一来，王妈妈立刻掏出了录音笔，告诉了校长这件事，义愤填膺地表达了自己的情绪，并强烈要求换掉班主任李老师。不明就里的校长先安抚了王妈妈几句，让她等学校“调查清楚”后再回复。

随后，校长把李老师、年级主任、科任老师们都召集在了一起，商讨小王这件事。会议上，大家各执一词，你一言我一语，凡是了解情况的老师都纷纷阐明了自己的立场，大家意见一致：小孩子规矩不好，家长无理取闹，不同意换班主任。校长在听了双方意见后，已然了解了来龙去脉，充分表达了对李老师教育观念的尊重，同时也表达了自己对这件事的态度：支持教师，但同时也要理解家长的心情，但不支持家长的做法，尤其是“录音笔事件”。

当校方将意见转达给小王父母的时候，小王父母却坚持认为学校在“包庇”李老师,并坚定地认为自己的孩子在学校遭受了老师们的“霸凌”和“侮辱”。王爸爸和王妈妈表现得非常决绝,因为他们认为手握证据——就是那支录音笔。小王父母甚至扬言,如果不换掉班主任李老师的话,就拿着课堂录音去起诉。听到消息的李老师,索性请了几天病假,暂避这一风头。这一下,班级立刻变得“群龙无首”。一时之间,小王同学上厕所的事情,演变成了家长和班主任的“斗争”事件,进而演变成校务事件。

磨合了很久,小王父母坚持更换班主任,校方坚持不换且没有任何老师愿意接手小王的班级,原因就在于那支可怕的录音笔。如此僵持不下间,李老师已经很久不来上课了,小王所在的班级也陷入了无规则状态……这种情况下,校方无奈地选择了换掉李老师,同时告诫小王父母“录音笔”事件违反法律条例。但是,实际上,学校没有任何理由换掉李老师。更换班主任,是为了事态尽量往好的方向发展,同时保护更多孩子的学习权利。

此事后,校方清醒地认识到,当家长的理念、做法已全然不能理解学校,甚至与学校背道而驰的时候,再多的规劝和说教都是无用的,只有切实找到良策,才不至于如此万般无奈地赔了夫人又折兵。但同时学校也认识到,对于公办学校而言,坚持“无墙”有可能会伤害自己,但也不能因为一次“录音笔”事件而忘记“无墙”和家校合育的初衷。

于是,学校找到家委会,希望能商讨出一个便于解开“死结”的办法。最终在心理学家的帮助下,学校和家委会一起,想出了一个叫作“心理体验剧”的对策。所谓心理体验剧,即从剧本、演员、表演等环节的原创入手,将家庭与学校的矛盾问题用戏剧形式真实、完整地表现出来,并请现场观众体验、沉浸、共同思索。在心理体验剧中,学校提供舞台,家长和学生成了演员,一个个家庭的问题成了每个家庭共同的问题,大家合力把问题演绎出来,以供学生家长一起思考解决的办法。从设计到表演再到推广,实验东校这一模式——“心理舞台剧”在几年间先后辐射了20多所学校，积攒了8000多位观众，在这种沉浸式的家校矛盾爆发与冲突中，大家领教了一场场别样的较量。大多数观众在剧情高潮的时候沉默了、流泪了，观众们勇敢地站出来，讲出了心里话："我们和学校应该互相多一点理解、多一些沟通，少一些僵持和顽固，让问题不要持续性地伤害孩子、误导孩子、伤害老师和家庭"。

"无可奈何的两败俱伤"事件中，没有一方是真正的"胜利者"——孩子不会因为更换班主任而轻易改变时光和命运，老师不会因为更换班级而轻易改变教育理念，家长也不会因为一时的"胜利"而有额外的获利，那么，坚持"无墙"共育的家校合作理念，究竟是为了什么？遭遇了挑战，是否还要坚持"无墙"化的家校合作？其实，对学校来说，坚持"无墙"，就是坚持更彻底的合作，同时无惧挑战，并积极主动寻找对策和良方；对社区和家庭而言，良性沟通才是对孩子最好的保护之法。为了未来，学校选择了"无墙·成美"的教育之路，就会勇敢地披荆斩棘，因为这是利于学校、家庭，和千万学生美好未来的优质选择。

故事2:解不开的难题——无法开设的电竞课

"我们要见校长！是校长答应的！十个人报名就可以开这门课！"一群声音高喊着，大清早就在校长办公室门口响了起来。隔壁办公室的老师探出头来一看，原来是几个六年级的男孩子，他们一个个急得小脸儿红红的，迫不及待地争着抢着要说话。

"老师，是这样的！"一个小个子男生手中拿着一张纸、一步冲上前，气喘吁吁地说，"老师，这是我们的课程征询单，我们几个想要学电竞！"

"对！我们要上电竞课！"其余几个男孩的附和声顿时响了起来。

"好好好，别着急，一个个说。"张老师说，"校长外出开会了，一时半会儿回不来，有什么话，先告诉我，看看怎么帮助你们比较合适。”一听这话，带头的小个子说：“老师，是这样的：前几天我们收到了‘心愿课程’的开课通知，说是只要学生喜欢，满10个人就能报名，学校就会开这门课。现在我们10个人都想上电竞课，您帮我们一下可以吗？”一听这话，张老师就明白了，原来是新学期学校的“心愿课程”开始报名了呀！于是，张老师把几个孩子带到初中教务处沈老师办公室，敲开了沈老师的门。

看着几个稚气未脱的孩子一个个涨红了的脸，沈老师一时半会儿不知道该如何回复他们，脑子里开始迅速地进行思想斗争：答应他们吧，电竞课教室在哪里？老师从哪里请？不答应他们吧，开学时我们确实是这样说的啊——若喜欢，满10人就可开课。哎呀，这可怎么好？

为了不让决策失误，也为了谨慎起见，沈老师先安排几个孩子回到教室里早读，然后迅速召集初中的几位老师召开“紧急会议”。

“大家说说，该怎么办啊！”沈老师焦急地说道。

“我看，不如先问问这10个孩子的家长吧？”一个声音在角落里响起来，原来是班主任王老师。王老师笑着说：“根据我的经验，这些孩子选课不一定告诉他们的父母，我想，先问问父母的意见是个不错的选择。”一语点醒梦中人，沈老师决定马上去联系学生的家长。

果不其然，通过电话之后，沈老师才知道这十个男生是“剃头挑子——一头热”，他们的父母不仅不知道情况，而且在知晓情况之后纷纷表示反对，并且要求学校“坚决不允许开设电竞课”，理由是“电子游戏影响学习”。

沈老师坐在椅子里，长舒了一口气，以为这件事告一段落。才过去三分钟，一个新的问题又浮上心头，沈老师忍不住向前微微探了一下。“父母不同意、学校不兑现，该如何跟这些孩子解释呢？”想到这里，一颗大大的汗珠从沈老师头上滑下来。

下午，校长开完会回到学校。

“校长，有个情况向您汇报！”沈老师来到校长办公室，敲了敲门。

进门后，沈老师把这件事向校长原原本本地描述了一遍。听完后，校长没有说话，略加沉思后说：“沈老师，这件事情虽然看上去解决了，但是，我们不能不顾及学生的心情，也不能不考虑家长的意见。我想，我们要思考，‘心愿课程’的初衷到底是什么？我们要不要逐渐完善‘心愿课程’的规则？”听完这话，沈老师说：“是的，我也在考虑这件事。我们之前没有思虑周全，所以出现了‘电竞课’这种需求，这是没有顾及到的。稍后，我们再商议，如何更好地将学生的需求和学校的实际情况联系起来，并且考虑家校之间的沟通与合作，把‘心愿课程’设计得更加完善。”

从校长办公室出来，沈老师长长地舒了一口气。这件事情真的“结束”了吗？沈老师不无焦虑地想。看起来像是结束了，但更大的挑战或许还在后面。

这就是上实东校“心愿课程”的故事。因为处在碧云国际社区的腹地，学生大多数来自受教育程度水平较高的家庭，他们从小接触先进思想与文化，耳濡目染地接受着新世纪带来的一切。因此，从建校第一天开始，首任校长就认识到这一点，从“生命・生活・生态”的教育理念出发，创设完备的、先进的教育系统，尤其是课程。根据学生的成长需求，学校不断迭代课程设计，到了 2011 年，逐步完善“心愿课程”这一校本课程体系。所谓心愿课程，即学校所提供的课程要满足学生的心情与愿景，要最大限度地满足学生的个性化成长需要。因此“心愿课程”在正式上架的时候，对所有学生承诺：只要有 10 名学生联名想要开设某一门课程，学校即便外聘人员，也要开出这门课，满足学生的需要。这便是这个故事的引子，也是这个故事中，校长和沈老师们解不开的、未来要想办法攻克的“难题”。

迄今为止，这类故事一直在校园里发生和演化着，孩子们的需求似乎总和学校的“三生”理念“角力和纠缠”，但这是教育的现实——不同需求代表着时代的变化，恰恰说明学生对课程多样化的渴望，也提醒着学校课程结构上的某些不足。作为学校，不应忽视这些，而是要顺其自然，以更适宜的方式顺应或满足学生的成长，同时以学生的心愿为“镜”，继续完善学校“生命·生活·生态”这三生理念下的课程体系，继续为学生打造一片“与生命相连、与生活相通、与生态相融”的梦想校园，这就是上实东校的“三生”故事。

故事3：避不开的风景——美丽的“银杏叶”

曾几何时，“作业”曾是千家万户育儿故事中“矛盾、冲突”的主要来源。学校里，关于“作业”的各种“冤假错案”几乎每天都在上演，“历史”似乎永远在重复。这是怎么了？是学校作业真的布置得过多，还是孩子们写得太慢？这一切的根源在哪里？为了解开这个“谜题”，学校、家长、老师们进行过多次尝试，效果却始终未尽人意。

2021年，国家陆续出台了“五项管理”和“双减”政策，随着政策的逐渐深入，老师和学生、家长们也逐渐转换着对作业的看法和态度。第三个故事就与这个时期的“作业”有关。

故事是这样的：

任教小学四年级英语的苏老师是个可爱的大男孩，他开朗大方的性格、爱唱爱笑的脾气，四年级的每个孩子都很喜欢，小磊也是其中的一员。小磊同学很喜欢苏老师，每个课间，不管是在走廊里、还是校园里，只要看见苏老师，小磊都要奔过去和苏老师击个掌，来个“爱的 give me fine”。苏老师也很喜欢小磊这个可爱、外向的孩子，可是一提到作业，不管是苏老师，还是教小磊的其他老师，都连连摇头。这是为什么？原来，小磊同学什么都好——热心、肯帮助他人、爽朗、讲义气、体育健将，可就是不爱写作业。就算是勉强交作业，那龙飞凤舞的字迹也入不了老师的法眼。为了这，父母和老师没少和小磊同学谈心，可每次小磊总是不好意思地摸摸后脑勺，然后腼腆着说："抄太多遍了，我抄着抄着就睡着了……"小磊自己很苦恼，小磊的爸爸妈妈也下过"狠招"，可终究没什么奏效的"招数"，日子一天一天地过去，老师们也无可奈何……小磊的父母总是忧心忡忡地想："现在才四年级，以后到了初中、高中，不写作业可怎么行！"

一晃，新学期开学，小磊同学升入了五年级。恰逢这一年，国家号召"双减"和"作业管理"，要求给学生们减负——给作业减压，改换作业形式。于是，各科老师们纷纷加入花样设计作业大军，苏老师就是小学英语作业设计大队的"领军人物"。他和组里的老师们提出，要给孩子们设计"好玩又有趣的英语作业"，要让孩子们真正享受作业的乐趣。于是，有一天，小磊同学收到了这样一份作业：

"银杏时节到了，请围绕'银杏叶'，制作一份特别的作业。该作业包括，讲述银杏树的历史及自然生长规律，了解银杏果做菜的具体方式，并用捡回来的银杏叶制作一枚贺卡送给父母，表达你的孝心和对银杏叶的感情。"

一看到这个作业内容，爱玩的小磊同学眼睛一下子亮了。"妈妈，这个周末我们去一趟世纪公园吧！老师让我们去捡一些银杏叶！顺便我还想捡一些银杏果子回来！""好啊！"妈妈不说话，咧着嘴偷笑，心想，"这个'作业'不错呀，儿子肯花心思了！"

于是，到了周末，在小磊同学的"指挥"下，小磊爸爸背上相机，小磊妈妈带上美食，一家人"浩浩荡荡"前往世纪公园完成苏老师交代的任务。一天下来，小磊同学的衣服弄脏了，脸上还不知道在何处蹭到了泥巴，但心里美滋滋的：找到了这么多不一样的叶片，这下我肯定是小组里收获最多的啦！

回到家，小磊没有像往常一样先吃东西再做作业，而是一头钻进了房间，认认真真地制作起了英语卡片。只听得小磊一会儿问妈妈某个单词怎么写，一会儿问爸爸哪个软件怎么用。不到 2 个小时，小磊不仅完成了这份沉甸甸的银杏主题卡片，还在电脑上写了一篇 200 个单词的英语小文章，题目叫做 *Ginkgo leaves in my eyes*。晚上睡觉前，小磊欢欢喜喜、小心翼翼地捧着卡片送到妈妈面前，妈妈打开卡片，看到这么一句话："Dear Mom and Dad, Thank you for spending a happy day with me, I love you, I love my family"，妈妈的眼角不由得湿润了起来……

几年过去了，像这样"可爱"的作业形式越来越多样和丰富了，孩子们在各式各样"学科作业"的打磨工程中，早已成长为一个个能够担当大任的"工程师""小记者""检察员""美容师""作家"等角色，锻炼了知识学习之外的能力，尤其是在升入本校初中之后，这种能力普遍反映在各种更为复杂的项目学习中，初中的老师们尤其感觉到欣慰和"省力"。这就是上实东校近年来坚持的"成美"教育——让孩子在自己的能力范围内通过多样化的作业形式，大胆地体验和创造，尽可能多地获得增益和乐趣，成就自己的美好人生。

这三个故事，有忍俊不禁的快乐，有历尽艰难的辛酸，有学校发展的"阵痛"，更有砥砺前行的决心。回首建校二十年，上实东校在家校合作、课程领导力、育人改革等方面做了许多尝试，解决了一些问题，取得了一些经验。确实，解决过的难题像一座座小山，验证着过往的成就。可是，总有一些难以忘怀的故事，启发着、警醒着我们：一切还不够好，还有很多事情要做。就像故事中迈不过去的矛盾、开不了的课程、解决不完的难题……就此搁置吗？不，上实东校人，十年磨一剑，始终相信双向奔赴的力量，在开拓中洞见成长。终有一天，我们要带着新优质的自信翅膀，到达理想的彼岸，拥抱更可贵的成长。

学校简介

上海市实验学校东校创建于 2004 年 9 月，是浦东新区碧云国际社区一所九年一贯制学校，占地 55 亩，建筑面积 18009.41 平方米，由上海市实验学校实施委托管理。2012 年起托管上海市浦东新区锦绣小学，共同成为实验教育集团校。2011 年入选上海市第一批“新优质学校”项目。

“构建和谐教育生态，实施优质教育服务”是我们的办学思想，“办一所回归生活世界的学校、一所展现生命活力的学校、一所具有教育生态的学校”是我们的办学愿景，也是办学目标；“为每一个孩子的幸福童年和美好未来服务”是我们的历史使命和办学理念；学生发展目标是培养“乐群、博雅、尚美、善思”的富有潜质的阳光少年；学校口号是“快乐每一天、进步每一天、成功每一天”；学校的校训是“攀登”。为实现教育理念，我们着力构建“生命·生活·生态”的“三生”学校文化，提出了“与生命相连、与生活相通、与生态相融”的“三生”课程理念，并进一步提出“无墙·成美”教育主张。

学校从 2004 学年的 7 位教师 32 名学生发展到今天的 204 名教职员工、70 个教学班、2 981 名学生。其中党员教师 81 名，研究生及以上学历者 38 名，区级学科带头人 3 名，骨干教师 22 名，上海市名师后备 6 名，专任教师的任职资格符合率和学历达标率均为 100%。同时，学校拥有一支政治过硬、理念新颖、执行力强、敢于拼搏的高素质行政管理队伍，其中 90%为党员、43%为高级教师、30%拥有硕士学位，形成了优质的干部梯队建设。

在“三生”文化引领下，完善的家委会制度成为我校持续进步的抓手，助力打造“无墙”理念下的家校合育建设。近年来，学校取得各项佳绩。学术成绩方面，近三年一直保持在浦东新区义务教育阶段第一梯队的行列。荣誉方面，学校取得多项特色学校称号，如上海市依法治校示范校、上海市家庭教育示范校、上海市行为规范示范校、上海市文明校园、上海市心理健康教育示范校、上海市平安示范单位、上海市绿色学校、上海市治安保卫工作先进集体、浦东新区艺术特色学校、浦东新区体育传统项目学校、浦东新区教师专业发展学校等。

用好自由支配时间　带给孩子幸福童年

武宁路小学新优质成长故事

上海市普陀区武宁路小学　高晓云*

孩子来到学校，首先追求的就是幸福。如果孩子在幸福中能够获得知识，那么幸福就会得到强化，知识就会因为幸福而升值。武宁路小学追求的是给孩子一种正向的幸福，是孩子寻找到学习方法的顿悟感，是学习进程中教学相长的友谊感，是孩子在天天进步中获得的成就感，更是孩子在每天的学校生活中都有着当家作主的自主感。要培养孩子在学校中的这些正向幸福，就需要教师能够关心孩子在学校中的分分秒秒，珍惜孩子在学校中的分分秒秒，并用自己丰富的课程资源、精湛的教学技能充实孩子的分分秒秒。这些分分秒秒的时间是校园生活的事实，它隐含在学校生活的方方面面，并渗透着多种多样的意义，或目标清晰、奋力拼搏；或浑浑噩噩、无所事事；或有张有弛、伸缩自如；或忙忙碌碌、焦头烂额……

在武宁路小学发展的过程中，发生着多种多样的时空重组和时空变换，它记

* 高晓云，高级教师，上海市普陀区武宁路小学党支部副书记。

载着学校的昨天、今天和明天，记载着学校的传承与发展。对“小学生可自由支配时间”的研究是武宁路小学在“开架教育”和“提高小学生学校生活质量”研究中经常碰到的一个关键问题，即“丰富经历”与“时间”的矛盾冲突。孩子有没有自己可以支配的时间直接影响到自我兴趣的满足和个性特长的发展，也决定着孩子在校生活的幸福感。在研究的过程中，发生了许多真实、鲜活、感人的故事，这些故事记录了孩子的成长轨迹，值得被记录下来。

孩子对可自由支配时间的呼唤

1. 一首歌的“控诉”

很多年前，在武宁路小学高年级的学生中，流行过这么一首被改编过的“打油歌”：“书包最重的人是我，作业最多的人是我，每天起得最早、睡得最晚的人是我是我还是我……”它诉说的是老师和父母并没有给予孩子足够的可自由支配的时间，相反，用功课以及其他有关学习的活动将孩子的时间“安排”得满满的，剥夺了他们自由支配的时间。

2. 一封信的“呐喊”

在一篇五年级语文习作中，一位男生通过一封信，对爸爸呼喊出自己的心声：

“爸爸，我想对您说，难道您没有童年吗？难道您在童年的时候不想拥有快乐吗？我想您在童年的时候一定想拥有快乐吧！”

“爸爸，我想您小的时候，爷爷奶奶一定经常打骂您吧？那时您一定会难过，想拥有快乐，想和同伴们在广阔的天底下尽情地玩耍。爸爸，您在童年的时候也想拥有快乐，那么您现在却反过来，成天把我关在家里，不让我出去一下，除了去上学，连让我看一下伙伴们玩得开心的样子都不行。在放学的路上，当我看到一只只活泼可爱的小鸟在蓝天上自由自在地飞翔时，我是多么地向往自由呀！当我看故事书或作文书的时候，您总是说不许看，要看就看语文书或英语书。爸爸，我最后想对您说的是——请您放下那一双宽大的手，让我自由飞翔吧！”

一首歌，一封信，传递出众多孩子的心声：我想像小鸟一样自由飞翔！

3. 时间都去哪儿了

面对孩子们对自由支配时间的呼唤，我们不禁要问：“孩子们的时间都去哪儿了？”为此，我们针对孩子的可自由支配时间进行了一次全校范围内的事实调查。

问卷调查显示，我校三至五年级学生在学校内拥有相对的可支配时间，但学生并不完全是这段时间的主人，多数孩子不能自由支配这些在校时间。

以每天的晨会为例，90.71％的孩子表示自己充分利用了每天8:00到8:15的晨会时间，但就具体是怎样“充分利用”的，76.11％选择参加早读，13.27％选择在座位上看书或做作业，7.96％表示在教室里休息，仅有0.88％的孩子表示到走廊或操场上去玩。在课间休息和午间休息中，20.35％和25.66％的孩子选择在课间十分钟和午间休息时进行除选择项以外的自由安排，而其余接近80％的孩子在其他安排的内容中填写了“完成各科作业的订正”。由此可见，完成各科作业是孩子在可支配时间内一项很重要的任务，且涉及孩子面广量大。孩子的活动时间和休息时间最容易被教师因为抓所谓的“学业质量”所剥夺，我们梳理了孩子在校最容易被教师忽视并强行占用的时间：晨间，要求孩子提前到校；课间，不按时下课甚至不下课；午间，组织大面积的订正与补课。

孩子的校外时间安排状况也不容乐观。孩子的双休日和节假日被父母安排的占51.33％。31.14％的孩子认为父母给的可支配时间在半小时之内，42.62％在半小时至一小时之内，也就是父母放给孩子的时间在一小时之内的孩子达73.76％；时间全部由孩子自己掌控的比例仅为10.61％，这部分孩子一种是会管控时间，家长比较放心，还有一种就是家长放任不管。

孩子的时间被安排得满满当当，但我们在问卷中同时又发现老师们的课堂教学时间却屡屡存在浪费现象。在和全体老师达成解决问题的共识后，我们采用随堂听课、录像记录的方式开展了课堂教学的集中调研。调研结果呈现了教学时间被教师无意识“浪费”的几种突出现象：上课先算“旧账”、组织课堂纪律花时过多、教学准备工作不到位、无效语言和无效提问、教学环节安排不科学、忽视差异“一刀切”、实验操作设计不合理、小组学习走过场。教师教学技术、能力和意识等方面的不足导致课堂“无效教学”的发生，使得教师需要在课后用更多的时间进行补漏，占用了孩子的可自由支配时间。

可自由支配时间从哪儿来

1. 优化课堂赢时间

当一段段生动而又令人深省的调研视频毫无保留地呈现在老师们面前时，大家都陷入了深深的反思中。发现问题不可怕，可怕的是没有解决问题的决心和信心。关键时刻，孙校长捋起袖子带头干：“沉下心来搞研究，踏踏实实进课堂，从上好每一堂课开始改变！”在一次次行动、反思、改进中，老师们逐渐找到了属于自己的独特的“小妙招”。

小妙招 1：不打无准备的仗

当了几年的音乐老师，几乎每个工作日都是在重复类似的上课活动，表面上看起来已经驾轻就熟，上课的流程已经烂熟于心，但细细想来，往往就是在这些常见的流程中不经意地浪费了一些宝贵的时间。如何找回这些从指缝中溜走的时间呢？充分的课前准备十分必要。

教师的教材、课件准备都属于课前准备的范围。我因为带教班级多、课时多，常常要三节课连上，往往课间只有六七分钟的准备时间。要是遇到三节课当中正好因为教室分配问题而需要上下来回跑，就觉得准备时间根本不够。在上课的时候，偶尔会发生多媒体光盘要重放、循环教材不够用的情况。遇到需要使用小乐器的课时，还需要把楼下教室的乐器收好再搬到楼上，来不及摆放就只有在上课过程中重新摆放。在重放小乐器、重放光盘、等待、寻找多媒体内容的时候，学生们往往就坐在下面干等，或者就开始东张西望，小吵小闹。等我播放好光盘以后又要整顿纪律。这样必然有好几分钟时间要浪费掉。为了解决这个问题，我首先从音乐教室分配着手，请同事们帮忙，尽量把我三节连上的课都放在楼下的音乐教室上，避免跑上跑下浪费准备的时间。每天上课前，我都提前看一看课表，思考多媒体怎样准备、乐器怎样摆放才能达到最佳状态，保证在课堂中不浪费时间。

音乐易老师坚持“候课”到点、准备到位，以充分的课前准备杜绝教学时间的浪费，发挥“身教胜于言教”的作用，创造师生互相尊重的氛围，为孩子赢得了更多可支配的时间。

小妙招 2：恰当的方法是成功的基石

长期从事低年级语文教学工作让我深刻感受到学会“朗读”的重要性，因此每次新接班，我都特别重视对新入学的孩子“规范朗读”的指导，培养他们正确、流利、有感情地朗读。

巧用示范，学会模仿。由于低年级学生的模仿性强，所以教师适时的范读是语文课堂教学不可或缺的部分。我会通过眼神、面部表情、姿势等肢体语言把课文所要表达的喜怒哀乐直接传递给学生，让学生直观、形象地进行情感体验。同时，范读时给学生以提示、暗示，使学生如临其境，让教师的感情和学生的感情引起共鸣，从而激发学生朗读的激情。在指导朗读时，我经常这样问：“这个句子比较长、比较难理解，这位同学读得怎么样？”学生们会说“语速太快”“声音太轻”“人物的语气语调没读出来”……如果这时我根据学生要求，来次声情并茂的范读，效果肯定十分理想。有我手把手的引导，学生会兴致勃勃、跃跃欲试,朗读气氛十分活跃。那些难理解的句子在学生的模仿过程中便迎刃而解。

教给方法,掌握技巧。低年级学生刚开始学习朗读时,往往会将情感过分地“宣泄”出来,这就会造成“一字一顿”或“拖腔拖调”的现象。这时,我就趁势教给学生读书的四把“金钥匙”:形成基本模式;抓好节奏训练;渗透语调训练;“的”的巧妙处理,让孩子们变“我要读”为“我会读”。

变换方法,激发兴趣。低年级的孩子注意力难集中,容易厌倦一遍又一遍重复地读书,这就要求我们老师采用各种方法来激发他们的兴趣。朗读的形式有很多,比如齐读、范读、领读、轮读、表演读、分角色读、男女生赛读等等。我便结合本班的学情,融入多种形式,学生就不容易感到疲惫了。低年级的孩子表现欲特别强,最喜欢“表演读”“分角色读”“竞赛式朗读”“配乐朗读”这几种朗读方式。

“适切的教学方法”是语文王老师在对新入学一年级孩子“规范朗读”指导中采用的有效策略,在松紧适度的教学节奏、教学环节下提高朗读教学时间的效率,让孩子感受到朗读的无穷魅力,享受语文学习无尽的快乐。

小妙招3:精炼语言,从“提问”开始

课堂提问是小学课堂的关键组成部分,精练的提问不仅能启发学生思维,更能活跃课堂气氛,从而极大地提高课堂效率。可是在日常教学中,我的课堂提问仍然存在一些问题。

问题一:设计的问题太过简单,和知识层面联系不大,学生不经思索就能回答。如:“你们想不想做这个游戏啊?”“你们有没有信心完成?”这样简单的一问一答始终处于一种较低的思维和认知水平。问题二:所提问题范围过大。如在上《几时、几时半》这节课时,有一个环节是让学生看钟面找到规律,当时我提的问题是“请你看着钟面,你能发现什么规律?”很多学生不知如何回答，即使经过讨论，给出的答案也是千奇百怪。问题三：追求标准答案。作为一名新教师，我常常急于完成教案的流程，抛出一个新的问题后，过于追求标准答案，不知如何引导学生回答，往往将时间浪费在个人评价中。

为了达到教学过程的最优化，充分体现课堂的有效性，我对课堂提问作了改进。首先，提问时将问题精练化。我将《几时、几时半》中的那个问题改成"请你看着钟面上分针和时针所在的位置，你能发现什么?"如此一来，学生就能知道往哪个方面去想，怎么样去想，由此课堂效率也提高很多。其次，提问要突出学生的主体性。在做应用题练习课时，我设置了这样一个问题："你们想不想自己来提一个数学问题，然后请人来解答?"此话一出，许多学生都纷纷举手，课堂不仅热闹了，而且学生们的积极性也提高了，原本略显枯燥的练习课，学生们开始感兴趣了。

"精炼的课堂语言"是数学黄老师有效节约课堂时间的"杀手锏"。要把握提问时机，讲究提问技巧，问到关键处，同时也要注意培养孩子提出问题和发现问题的能力，在解决问题中提高教学效率。

小妙招 4：分层教学让孩子学有所乐

我常年执教三年级所有班级的信息技术课，发现每个班的学生都存在不同程度的差异。基础好的孩子，我一出示课题，他就知道该如何操作；基础薄弱的孩子就需要我反复讲解和演示。

如何在课堂中兼顾到不同孩子有差异的学习需求呢？我尝试运用"计算机帮助"加以调节。具体而言，我把"帮助"分成两部分，第一部分是基础部分，第二部分是拓展部分。孩子可以根据自己的能力自主分配学习时间：能力强的孩子，可以用较短的时间完成基础部分，然后选择拓展部分，开展深一层次学习；中等程度的孩子，可以跟随"帮助"文档的基础部分，一步一步地实践和操作；而能力较弱的孩子，则可以根据自身对新授知识掌握的程度，反复观看和学习操作，努力完成基础部分的学习。

信息技术江老师采用“差异化的分层教学”，满足不同能力孩子的不同需求，使课堂教学效率最优化。

2. 优化作息增时间

不调查不知道，孩子对学校的作息时间安排意见纷纷：一是觉得到校时间太早，起床后吃早餐的时间很匆忙，路上还要加快步行速度，到了学校还会遇到老师抓住上课前一点时间布置学习任务；二是课间休息时间太短，课间的10分钟仅够喝水、上厕所，连到操场上活动一会儿都不够；三是午间时间短，吃完午餐一眨眼就要上下午第一节课，外加老师再来订正作业，几乎没有自由时间；四是下午放学时间早，回家早没意思。

学校在充分研究了孩子们的意见后，开始了对学校作息时间进行优化重组。一是将孩子进校时间延后至8:15，让孩子有更充足的早餐和步行到校时间，而且将第一节课调至8:20开始，彻底杜绝老师挤占早晨时间的现象；二是将入校后的升旗仪式和广播操调整至第二节课后进行，将第三节课延后10分钟，加上第二节课间10分钟，组合出一段长达40分钟的大课间时段；三是将午休时间延长了20分钟，让孩子们有充足的时间吃午餐、午间休息；四是每个星期在下午放学后开设了20余项、50余次各类兴趣社团活动，供孩子们选择参加。

在“五项管理”和“双减”政策出台后，我们更是进一步优化了大课间的安排和课后时间的组织，使增加的时间符合孩子和家庭的期望。

3. 转变家长保时间

我校孩子课余时间的规划安排存在着诸多问题，归纳起来大致有两类：一是课余时间被剥夺，被父母安排；二是课余时间毫无规划，漫无目的。本校78%的孩子在课余有各种各样的补习班、提高班、兴趣班，个别孩子两天居然要赶6个学习班。每到课余，这些孩子就在父母的带领下奔波于上海的各种培训机构，孩子怨声载道；同时，也有一部分孩子由于得不到老师或家长的指导，“课余”成为了“放羊式”的“散养时间”，时间毫无规划，活动漫无目的。

发挥家长的作用是解决小孩子可自由支配时间问题的关键。发挥家长支持作用需要正面引导，以家长的视角看问题更容易获得同理心，即同情、关怀是学校教师与家长沟通的基础。教师具有“同理心”就能从细微处体察到家长的需求，设身处地理解家长的情绪，感同身受地明白及体会家长的处境及感受，然后才能获得家长的支持和理解，帮助家长分析拟定适合孩子的学习规划，使家长认识到孩子学业负担过重、学习密度过大，会影响孩子健康、影响孩子后续学习和“可持续”发展。

我们开设家长学校，开设《指导时间管理》的课程讲座，组织了《爱须无痕，教必有方》《给孩子“不被打扰”的时间》《哪怕以蜗牛的速度提高也好》《耐心地陪孩子慢慢长大》《十分钟的价值》《改一改我们的“口头禅”》《走出“监工式”管教的误区》《把课余时间还给孩子》《五项管理管什么》《“双减”我们怎么做》等系列讲座；我们组建“百名好家长”学习共同体团队，开辟微信公众号“家校合作指导时间管理”专栏，开展“作孩子的倾听者”家庭教育案例征集……我们利用多种家校互动平台，发挥家长的现身说法的作用，以家长说服家长，以家长带动家长，引导家长不盲目送孩子参加外辅，不盲目给孩子布置过多作业。我们向家长发出“愉快八减”的倡议，建议家长们：减少不必要应酬，多一点与孩子聊天的时间；减少越来越多的特长班，多一点与孩子看书、读报的时间；减少繁忙的补习，多一点时间发展兴趣与爱好；减少堆砌成山的教辅书，多一点童话与漫画；减少粗暴与命令，多一点沟通与交流；减少抽烟熬夜搓麻将，多一点游戏与锻炼；减少“望子成龙”的压力，多一点表扬与鼓励；减少“拔苗助长”的超前教育，多一点等待与宽松。“愉快八减”的号召，在一定程度上转变了家长的观念，使家长从“舍不得”放时间给孩子，到有所“舍得”。

家长好好学习，孩子天天向上

当我在学校组织的“家长学校”讲座中听到专家周敏老师说出这句话时，不禁会心一笑。是呀，每次孩子出现问题，我们都是固执地在孩子身上找根源，其实应该先问问自己做了什么才让孩子有这些表现的。我们要做的不是改变孩子，而是改变导致孩子产生不良表现的根源。这些根源通常能在父母自身和教养方式上找到它的影子，比如包办替代，比如孩子做作业时有些父母总喜欢指手画脚，或者父母自己就没有做出好的示范等等。这都会扼杀孩子的主动性，导致做事拖拉。

有一次和一个朋友聊天，说起孩子晚上做好功课后的安排，她向我抱怨她的孩子从来都不看课外书，不喜欢阅读。当她得知我们家畅畅基本能做到睡前阅读时，很惊讶，就问我有什么方法能让孩子每天阅读。我一下子愣住了，我还真不知道我用了什么方法。如果有时因为其他事耽误了她的阅读时间，她还很不开心，所以每天晚上到了看书时间，她还想再玩一会儿时，我只要说再玩的话就没有看书时间了，她立刻就会乖乖地刷牙、洗脸，然后坐在床上看书了。有时因为外出回家晚了，早就过了平时睡觉的时间，我们想让她早些休息，因为偶尔一天不看书也没关系，可她还是不答应，在她看来，晚上的阅读时间是必不可少的。我的朋友不依不饶，觉得我不可能没有用任何方法。想了半天，我觉得有可能是我自己到哪都有带上一本书的习惯吧。周末畅畅去儿童乐园或翻斗乐玩，我就让她随便玩，而我自己就闲着没事把包里的书拿出来看看；另外，隔三岔五地从网上买些书回来，当然肯定帮畅畅带上一两本。也许我的这些无心之举对她起到了一定作用。

其实家庭教育包括很多方面，不光是阅读习惯的培养，在周敏老师的讲座中还提到责任心、同情心和团队合作精神的培养。不管是什么方面，家庭教育的核心是父母的自我管理和自我成长，而不是约束和责罚孩子。教育的方向指向内在时，教育的作用才能彰显。如果你整日玩 iPad，那么你就教会了孩子整日去玩 iPad；如果你对抢占停车位的那个人说了些脏话，你则教会了孩子去说脏话。相反，如果你对自己说的脏话道歉时，你则教会了孩子怎样对自己所犯的错误负责；如果你彬彬有礼，你则教会了孩子彬彬有礼；如果你常常读书，你则培养了你的孩子对待读书的正确态度。

所以要提高孩子学习的主动性，父母就要做出爱学习的示范。

刘畅家长的案例再次揭示了家长的榜样示范作用是无形的，又是无处不在的，会潜移默化地影响孩子的成长和发展。因此，家长的自我管理能力和自我成长的主动追求至关重要。家长要敏锐地意识到自己行为的影响力，及时地把握教育的契机。

化"陪读"为"培读"

自从孩子进入小学成为一名小学生开始，周围的许多朋友、亲戚、同事等过来人都不断地向我传输了一条真理：小学一、二年级是培养良好学习习惯的重要时期，错过了以后再纠正就会很困难，关键时刻一定要把握好！但是如何才能真正做好？一旦碰到实际情况，我们仍会感觉有点无从下手。所幸学校想家长之所想，举办了许多有针对性的关于家庭教育的讲座，让我受益匪浅。

其中有两条理论我觉得非常受用，那就是快乐学习和化"陪读"为"培读"。

什么叫"快乐学习"？按照尹老师的话来说就是学习动作"快"了才能"乐"起来。如何做到"快"？首先，要养成认真准备的好习惯，自己的事情自己做。比如整理书包，只有让孩子自己整理，他才会知道物品放在哪里，才能更快地找到需要的东西。其次，要养成认真写作业的习惯，先快再好。

"陪读"，原来我认为是家长尽责的表现。家长在孩子做功课时陪在旁边，关键是起监督的作用，对于孩子不会的地方也可以适当指点一下。但是尹老师的讲座告诉我们，这种陪读实际上只是一种看管，久而久之，孩子就会对家长产生一定的依赖性。改变这种现象就是要家长化“陪读”为“培读”。应该培养孩子主动学习的良好习惯，对于孩子不会的地方应该告诉他如何通过各种渠道去找到答案，而不是简单地把答案告诉孩子。孩子只有学会自己主动学习、主动用心、主动用脑，才能掌握更多的知识。

除此之外，家庭环境对孩子的影响也不可估量。如何建立一个学习型家庭，与孩子一起成长，对于我们这些新生家长来说还有许多需要学习和改善的地方。希望学校能够多举办点这类讲座或者论坛，让我们家长能够多学习、多交流。

化“陪读”为“培读”，一字之差，谬以千里。袁翌文家长将自己的精力重点用在培养孩子的“三主动”上，即主动学习、主动用心、主动用脑，只有孩子“三主动”，才能有持续的学习动力，家长才能逐步解放自己。

智慧地用可自由支配时间

1. 用丰富的课程满足孩子需求

学校依托566快乐活动日时间，开发兴趣类走班课程，在开放的学习氛围中培养兴趣爱好，尽可能满足孩子的选择需要，促进孩子个性发展。学校基于教育资源和教师教学能力，根据孩子的学习兴趣和学习需要，按照“开放兴趣”的原则，开发566特色课程，落实并优化拓展型课程，促进孩子个性发展和全面发展。

566课程共设置“职业体验、运动健身、生活技能、社会公益、学科拓展、动手制作、科技环保、艺术表演”8类55门课程，根据课程内容采用“长、短、微”相结合的课时安排，依托信息化566课程管理平台，实现自主选课、自由搭配和过程记录，同时通过引入社会资源、家长资源丰富课程，满足孩子差异化、个性化兴趣发展需求。

他变了

三(5)班有个特殊的学生小C，他有语言障碍，不善于与人交往，因此有些自卑。当他参加了体育拓展型课程“mini高尔夫”后，他渐渐地变了个人……

“一、二、三——”“下杆时用力……”漂亮的转身，杆头与小球发出清脆的“啪”，有个小小的身影击球后做出一个漂亮的转体动作，他就是小陈。在一群学生中，他的挥杆动作学得很快，在同学中起到很好的榜样作用，老师有时会请他一起做示范动作，而他在挥杆示范时浑身散发着自信的光芒。

未参加高尔夫课程时的小C，不管在学习上还是和同学交流上，都是一个不起眼的存在。班主任老师说，以前在学习上，他的学习积极性不高，老师为此也伤透了脑筋，但是自从参加了高尔夫课程后，现在的小C完全变了个样，能主动学习了，上课也敢举手发言了！

这就是白色小球的魅力。在这个过程中，小C的运动天赋开始显山露水，不但消除了自卑，寻回了自信心，还激励他的学习也有了进步。这是个双赢的局面。

2. 用温馨的课后开展因材施教

“五项管理”和“双减”政策出台后，校外培训机构数量大幅减少，孩子回流校园。课后时间大幅增加，课后服务需求增加，为学校用好课后时间创造了机会。我们组织了有声有色的课后服务，为课后时间的利用探索了一条智慧之路。我们一方面用课后服务解决了家庭看护时间衔接上的问题，一方面又用课后服务时间开展分层教育和补偿教育，为因材施教创造了空间。

我们设计了3个时间段，4类不同内容的课后服务，充分满足孩子的差异化、个性化需求。一是15:30—16:30，这一时间段，孩子可以选择放学直接回家，或者参加学校的第一阶段课后服务，孩子们在老师的指导下完成当天的作业，巩固当天所学知识，做到“不把作业带出校门，不把学习问题带回家”。第二个时间段是16:30—17:30，在这段时间里一部分课堂学习习惯不佳、学习能力不足、学业有困难的孩子可以参加学校开设的爱心辅导班，老师会根据孩子的学习习惯问题和知识薄弱环节开展针对性指导和辅导，指导孩子改进学习习惯，重温和巩固学科知识点，提高学业水平，树立学习自信；一部分学有余力的孩子，我们引导他们拓展学习兴趣，组织阅读活动和体育、艺术、科技等兴趣社团，让孩子们在活动中发展兴趣爱好和特长，为未来发展储备更多学习能力。第三个时间段是17:30—18:00，我们组织延时的爱心看护，为少部分家庭看护确有实际困难的孩子提供温馨呵护，担好学校应当承担的社会责任。

全能的“老师妈妈”

10分钟、20分钟……在小徐老师的班里，半个小时左右，陆续有学生完成了作业。

“老师，请问这个字是什么意思?”下午4:40，一名写完作业的小男孩，很认真地读起了课外书。读书时遇到一个不懂的字，他勇敢地举手问老师。徐老师并没有直接给他答案，而是陪他一起查字典，一起讨论这个字的意思，讲起和这个字有关的有趣故事和知识。

“老师，能帮我看看这道题吗?”一个小女孩写其他科目作业的时候遇到了困难，也举手向老师求助。

小徐老师眉清目秀，对孩子们温柔亲切，宛如孩子们的“老师妈妈”，孩子们都很喜欢她。在许多孩子眼中，这位“老师妈妈”，还是一个不仅仅会辅导语文作业的“全能妈妈”。在徐老师的课后看护班上，不少孩子写作业的速度比在家里快得多，因为他们有“老师妈妈”，还有同伴，大家一起钻研、一起讨论，你追我赶，学习氛围更浓厚，积极性更强。

3. 用快乐的课间放松孩子身心

基于对孩子身心健康的重视，我们实行大课间活动已有 6 年之久。大课间实行之初，为落实“每天锻炼一小时”，我们在大课间组织广播操、5 分钟长跑和自由体育活动，在自由活动期间，孩子们可以选用学校为每个班级配备体育活动器材开展活动，也可以携带自己喜欢的运动器材开展活动。

体质健康数据显示，由于长时间线上课程和居家学习，孩子们的视力、体能、协调性等身体机能都出现了或多或少的下滑，面对新情况，我们再一次调整大课间活动内容设置，保留广播操和 5 分钟长跑，取消了自由活动，设计了锻炼眼球的抛接游戏，恢复体能的组合体能训练游戏，训练身体协调性的应激反应游戏等。我们还在下午第一节课后设置了 15 分钟的课间时间，增加了 5 分钟的室内课间操，让孩子们在有趣又有针对性的体育活动中放松身心。

锻炼，我是认真的

每天 9:40 分，大家最为熟悉的课间大活动出操音乐便会在操场上空回荡。老师们和同学们都仿佛得到了指令，一个马上停止了授课，微笑着说声“下课！”；一个则兴高采烈，呼朋唤友，有些在腰上绑上绳子，有些在口袋里揣上毽子，排着整齐的队伍相约操场，拥抱阳光。

认认真真做完广播操和 5 分钟长跑后，同学们自由“放飞”的时刻就到来了。听——“拾粒小石子，地上画格子，大格子、小格子，画好格子跳房子。”欢快的儿歌声响起，小广场的空地上经由同学们的妙手，出现了不同形状、不同色彩的“小房子”。大家“你方跳罢我登场”，玩得不亦乐乎。看——攀爬架边，一群女孩子像一只只活泼的小兔子蹦蹦跳跳，又像一只只美丽的彩蝶纷飞，在一根长长的皮筋间上下翻飞，舞出一幅美妙的画面。还有跳长绳的、踢毽子的、荡秋千的……整个操场成了欢乐的海洋，充斥着悦耳动听的笑声。

4. 用丰富的实践增长孩子见识

学校将孩子社会实践活动课时与六一节相整合，推出了“六一任我行”综合实践活动。在实践活动准备过程中，孩子们制定活动菜单、选择活动目的地、规划出行方式、出行路线、活动攻略和活动流程；在实践活动实施中，家长全程陪伴帮助，增加了不可多得的亲子活动时间。几年来，我们相继开展了“快乐六一任我行——喜迎十九大”“快乐六一任我行——我和我的祖国”等活动，孩子们社会实践的脚印遍布全国60余座城市，孩子们用镜头记录祖国大好河山，用眼睛去发现社会的发展进步，用实践报告反馈实践认知和体验感悟。活动将政治启蒙与社会责任教育融于实践体验，将儿童性和实践性巧妙整合，提升了课外实践活动的价值，把有意义的活动搞得有意思。

快乐六一行——学生的口碑

幼儿园三年，每年的六一儿童节都是在学校里表演节目，从来没有想过这个节日居然会放假，而且是连续放假好几天，高山任我们行，大海任我们跨。我觉得“快乐六一行”特别好，因为现在的我们，寒暑假不是和父母去旅游，就是去夏令营，或者在上各种寒暑假的课以及考级备考，和同学们可以聚在一起玩耍的时间并不多，更何况可以一起旅行。这个活动给了我们很好的机会，哪怕只是在上海，去了某条街道，某个展馆，也留给我们更多快乐的经历。

同时，“快乐六一行”也不单单是一次外出活动，而是一次研学。这种集体走出校园的方式，和父母带我们去旅行的意义是大大不同的。我们可以聚在一起策划行程、讨论活动、准备行李，在活动中相互帮助、共同体验、相互研讨，一起创作研学小报。虽然有时候也会有争论，但争论会帮助我们更好地理解同学的个性和见解，在包容和妥协中增进集体意识。所以这样的活动，不仅能帮助我们拓展视野和丰富知识，还能培养我们对集体的团结精神。

希望学校每年都能保留这个“快乐六一行”的节日安排，我想和同学们一起读万卷书，行万里路。

我的魔法学校

武宁路小学是一所魔法学校，里面有许多的魔法课堂，我认为这些精彩活动里最王牌的一个，绝对非“六一任我行”莫属！让大家开心的关键就是“任我行”三个字！

每年的六一节，校长妈妈都会想方设法给我们安排“小长假”模式，不是搭着双休就是配好国定假日，放下书包走出题海，爸爸妈妈请年假陪我度假！爽不爽！充分体现自我，自己规划自己玩。哈哈哈确认过眼神，这就是我最喜欢的儿童节！

记得前年，我做了一天的苏州河小长假河长，“绿水青山就是金山银山”，绕着母亲河走一圈，我知道了厚重的上海历史，看到了上海怎么治理污染开发环保，从而有了现在游人如织鸟语声声的河湾两岸。去年，我和爸爸妈妈一起到广州珠江，改革开放四十年让祖国日新月异地变化着，夜色下的广州塔把珠江两岸衬得格外妖娆，我在那儿拍了好多美丽的照片。我们还去品潮汕美食，惊叹中国文化博大精深！

我从游玩中收获认识，收获快乐，收获成长。用眼睛、用脚步、用心灵去实地感受老师说过的那些课堂外面美丽新奇的世界，去感受外公说过的新时代下祖国的蓬勃生机，去感受我在课外书本里看到的幻想过的广阔天地！

这就是我爱的“六一任我行”，你是不是也蠢蠢欲动了？写着这些字的时候我已经开始期待今年的“六一任我行”了！哈哈！今年我就要毕业了，我也很期待校长妈妈拿着魔法棒变出更多精彩新奇的课程。

智慧地用时间，可以调剂生活，放松身心，一张一弛，文武之道，既要让孩子争分夺秒，珍惜光阴，也要让孩子有足够的时间休息、睡眠、锻炼、发展业余爱好，使孩子更精力充沛地学习。智慧地用时间就是要学会规划闲暇时间，要以雕琢时光的态度设计闲暇，养成健康的学习生活方式。形成积极的学习生活态度就会获得比别人更多的知识、技能、情感、才能，也为自己的发展创造必要的条件和基础，用好时间的智慧就会转化为孩子的一种新的能力、新的视野、新的才干。

“时间”成为了武宁路小学新优质发展中抓住的一个关键点和增长点，也成为了武小孩子幸福童年的源泉。我们对时间的研究归根结底是对“减负增效”的研究，就是通过让出可自由支配的时间给孩子和组织好校内课余时间给孩子，让孩子思考拥有的时间做什么、能够怎么做、做得怎样，这需要孩子和家长的智慧与经验，也需要教师和学校的智慧与经验。希望未来，我们能孕育出更多和“时间”有关的精彩故事，让孩子们的幸福时光长久延续。

学校简介

武宁路小学是一所创办于1957年的公办学校。作为上海市文明校园，学校提倡“民主和谐的学习氛围”，围绕“开心、开放、开创”的办学理念，以“开架式教育”研究为抓手，探索培养小学生主体参与、自主学习、自我控制、自我发展的规律和特点的研究，促进学生全面而有个性地发展。作为新优质市级项目校，武宁路小学践行回归教育本原、关注每一个学生主动发展的新优质追求，以满足学生差异化需求、基于学生自身特点引导其实现自主发展为目标，持续推进“开架教育”探索。

学校以“五育并举全面发展”的育人目标统领课程整体规划，打造了基于学校教育哲学、符合学生成长需要、遵循学科认知规律和适应社会发展需求的，包含了“开馨果”基本学科课程、“开欣果”兴趣拓展课程、“开新果”综合实践课程等三类课程的“开心果”课程体系，培育了一批身心健康、人格健全、气质健美，德智体美劳全面发展的武小少年。

第四章

学校发展

学校发展是新优质学校在新优质学校理念指导下，坚持回归教育本原，系统推进育人方式、治理方式变革，通过持续不断地努力，学校所表现出来的办学效果或呈现出来的办学样态。新优质学校要求打造以育人为中心的办学样态，学生的身心健康发展是核心，形成以育人为本的育人方式与治理方式是关键。

本部分3个学校发展故事，有的是单项性的，如普陀区晋元中学附属学校，讲述了学校十多年来坚持发展艺术教育，使一所原本艺术教育相对薄弱的学校，最终加入市级五大艺术联盟，实现大满贯的故事。有的是善用机遇式的，如上海中医药大学附属闵行蔷薇小学，最初是抓住随迁子女教育，推进融合教育，然后是抓住信息化机会，改革课堂教学，再后来是抓住与上海中医药大学合作办学的机会，推进中华优秀传统文化教育，使学校不断攀上新台阶。也有综合性的，如上海市虹口实验学校以“把百姓的孩子高高举起”为办学理念，加强顶层设计，通过三轮三年规划，使学校从薄弱走向新优质。尽管学校发展道路难以复制，但他们的经历无疑能给人以启迪。

蔷薇花开的故事

上海中医药大学附属闵行蔷薇小学　陈晓苗*

在上海市闵行区的城乡交界处，有一所小学，名为蔷薇小学。这所学校并非一开始就如其名般美丽，反而在建校初期，它给人留下的印象是"落魄"与"不起眼"。那时，学校只有七个教学班级、二百多名学生，师资短缺，硬件设施落后。然而，就是这个不起眼的学校，却在短短的二十多年间，实现了华丽的蜕变，成为了如今有着两个校区、四十六个教学班级、一千七百多名学生的新优质学校，成为了一所区域内有一定影响力、老百姓认可的家门口好学校。

这个故事，得从蔷薇小学的校长说起。她，就像一位智慧的园丁，用她的智慧和汗水，让蔷薇小学这朵花儿重新绽放。她深知，教育的本质不仅仅是教授知识，更是培养品德。于是，她提出了"以德立校"的办学理念，希望通过德育的力量，引领学校走向新的发展阶段。

* 陈晓苗，上海中医药大学附属闵行蔷薇小学校长，高级教师。

当被问及这些年的办学历程，蔷薇小学的校长深情地说："开启回忆的闸门，就像一个成长中的人，蔷薇的过去充满了机遇与挑战，在她的成长过程中，经历着一些特殊的'时机'，就像是她生命中的关键点，细数这些关键点，'蔷薇'的蜕变过程便浮现于我的眼前：以德立校，找到学校变革的转折点；信息化助力，把握学校变革的生长点；走进新时代，形成学校变革的创新点。"让我们一起来看一看蔷薇花开的故事。

一、融合教育，育德扎根

2001年，蔷薇小学遇到了一个新的伙伴——弘梅小学，一所民办随迁子女学校。两所学校的学生来自不同的家庭，不同的环境，但都带着各自的故事和梦想。

蔷薇小学的校长看到了两所学校之间的差异，也更看到了这些差异背后的教育机会：无论孩子们来自哪里，他们都是天生的朋友，都有权利享受平等的教育。

于是，蔷薇小学开启了"少先队联合大队"模式，与弘梅小学开展手拉手活动。两所学校的孩子们开始频繁地交流，他们一起探索大自然，一起读书，一起组建鼓号队，一起参加夏令营。在这个过程中，他们互相学习，互相影响，共同成长，从不认识、不理解到一起哭、一起笑，他们的友谊越来越深，仿佛真的是天生的朋友。

天生是朋友之"妈妈不让我和外地小孩交朋友！"

小凌出生在上海，家境富裕，是家中的独生子女，有点骄横、有点傲慢，受父母成见的影响，小瞧外来务工子女；小伟从一个穷困的山区到繁华的城市，看到的是城市的喧闹，经受的却是生活的艰辛，生活的落差，使他有点自卑，有点不自信。这样的两个孩子在学校的安排下要手拉手交朋友了。

手拉手好朋友，拉手后要每周交流一次，活动一次。有一次六一活动的主题是“说说我的一个愿望”。活动结束后，小凌风风火火地冲进班主任陆老师的办公室，还没有来得及喘口气，就嚷嚷着：“陆老师，我的愿望是不要和小伟做手拉手朋友！”

“为什么呢？”

“他身上臭臭的，你有没有看到他脖子里全是污垢？我每次活动后回到家，妈妈就说我怎么身上一股怪怪的味道。妈妈说了，不要和外地小孩交朋友。”

小凌边说边递上来一张纸条。那是小凌妈妈给老师的便条。

陆老师您好：

小孩子交朋友，我们家长不反对，但是农民工的孩子学习、行为习惯不好，家庭也很复杂，容易把社会上的不良习气带给小凌，我们担心孩子的学习受到他们的影响，所以特此建议老师：小凌不参加这样的活动。

陆老师沉默了。孩子原本是没有错的，家长把他们对外来务工的错误的偏见强制性地灌输给了孩子。上海是一个海纳百川的城市，正因为这群可爱的外来务工人员的加入，城市才会越来越成熟，越来越美。他们也是这个城市的一分子呀。

陆老师没有给小凌讲这些，从活动资料里找出小伟的愿望。

“小凌，老师知道你的心愿了，可是你知道小伟的心愿是什么吗？”

陆老师递过去了小伟的心愿卡。上面清晰地写着一行简短的、令人心酸的话：我想洗一次热水澡。

“洗澡，我每天都洗澡，很方便呀，这算是什么心愿呀。”

小凌的语气有点不屑一顾。看来孩子是很难理解农民工家庭在城市生活的艰辛的。

天生是朋友之“他生病了……”

学校手拉手联合鼓号队要招聘新队员了，小伟也幸运地成为鼓号队的一名正式的队员了。这对于一个来自于贫困地区的人来说是多么的不容易，在民工学校接触的只是基本的课堂学习，课堂之外的活动是少之甚少，今天雄赳赳气昂昂地拿起号子，这是多么了不起的事情！小伟异常地兴奋，小凌迎面给了他一盆冷水，“你这么瘦，哪有中气吹号！瞧我的！”说完他就拿起号吹起来，嘹亮的号声富有激情地蹦出来。小伟不服气，鼓起腮帮子使劲吹起来，就是不出声。“哈哈，说你不行就不行！”听着刺耳的笑声，小伟一声不吭。

一连几周，大家都训练得很努力。又是一个周六，小伟没有来。老师告诉大家，小伟膝盖处上长了一个瘤，已有两个多月了，实在疼痛异常，住院了。可是他在训练中一直带着病痛硬是不让别人知道，始终坚持着。

小凌坐不住了，他深深知道小伟想用行动证明他是行的，在暗暗用功呢。他拉起妈妈去看望小伟。那是小伟的家，四口人，一间租来的简易房，十来个平方，衣物等凌乱地堆积着，一张小桌子，一张木板床，小伟就躺在那张床上，苍白羸弱。生活在同一个城市，如此的天壤之别，这个男孩被深深地震撼了，他为以往的傲慢与无知而后悔，他对小伟说：小伟，你快点好，等你好了，我一定教你吹号。两个手拉手朋友的手，这次是真正地握在了一起。

天生是朋友之“我俩要去北京喽！”

也许是小伟的这份坚持感动了小凌，他俩的进步令人难以置信，一个更加的自信、快乐，一个改掉了“娇”“骄”的坏毛病，互帮互助似兄弟；这份坚持同时也激励着鼓号队的全体队员，让大家深刻体会什么是“集体的荣誉高于一切”。这支由城市学生和农民工子女联合的鼓号队在区比赛中获得了“特别风采奖”。就是这份执着和融合给这对好朋友带来了运气，小伟和小凌成为一对幸运儿，代表上海所有手拉手的好朋友去了北京与党和国家的领导人来了一个零距离的接触，那一刻他们流下了幸福的眼泪；那一刻他们的友谊天久地长，不分彼此；那一刻朋友的意义在孩子们的心中不一样了。

回到学校，他们的故事被传为佳话。全校师生都为他们感到骄傲，也更加坚定了手拉手活动的信心和决心。我们都相信，无论孩子们来自哪里，他们都是天生的朋友，只要大家齐心协力，就能一起创造美好未来。

以德奠基，蔷薇花开始扎根生长了！

二、信息化助力，课堂变革

2008 年的一个阳光明媚的日子里，蔷薇小学有幸成为上海市 22 所农村教育信息化应用实验校之一。这个消息像一阵春风，吹拂着整个校园。学校设立了"电子白板教学实践""英语阅读校本电子教材开发"等科研项目，开展了网络教研、序列教研、同课异构、伙伴合作、专家诊断指导等不同形式的研讨活动，在实践中唤醒教师专业自觉，加快教师专业发展。

2011 年的又一个阳光灿烂的日子，蔷薇小学成为闵行区数字化学习方式变革项目的实验校，开始了数字化学习方式变革之旅，教和学的方式发生了翻天覆地的变化。师生互动交流变得更加有效，课堂生成资源的运用变得更加灵活，学生自主探究的过程变得更加真实。

教师——自己看着自己上课

平日利用率有限的网络教室突然热闹了起来：老师们纷纷带领学生来到这里上课。这是怎么一回事呢？原来在这里有类似演播室的摄像、录音设备，摄下的视频资料，可以即时上网播出或储存。老师们在这里上课，可以当场录制成视频，然后自己回看揣摩，也可以在教研活动中播放，给同事点评。

“平时从来没有机会看到自己上课是什么样子，现在有了录像，反复看上几遍，自己所有的缺点都一目了然。”学校的一位英语教师发出了自己的心声。这位老师的学生们很快发现，原来她喜欢反复用的“OK”口头禅少了，和同学交流的时候，也和大家走得更近了，不会再摆出抱着双臂站在一旁的姿势。

在区数字化学习方式变革项目的推动下，网络教室的运用越来越频繁，教研组活动会选择好主题，录下课程，老师们可以条分缕析地仔细打磨，还能请校外专家网上点评。教师们觉得自己的课堂有点不一样了。

学生——自己开“银行”

每天中午，蔷薇小学一间特殊的“银行”都会门庭若市——这是学校利用信息化手段，推出的德育课堂特色项目“点点行”。

同学们学习有了进步，做了好事，养成了好习惯等等，都能拿到老师发的积点，送到“点点行”里储存；无论是要在学校广播台点播歌曲，还是想请老师课余时间和自己一起踢球，或者和伙伴一起在心愿农场里栽种植物，都可以拿这些积点来兑换。

四(1)班的××同学是个多动症患儿，自我控制能力弱，上课坐不住，注意力不集中。但是孩子在“点点行”活动中体现出力争上游的态势，主动克服缺点：课上保持安静，数学老师奖励了他；帮助同学修桌椅，班主任老师奖励了他；看到楼梯口一张废纸捡了起来，校长表扬了他。当集满5个点点币，他主动提出他的愿望：做一天的班级小当家。在心愿成真的那天，孩子很激动也很积极，他说之前从来没有想到自己可以当一次班级小干部，他要做好这一天的小干部。

“点点行”学生是主体。“点点行”全部岗位由学生负责，由学生社团的储蓄队员们运用学习的信息知识进行电脑核实、开放点币和心愿兑换登记。在“点点行”

的引导下，孩子们找回了文明，找到了自信，享受到了进步的喜悦，体验到了助人的幸福，为学校的德育课堂发展丰富了内涵。

信息化助力，学校把握住了变革的生长点。在学校与教师共同努力下，一批批信息素养显著提升的教师涌现，学生的学习风貌有了显著的提升。由校长领衔主持的《基于电子书包环境下的数字化学习方式变革实践研究》获闵行区第二十一届（2013—2015年度）教育科研成果一等奖；英语组的《电子书包常态应用环境下小学英语6E教学模式探索》，语文组的《基于问题解决的电子书包作文课课型研究》，数学组的《论电子书包在小学数学数字化教学中的模式建构》等，这些论文根据多年电子书包实践，结合学科特点，总结了新的教学模式，在全国期刊上发表；多位教师制作的微课在市、区级评比获奖，部分教师微课入选国家级资源库；在学生指导方面，部分教师也利用自己的特长和信息素养，有效指导学生参赛，为学生的特长发展、个性体验助一臂之力。学校先后被评为区数字化学习方式变革实验校、电子书包实验校、数字化特色学校，并被推荐为全国教育信息化试点校，连续三年被评为区域信息化建设先进示范单位等等。2017年，《依托数字校园建设，促进学生早期良好习惯养成的实践研究》获得基础教育上海市级教学成果一等奖。数字校园建设创新了学校的文化和课程建设，提升了学校整体教育教学质量。

如今的蔷薇小学，已经不再是过去那所传统的学校。它变成了一个充满活力和创新的地方，师生们在这里共同成长，共同追求着更美好的未来。

信息化助力，蔷薇花开始茁壮成长。

三、传统文化,传承创新

2017 年 6 月,一所大学又为蔷薇小学注入了新的能量,蔷薇小学变身为"上海中医药大学附属闵行蔷薇小学",一场关于中国传统文化和信息技术融合的探索之旅在蔷薇小学拉开了序幕。蔷薇小学的校园悄然变化着……

现在的蔷薇校园是怎么样的呢? 让我们跟着蔷薇娃一起去看一看吧!

我和我的数字校园:校园 AR 新玩法

"双减"背景下,学校立足"数字校园"建设,深化教育教学质量和服务水平,大力减轻孩子课业、作业负担,为孩子们创设更多元、更丰富的校园生活。看,蔷薇校园里开启了 AR 新玩法,校园生活真精彩……

大家好,我是上海中医药大学附属闵行蔷薇小学的小主播,今天我想和你分享不一样的校园,快快随我来吧!

AR 新空间,发现校园的奥秘

风光的花园里,玫瑰摇曳身姿;丰收的果园里,橘子压弯了树梢;缤纷的菜园里,芝麻开花节节高。在这里,植物们仿佛被施以魔法,跨越四季的界限。看,司农园里,从虚拟生长箱中可以看到植物从一粒种子到开花结果的全过程;神农园里,扫扫图片,珍贵中药材的 3D 影像清晰可见;百草园内,智能传感器带领着我们监测土壤、温度、湿度等等。科普知识以我们最喜欢的形式呈现,校园每一处都值得探究,欢迎你来和我一起探秘!

AR 新课本,理解变得更容易

我们有一套神奇的书,它能"动"起来,"活"起来,带给我无限的阅读乐趣,那就是老师们为我们编写的《微微本草》AR 读本。你看,用平板扫 一扫书本上的 AR

标识，就能看到生动形象立体的植物，了解更全面的知识。我也有一个好朋友——AR 智能学伴，它把语文课本上抽象的内容通过 AR 的形式鲜活地呈现给我们，这样的课本，你心动吗？

AR 新活动，我的学习我做主

因为有了这样的校园和课本，整个校园就是我们的课堂，我们可以利用自己的时间自主地学习。我最爱的活动是“我和小草做朋友”。在这个活动中，我拿着平板在校园中搜寻并拍摄自己的“植物朋友”，利用形色软件对校园里的植物进行识别，并自主完成校园植物调查报告。通过这个活动，我发现，原来在我们的上海也有这么丰富的、可爱的植物朋友们。

怎么样？我分享的校园 AR 新玩法很有趣吧？在未来，我期待更多信息技术能融入到我的校园生活，那该多么神奇、多么有趣。未来的校园，或许有智能人形机器人，老师上课时，他可以在教室里智能投影出立体的场景；有更先进的设备，它能知道我的身心状态，给我定制一份适合我的食物，推荐我喜欢的书……未来学校到底是什么样的，就让我们拭目以待吧！

我在蔷薇的春华秋实之“丫和芽”

清晨，小李同学破天荒地早早起床，不再像往常一样赖床不起。他的妈妈看到这一幕，有些惊讶地问：“小李，今天怎么这么早就起床了呀？”小李笑眯眯地回答：“妈妈，今天开始，我要早早去学校照顾我的小种子们。”

与此同时，小王同学也在家里忙碌着。平时吃饭总是慢吞吞的他，今天却迅速吃完早餐，催促着爸爸快点出门。小王的爸爸好奇地问：“小王，今天怎么了？吃饭这么快，还催着我早点出门。”小王兴奋地回答：“爸爸，我要早点去看看我的小种子们，看看它们有没有变化。”

原来，蔷薇小学一年级的孩子们正在开展“丫和芽”的亲子种植活动。每个孩子都有一个属于自己的种植箱，他们亲手在箱子里种下种子，然后每天观察、记录种子的生长情况，每个种植箱边上还贴着孩子们的成长小目标。孩子们的动手能力和观察能力在慢慢地发展，芽在生长，孩子们也在成长。

到了学校，小李和小王迫不及待地带着各自的家长来到种植基地——食之堂。里面已经摆满了种植箱，每个箱子里的种子都呈现出不同的生长状态。孩子们围着自己的种植箱，认真地观察记录。

小李指着自己的种植箱说："妈妈，你看，这是我种的豌豆苗，它们已经长出小叶子了。"

接下来，孩子们和家长一起给种子换水，忙得不亦乐乎。大家还互相交流着种植的经验和心得，气氛十分融洽。

几个月后，当孩子们亲手采摘下自己种植的芽菜时，他们的脸上都洋溢着自豪和喜悦的笑容。他们和家长一起将这些芽菜烹饪成美味的菜肴，享受着收获的喜悦。他们也和伙伴一起交流，分享自己成长的快乐。

我在蔷薇的春华秋实之"我和小草做朋友"

校园里，二年级的孩子们正兴高采烈地拿着平板电脑，在校园的各个角落拍摄。他们不是来玩游戏的，而是带着一个特别的任务——进行校园植物大调查。

孩子们分成几个小组，有的蹲在草地上，有的站在花坛边，寻找着不同的植物。他们打开植物识别软件，对着每一株小草拍照，软件迅速识别出植物的名称、特性和生长环境。

突然，一个孩子惊奇地喊道："快看，这树上怎么也有草？"大家围拢过去，发现那是一片附着在树干上的绿色植物。孩子们纷纷拿出平板拍照，软件很快给出答案：这是铁皮石斛。

孩子们好奇地观察着铁皮石斛。他们发现，铁皮石斛虽然生长在树上，但它的生命力却非常顽强，能够在各种环境中生存。这让孩子们不禁感叹，小草也有它的坚韧和顽强。

在活动中，孩子们不仅认识了校园里的各种植物，还感受到了小草们默默奉献、坚韧不拔的品质。孩子们纷纷与小草们合影留念，他们决定，要和这些小草一起成长，学习它们的精神，不断努力，成为更好的自己。

一年级的丫和芽，二年级和小草一起做朋友，三年级探寻我的花花世界，四年级寻找大树的秘密，五年级探究果实变形记，四季不停轮转，蔷薇的孩子们也在不断成长，享受着在蔷薇的春华秋实。

走进新时代，蔷薇小学在教育信息化发展的基础上将传统文化的传承和创新融入学校发展的内涵之中，致力于培养爱党爱国、文化自信、有责任讲道德、承传统创未来的新时代好少年。

进入新时代，蔷薇的办学规模不断扩大，影响逐渐增加，特色愈发显著，但蔷薇的初心不变，那就是持续为社会提供优质、均衡的教育资源。我们走进蔷薇，感受到的是包容与和谐的教育氛围，是每一位教师强烈的育人使命感和专业精神，以及每一位学生阳光般的笑容。

不同的学校所处的环境不同，学校变革没有固定模式。蔷薇小学的经验告诉我们，学校的发展离不开政府扶持，但立足学生发展，找到适合学校内涵建设的重点，敏锐地发觉和紧紧地抓住变革的关键点，是学校变革取得突破的不二法门，而这就是蔷薇花开的故事。

学校简介

上海中医药大学附属闵行蔷薇小学 1999 年建校，现有 2 个校区，蔷薇校区（春申路 1581 弄 5 号）与晶城校区（业祥路 158 号），占地共 41 亩。2007 年 1 月，经闵行区人民政府督导室全面评估，学校办学水平评定为A等一级。2014年7月，开办晶城校区，形成“一校两区”的办学格局。2017年6月，引进高校资源，学校更名为上海中医药大学附属闵行蔷薇小学，依托优质高校资源，融合传统文化与信息技术，进一步凸显学校办学特色。

学校连续多年获得闵行区绩效评估一、二等奖，先后获得中国少年儿童手拉手地球村优秀学校、上海市花园单位、上海市安全文明校园、上海市少先队雏鹰大队、上海市中小学日常行为规范示范校、上海市教育先锋号、上海市依法治校示范校、上海市儿童青少年近视防控示范校、上海市中小学（中等职业学校）心理健康教育示范校、闵行区文明单位、闵行区绿色学校、闵行区数字特色学校等荣誉称号，学校的教学成果分别于2014年、2018年、2022年三次获得上海市基础教育成果评选一等奖。学校开发的《微微本草》AR读本荣获2023年度全国优秀科普作品、2023年上海优秀科普图书；《微微本草之杏林寻宝》被评为2023年区传统文化优秀项目。

办学理念：易学（Easy Learning）、易教（Efficient Teaching）、易融（Effective Communicating）

办学目标：让每一个孩子在蔷薇“易”校园中健康、快乐、幸福地成长

育人目标：培养“心有志（志存高远） 学有方（好学上进） 行有格（遵守规范）”的蔷薇“三有”学子

校训：尚德 善思 励志

从"薄弱"到"优质",从"优质"向"卓越"

——新优质学校成长的关键故事

上海市虹口实验学校　杨蔚昀*

2021年11月,上海市虹口实验学校再一次成功通过"上海市新优质学校"的认证,并得到了与会专家高度赞扬。这个令人振奋的消息令全校师生激动万分,我们深深知道:这所在虹口区如航空母舰般体量巨大的学校,得到这样的肯定何其不易!到底是凭借何种力量,使我校在这十年来从薄弱走向优质,成为老百姓家门口的好学校的呢?让我们来回顾这十年间所经历的种种……

一、两校合并,挑战与机遇同在

2008年6月,虹口教育资源重新调整布局,原虹口初级中学和原运光学校合并,更名为上海市虹口实验学校。

---

* 杨蔚昀,虹口实验学校科研室主任,语文高级教师,上海市"空中课堂"授课教师。

这是两所相对薄弱学校的合并，“虹口实验”这个响亮的名字，不仅寄托了党和政府对新学校的信任与认可，更承载了对学校未来的期待与美好愿景。

然而，对学校管理层而言，两校合并的初期无疑是巨大的考验：如何使两所学校的师生尽快融为一体？如何给周围翘首以盼的家长们一个肯定的答复？如何使这样一所基础薄弱、体量巨大的九年一贯制学校走稳、走好，甚至走出品质、走出品牌？一系列的问题油然而生，急需解答。

在梳理了这林林总总的问题后，学校领导敏锐地意识到，这些问题其实都指向一个问题，即：我们办学理念是什么？这个问题关系到我们的办学宗旨、培养目标以及办学意义等多个方面，可以说是事关全局的根本性问题。解决这个问题的过程，其实就是我们战胜挑战，抓住机遇的关键。

带着这样的思考，校领导们走遍了学校的角角落落，落入眼帘的是一个个孩子们灵动的身影：他们或在操场上欢乐跃动，或在教室中热烈讨论，或在图书馆沉浸思考，或在音乐室引吭高歌……这生动的一幕幕令人动容，更令人深思：学校，是孩子们学习与成长的主要场所；办学，最终的落点正是每一个孩子。

我们学校的学生大多数来自于本地区普通百姓家庭，生源基础相对薄弱，可是每一个孩子依然承载着一个家庭的期许，他们的父母在将孩子送进我们的校门时，同样期待着孩子得到最好的培育。而作为承担政府教育责任的九年一贯制公办学校，没有理由也没可能去挑选生源，学校的使命就是用心对待每一个普通的孩子，使他们得到最好的教育，这是教育工作的崇高使命和责任。至此，一句简洁而生动的话浮现在学校掌门人胡培华校长的脑海中：“把百姓的孩子高高举起”，这句话，成为我们的办学理念，更是我们的办学信念。

对于这句话的诠释，还有一个有趣的小插曲：当时正好有一个国外学校来我校交流，急需将学校的基本情况翻译成英语，于是所有的英语老师都主动参与翻译工作，可是，在翻译到这句办学理念时，大家傻了眼：“高高举起”，如果直译成英语，不但不能充分体现其中的深意，反而还可能引起国外友人的困惑。到底如何理解“把百姓的孩子高高举起”这句话的深意呢？借此机会，老师们也展开了热烈的交流，有人认为这是指对孩子的高度重视，有人觉得这是指调动最好的教育资源，在大家的积极讨论中，终于逐渐达成一致：此处的“高高举起”指的是给予每一个百姓的孩子最好的学校教育，什么是最好的学校教育呢？应该是指公平的、均衡的、全面的、更是用心的教育。在群策群力翻译这句话的过程中，我们也对这句办学理念有了更深入的理解。

二、找准切口，教育与教学同步

这个办学理念如何落到实处呢？孩子们或动或静的身影再次浮现在校领导的脑海中，这些身影给了校领导极大的触动，更带来深刻思考：其实，校园中学生的常态无非“动”“静”两种，但是，不少学生的“动”与“静”往往无法呈现最佳状态，比如，课上他们无法真正静下心来，课下又常常无法彻底投入活动。如果能通过教育教学的改善，使学生们的“动”与“静”都达到最佳状态，收获最多意义，不正是我们能够给予学生的最好教育吗？

为了切实改善学生的“动”与“静”，真正丰富学生的成长经历，提升成长质量，我们一次次地捕捉教育契机：

首先，学校抓住了“课程”这一重点。这是因为，课程是学校一切教育教学活动的总和，学校办学品质的提升，关键在课程。只有着眼于课程领域的改革，才能突破基础教育内涵发展的“瓶颈”。

我们认为：一个学生走进校园遇到的每一件事，看到的每个场景，都是课程资源。只有通过课程的浸润，才能促进其健康快乐成长。因此，我们将转型的第一步确定为“优化课程设计”，并在一系列的思考、研究与尝试后，构建了一套符合我们学校办学理念和特定校情的课程体系,我们称它为“彩虹课程”。这套课程可以分为三类:作为探究型课程的“明理课程”、作为基础型课程的“明志课程”和作为拓展型课程的“明事课程”,课程覆盖了德、智、体、美、劳等学校教育的方方面面。

(一)“动”中有序

在这些丰富的课程中,德育课程是学生学校生活的基础,而这些课程的落实,有赖于对每个班级而言最重要的一个角色:班主任。在我们这支班主任骨干队伍中,有太多感人的故事。

故事一:临危受命的德育先锋

2013 年八月末,刚因身体与年龄关系离开班主任岗位的关老师突然接到校长的电话,电话的来意是邀请她再次担任班主任工作。这个电话打破了关老师平静的心,望着年事已高身体日渐衰落的父母,望着即将远赴美国留学的女儿,望着整天忙于工作无暇顾家的丈夫,她犹豫了。然而,夜深人静之时,她的心里不时迸出这样的声音:学生需要班主任,需要陪伴他们成长的“良师益友”。终于,她拿定了主意……

当她走进教室看到一张张充满阳光稚嫩的脸庞,一双双饱含期待的眼神,她更坚定了陪伴孩子们一起成长的信念。然而,她的信心很快在一个调皮的孩子身上受挫:这是个经常顶嘴,令各科老师都头疼不已又无计可施的孩子。关老师将他请入办公室,耐心地询问他课堂上发生的一切,他却大声嚷道:“我不就是控制不住自己吗?”其他老师都皱了眉头,可关老师却从这看似桀骜的语言中,寻到了端倪:这个孩子,原来也知道自己的不足呢。于是,她不动声色地反问:“是呀,为什么你会控制不住自己呢?是不是能尝试一些办法呀?你那么聪明,一定能想出好主意的!”孩子不可置信地看着关老师,眼里的不逊慢慢消失。后一节课,关老师佯装不经意地走过教室,孩子转头看到了她,她从那调皮的举动中看到了一些不同。下课后，她故意问他："刚刚又忍不住了?"孩子急忙委屈地大喊："哪有！一节课我都在听课，不信你问上课的徐老师!"望着孩子认真的样子，关老师忍不住笑了："你看，你不是能做到吗？我就说你一定有办法!"孩子也笑了……

就这样，关老师陪伴了这个班级两年多，其间有欢笑、有泪水、有困惑，更多的是收获。当有学生对她大声说出"老师，我想叫你妈妈"时；当有学生在随笔中写道"每当看到关老师离开教室的身影，我就感到心酸"时；当有学生向她倾吐内心的苦闷与焦虑时，她的内心被感动、自豪与幸福充盈，她庆幸自己在那个晚上，做了正确的决定。

故事二：充满智慧的知心姐姐

六(5)班的教室里正如火如荼地进行着一场辩论会，孩子们围绕辩题，唇枪舌剑，侃侃而谈。其实，这并不是一节语文课，而是年轻的班主任吴老师为班级量身定制的一节班会课。

事情的起因是班里的宣宣在和同学玩耍时被母亲看到，母亲一口断言儿子受到了欺负，并不断灌输给孩子"因为你太善良，所以才受欺负"的观点，久而久之，懵懂的孩子受到了影响，他对着班主任吴老师认真说道："老师，从今天起我要摘掉善良的帽子，善良就是傻。"这句话，深深地震撼了年轻的班主任，她知道，光讲道理已无济于事，唯有真正触动孩子的内心，才能改变这样的认知。作为班中孩子的知心姐姐，她深知孩子们喜爱表达的特点，于是，她灵机一动，别出心裁地安排了一场以"看到有人在马路上摔倒要不要扶?"为辩题的辩论赛，并将宣宣安排在了裁判员的位置，想看看他站在一个公正的角度怎么看待这个问题，再进一步反思自己的想法。辩论之后，吴老师和宣宣聊起这个话题，他终于认识到：我们应该考虑怎样帮助别人，而不是要不要帮助别人。可见，孩子的内心还是以善良作为底色的，于是，吴老师顺势和他分析了妈妈的话，他逐渐理解了妈妈的话是出于对他的关爱，但是他自己应该有自己的人生坚持。于是，宣宣脸上的灿烂又回来了，他和其他孩子又能一起无拘无束地玩耍了。在妈妈劝告他时，他也能勇敢表达自己的坚持与想法了。

(二) “动”中有悟

除了基础型课程，学校还利用社会资源，请非遗课程进校园，既让学生在活动中真正动起来，又引导他们在活动中对中国文化增加体悟。于是，故事又在上演。

故事一：操场上的龙腾

每周三下午，操场上总是舞动着两条金龙，它们威风凛凛，灵动无比，跟着绣球做着各种动作，引来一片惊叹。等到舞动结束，舞龙者露出真面目，大家才发现那只是一群初中生，他们投入的表情与娴熟的动作，不免令人刮目相看。

原来，这是学校的龙腾虹韵舞龙社团的活动，这个社团的成立就得益于丰富的课程建设。为了增强孩子们的体艺技能，让孩子们能在课余真正动起来，校领导们在斟酌良久后选择了舞龙这个项目，除了让孩子们学到体艺技能外，更重要的是，“龙”是中华民族的象征，舞龙这项活动是非物质文化遗产，在舞动中体会民族精神，不正是最好的教育吗？

确定了项目，还要找到合适的授课教师，在多方了解后，学校决定聘请国家级非物质文化遗产项目“龙舞”的第三代传承人陆大杰教练亲自授课。在陆教练一丝不苟的指导下，我们的舞龙社开始了活动。

然而，一些孩子在经历了最初的新鲜感后，对每周定期的训练有了抵触，他们不明白为什么有些动作要重复多次，不知道互相之间如何配合，更不理解这门课程开设的意义，队伍里有了抱怨声，舞动的龙仿佛失去了精气神，总是无精打采。

见此情景，陆教授请孩子们暂停了训练，他给孩子们观看舞龙表演的视频，为孩子们讲述舞龙对于传承民族文化与民族精神的意义，在他激情澎湃的讲述中，孩子们的眼睛渐渐亮了，他们被陆教练对舞龙这门体艺的热爱所感染，更被舞龙对于中华民族的意义所感动，不知不觉中，他们又一起举起了那两条金灿灿的龙……

操场上，金龙腾飞，意气扬扬，舞动的是孩子们的热情，更是饱满的民族自豪感。这支稚嫩而投入的舞龙队，在2021年6月荣获“第八届上海市龙文化全能赛”二等奖。

故事二：沪语中的传承

“笃笃笃，卖糖粥，三斤胡桃四斤壳，吃子侬格肉，还子侬格壳，张家老伯伯，明朝还来哦”，清脆的声音在教室中回响，一位慈祥的老者为孩子们打着节拍，并不时弯下身来低声指导。

这是学校的上海说唱社团活动，这位老者不是别人，正是沪上知名表演艺术家龚伯康先生，在决定开设这门上海说唱社团课后，龚先生就是我们这门课程授课教师的不二人选。他经验丰富，热爱沪语，在和孩子们交流时，充满爱心与智慧。他不但一字一句教授孩子们沪语童谣，更语重心长地告诉孩子们语言就是记忆，沪语是上海发展的记忆，因此，沪语的学习与传承是意义重大的。带着这样的认知，孩子们的表演既有童趣又有激情，极富感染力。在龚伯康先生的带领下，学校的上海说唱社团于2016年荣获虹口区第五届沪语童谣大赛特等奖，我们学校于2017年荣获上海普教系统“美丽中国梦，校园民族风”一校一品项目学校。

当你询问孩子们：为什么学习沪语？他们会仰起天真的脸庞，告诉你：“沪语很好听，我希望更多人来说沪语。”懵懂孩童，其实已然懂得传承的意义。

正是因为教师们深重的责任感，以及学校多彩丰富的课程设计，我校的孩子们才能在学校找到“家”的感觉，愉快且有收获地度过在学校的每个时刻。

学校寻找到的第二个切入点，是课堂。我们认为：课堂不是教师行为模式化执行的处所，而是师生智慧与才能展示的场所，更是师生合作，共同演绎生命经历的重要场所。因此,我们确定的第二个转型关键点是"教师行为改善"。我们以课堂为抓手,鼓励教师研究学生,研究课堂,通过一系列的措施与策略,提升课堂教学品质,使学生在课上能真正"静下心来",专注投入,进而积极思考,呈现"静心"状态下的"动脑"。

然而,如何在教师不变,生源不变的情况下,提升教学效率,改变教学现状?这个关键问题的解决有赖于校领导的智慧,更有赖于教师们的信念感。为此,我们首先将我们的办学理念进行了更细致的设计,进一步明确我们的办学宗旨是"把百姓的孩子高高举起——让每一个孩子更优秀",这里的"优秀",指的并不仅仅是学习成绩,而是每一天比前一天进步一点,更有收获一点。接着,在进行了多次调查研讨后,我们独创了"835 课堂教学模式",致力于探寻一条新的变革路径。学校以市级课题《教师个体知识传递过程中教学行为改善的实践研究》为抓手,改善教师的教学行为,努力打造"温馨、情趣、有效 835 课堂教学模式",增强学生的成就感和幸福感。在实践这种课堂模式的过程中,又有故事不断上演。

(三)"静"中有趣

故事:从"听不懂"到"太爱上"

邬老师是上海市英语教学能手,在英语学科教学方面经验丰富,可是,在课堂转型初期,她也遇到了困惑:第一节课上,当她满怀热情地做了自我介绍后,底下的学生却一脸茫然。在邬老师的询问下,他们才不好意思地表示听不懂这样大段的英语。"难道你们之前的英语课都是用中文上的吗?"邬老师追问他们,在得到肯定的回答后,邬老师陷入了沉思:显然,这是必须接纳的学生现状,要一蹴而就地改变孩子们的思维习惯,提升语言能力是不可能的。可是,提升他们的学习兴趣,化被动为主动,也许正是新的课堂模式所倡导的教学理念。

想到这里,极富课堂智慧的邬老师故意告诉孩子们:"其实外国人讲话,并不是每个字都听得清的，关键是要有猜的能力，连猜带蒙，你绝对行。”孩子们立刻兴奋起来：“哈哈，原来可以用猜的！”看到他们有了兴趣，邬老师继续告诉他们上课的要求，依然用的是英语，不过这次辅以各种肢体语言和手边的“道具”，过程中，孩子们依然静静地听着，但是，这次眼里多了一份灵动。邬老师依然请刚刚的同学发言，这次，他连蒙带猜说对了一半，得到了同学的掌声，邬老师趁机说道：“他能把那么难的英语翻译对了，说明他身上具备学习英语的潜质，其实，这样的潜质你们也有，老师希望，以后你们都能当上合格的翻译。”这话，让发言的同学乐开了花，也让全班同学跃跃欲试，

这天，听到孩子们议论最多的就是：“老师说的英语，我居然也能听懂。”并且从此以后，这个班的孩子在英语课时特别积极，兴趣盎然。

然而对于邬老师而言，激趣，只是第一步，让孩子们在兴趣中真正学有所得才是她思考的重点。为此，她做了多种尝试：比如，以学习英语歌曲、使用英语小游戏、使用情景问答小测试等来丰富教学形式；又比如，以讲述故事、化繁为简等策略来巧妙组合教学内容，适当降低教学难度；又如，创设英语运用的情境、引导学生运用不同语句来进行描述等，巧妙贴合生活实际，提升学生的实践应用能力。在这些有趣有效的学习活动中，学生总是全情投入，每到英语课就舍不得下课，与此同时，他们的英语成绩和英语能力也在不知不觉中提升。

可见，通过教学行为的改善，令学生从“听不懂”到“太爱上”，真正静下心来投入课堂，真正体会到学科的乐趣与价值，正是我们这次课堂模式转变带来的新气象。

（四）“静”中有思

故事：从“被动做题”到“主动出题”

“唉，又没考好！”“数学好难啊！”“题目怎么那么难啊！”……

还没走进教室，数学陈老师耳边就充满了孩子们的抱怨和叹息，这也难怪，开学至今考了几次数学，孩子们的成绩都不尽人意，别说孩子们的信心开始动摇，陈老师自己也不免有些困惑和焦虑：教授新课的时候，课堂反应好像还可以，怎么一到测验考试就马失前蹄呢？

经过和同学们的深入交谈，陈老师发现大家对考前复习课的重视程度非常欠缺，这就导致了复习课的效率大大降低。如何通过改变教学行为，提升考前复习课的效果呢？陈老师在苦思冥想后，做了这样的探索：

首先，引导学生自主整理表格式的章节复习。比如，在教授“四边形”这一教学重难点时，引导学生将相关知识整理在一张大的表格中，从平行四边形到特殊的平行四边形再到梯形，从性质到判定，利用边、角、对角线的不同分类，帮学生理顺知识，建立系统的、条理化的知识框架结构。学生们在整理过程中，先以个体学习形式，再以合作学习方式，讨论交流，共同整理，得到系统化的表格，最后在班级中共享。这种以学生为主的学习方式，让学生们充分开动脑筋，在头脑风暴中积极尝试。

其次，陈老师引导学生共同绘制章节复习的思维导图，结合课本上的框架结构图，让学生对于思维导图先有一个感性的认识，然后以此为基础进一步扩展和充实。老师指导学生自己制作思维导图，将一个章节的相关知识点都在思维导图里体现出来，而学生在自己制作思维导图的过程中，能够看出学生对于知识的理解程度和掌握程度，也能让学生厘清知识点之间的内在联系。最重要的是，这促使学生在学习新授知识后，再度进行深入反思，对知识形成巩固。

最后，陈老师放出“大招”——让学生们自己出试卷，这可以说是“一石激起千层浪”，学生们都跃跃欲试，陈老师趁机明确要求：一是请大家按照正规考试的题型和题量命题；二是根据自己的做题经验选择常见和易错的内容；三是难度不宜太高。三个要求刚说完，学生就忍不住投入了思考与命题，个个想要大显身手，学习的兴趣与潜力得到了大大的激发，大家聚精会神，热烈讨论，表现出来的积极性令陈老师刮目相看。

经过大家的群策群力，同学们以小组为单位，交流各自的劳动成果，热情空前高涨，原本枯燥的复习课顿时充满了趣味，在交换试卷做题的过程中，每个人都苦思冥想，不愿落后。在这浓厚的学习氛围下，班级的数学成绩有了显著的提高，更为可喜的是，学生们也养成了良好的思维习惯。从“被动做题”到“主动出题”，这其中体现的，正是在835课堂模式引领下教师智慧与教学行为的改善。

“温馨、情趣、有效835课堂教学模式”给学校营造了积极的氛围：教育科研引领的氛围、优秀人才成长的氛围、学生自主学习的氛围；实现了三个转变：转变了教育观念，转变了教学行为，转变了教学模式，开创了课堂内涵发展的道路。

在学校各个方面的探索与努力下，我们的教育教学都呈现了焕然一新的景象，老师们教有所乐，教有所获，相应的，学生们学有所得。我们根据这些可贵经验完成的课题专著《探索新优质学校的变革路径》由同济大学出版社出版，并荣获第三届长三角教育科研优秀论文一等奖。

三、多管齐下，学生与教师同心

在师生的共同努力下，校园内处处呈现焕然一新的面貌，无论是学生的“动”还是“静”，都有了不一样的气象，放眼望去，是无数生动的镜头：

看，那专注于资料查阅和记录，并在热烈讨论后奋笔疾书的，是学校数模探究型学科小组，在建组后的短短一年间，这几支队伍就参与了国际数学建模挑战赛（IMMC）中华区比赛。两支团队荣获第七届国际数学建模挑战赛（IMMC2021）中华区二等奖。团队成果《基于TF-IWF算法的网页标记问题研究》在来自全国11个省市（特别行政区）的228支队伍中经历初高中同台竞技的答辩决赛，荣获初中组唯一的“特等奖”。

看，舞台上那一只只舞动的海鸥，是我们“青年剧团”的六年级学生，这个剧团将《海鸥乔纳森》改编为剧本，历经三周的排练，如期亮相上海话剧艺术中心。同学们在来自长三角地区 58 所学校和机构中脱颖而出，荣获初中组团队三等奖的佳绩，并荣获“最佳改编剧本奖”和“优秀个人表演奖”。

看，学生们正围着那座结构足够简单、跨度近 1 400 厘米、自重足够轻的单孔桥兴奋不已。这是学校通过引入、推进创客教育，基于“创意无限”理念，参与的“国家指南针计划专项青少年基地建设研究和示范项目”，这个项目提出“给学生一块木板，学生将还我们一个世界”课程目标，学生们在课上创意迭出，令人惊喜连连。高云峰教授满意地称赞学生们为“小创客”。

看，无论是教室、操场、舞蹈房、音乐室、美术教室，还是图书馆、小花园，校园的各个角落里都充满了学生忙碌充实的身影，他们或阅读、或舞动，无论是他们的静姿还是动态，都专注投入，充满趣味更充满思考。

2014 年特级教师于漪老师来校观摩学校课程后由衷赞扬道：“这就是学校”。

四、形成品牌，同行与社区同赞

在师生共同努力下，学校呈现一派欣欣向荣的景象，取得丰富成绩，如：上海市文明单位、上海市安全文明校园、上海市新优质学校、上海市教师专业发展学校、上海市中小学行为规范示范校、上海市心理健康教育示范校、全国规范汉字书写特色学校、上海市体育传统项目学校、上海市语言文字规范化示范校、全国中小学图书馆先进集体等。

在形成独特品牌的同时，学校也积极承担社会职责，尤其关心我国中西部地区的教育发展，分别与云南省富宁县新华镇中心学校、思源实验学校、格当小学、四川都江堰虹口小学、江西宜春温汤镇中学、温汤小学、宜春实验中学结成姊妹学校，与山东商河弘德中学、商河文昌实验学校、江苏大丰第二中学结为友好学校。先后接待了来自江苏、浙江等20多个省的教育代表团；还与来自美国、加拿大、澳大利亚等国外同行开展交流互动。

并且，我们学校还受上海市教委委托，承担上海市第四轮、第五轮、第六轮委托管理工作，委托管理崇明区三星中学。2017年至2020年承担上海市城乡学校共进计划，精准委托管理崇明区新海学校。2021年精准委托崇明区大公中学。学校以管理互商、师资互赢、课程互享、学生互动、教学互研、文化互融六大互动为载体，探索提升农村学校内涵发展新目标、新思路、新路径，使委托托管工作更加精准、扎实、有效，并不断完善"造血机制"。

除此之外，我们学校还与上海市第五十二中学、上海市北虹初级中学、培华学校成立虹口实验教育联盟，启动教师队伍建设共享机制，即跨校教研机制、培训共享机制和特色课程共享机制，优势互补，协同发展，在联盟校工作中不断发挥独特的作用，为区域教育教学的高质量发展做出贡献。

在这风雨兼程的十多年里，学校遇到过各种挑战、考验、坎坷，但正是由于学校秉持着办学的初心，老师们满怀着从教的梦想，大家坚守着"把百姓的孩子高高举起——让每一个孩子更优秀"的办学宗旨，一步一个脚印，筚路蓝缕，砥砺前行，终于使学校在发展成虹口区体量最大的公办学校的同时，创造了优质的口碑与品牌。下一个十年，我们会再接再厉，争取将"优质"续写成"卓越"。

学校简介

上海市虹口实验学校成立于2008年9月，是一所九年一贯制公办学校。学校坐落于复旦大学和同济大学交界处，分为邯郸路校区和辉河路校区。

学校荣获上海市文明校园、上海市安全文明校园、上海市新优质学校、上海市依法治校示范校、上海市中小学行为规范示范校等多项荣誉。并承担上海市教委义务教育"城乡携手共进项目",先后委托管理崇明区三星中学、崇明区新海学校、崇明区大公中学,以管理互商、师资互赢、课程互享、学生互动、教学互研、文化互融六大互动为载体,共同推进义务教育优质均衡发展。

先进的办学理念"把百姓的孩子高高举起——让每一个孩子更优秀",引领着学校在上海市新优质学校的征程上不断迈进。学校在国家新课程框架和新课程标准指导下,有效落实"双减"政策和五项管理,并在此基础上不断研究提升教育教学效益的有效策略。学校的市级课题《教师个体知识传递过程中教学行为改善的实践研究》、市级项目《以校为本的教育质量综合分析和保障系统建设》取得良好成绩,市级课题《基于学生成长的学业质量评价系统的开发与应用研究》顺利结题,市级课题《"双减"背景下九年一贯制学校艺术教育路径建构的实践研究》成功立项。优质的办学实践得到了社会的认可、家长的满意和学生的喜爱。

用艺术滋养每一个生命

上海市晋元高级中学附属学校　柏琳*

“柏琳，我们把不可能做到的事情做成了！”

骆奇校长双手接过沉甸甸的“上海市学生民乐联盟”铜牌，仔细地翻看着，略带哽咽地说。

瞬间，我热泪盈眶，为了这一刻，我们努力了12年。

2022年1月20日，对于晋元附校而言，是个具有里程碑意义的日子。随着学校成功加盟学生民乐联盟，晋元附校成为了上海市第一家集学生舞蹈、合唱、交响乐、戏剧、民乐联盟大满贯单位。

一粒种子，怀携着美丽的梦想，轻轻落在这片土地上……

* 柏琳，上海市晋元高级中学附属学校艺术总辅导员、校华童艺术团团长，全国优秀教育园丁、全国“十二五”美育科研先进个人，获上海市五一劳动奖章、青年五四奖章、园丁奖、巾帼文明岗。

2009年9月,那是我刚加盟晋元附校不久后骆校长和我的第一次对话:

“柏琳,你想怎么干?”

“我的专业是舞蹈,所以我想带一支舞蹈队。”

“好!你放心大胆地干,有什么需要学校支持的尽管说!”

说实话,一开始我并没有把那次对话放在心上,但让我万万没想到的是,这句话,一说就是12年。不管订制服装、购买乐器、聘请专家,还是租借上海音乐厅、上海东方艺术中心等专业场馆,只要是为了学校艺术工作发展需要,即便每年投入超100万,他也从未显露过一丝犹豫,永远是那句“有什么需要学校支持的尽管说”。

就这样,学校艺术工作在领导的高度重视下,从一支零基础20人的舞蹈队开始,历时4年,从区一等奖跳到市一等奖,从上海跳到了北京。2013年7月,这20位学生走进清华大学,登上了首届“荷花·少年”全国(中学)校园舞蹈展演的舞台,一举拿下了阳光少年、优秀编导、优秀指导教师、优秀组织四项大奖。同时,我校成为中国舞蹈家协会颁发的首批全国中小学舞蹈教育传统校,成功加入上海市学生舞蹈联盟,这也标志着我校艺术教育正式跃上了市级平台。

当我拿着“荷花”奖牌走进校长办公室时,骆校长接过奖牌,仔细地端详着,“太好了!柏琳,这些年不容易啊!”

“谢谢骆校长这么些年对我的鼓励和支持!”

“接下来有什么计划?”我愣了一下,心想:“这都已经站到国家最高舞台了,还计划什么?”

“想不想大刀阔斧地干一场?”

“怎么干啊?”

“你有没有想过,既然舞蹈这个项目我们能做成,那合唱、管乐和其他项目呢?要么不做,要做就做成上海市一流!”

“五大联盟？不可能！一所学校能拿下一个联盟已经很好了，两个的也很少，更不要说五大联盟，我想都不敢想。”

“柏琳，人的一生其实很短暂的，但不同的人可以创造出不同的人生价值。四年前，我相信你也没想到可以站上全国最高舞台，所以，越是难做的事情把它做成，就更有意义！”

“其他几个项目都不是我的专长，再说，音乐老师就这么几个人，太难了！”

“我们可以招人呀，也可以聘请最好的专家，你放心，不要有顾虑，大胆地干！”

从校长室出来，夜幕降临，我整个人也是懵的。这时，恰巧路过初三教室，看到化学老师许洁正在耐心地给一名后进生讲解习题，放眼望去，校园里灯火通明。回家路上，一边开车我一边想着骆校长刚才说的话。是呀，人生充满了不确定，做了未必成功，但不做，一定不会成功。三十多岁不正是拼的年纪吗？能遇到这么好的校长和平台，我没有理由不拼一把。回到家后，我给骆校长发了一条短信：“骆校，我想好了，我们干！”

只要一踏进校门，心情便舒展开来：读书、运动、歌唱、演奏、舞蹈、绘画、编程、创作……我的梦想、你的梦想、每一个人的梦想都会在晋元附校生根发芽。

等到雨水降落时，土地努力地汲取着、储存着，为大树提供更多营养……那棵树在土地中挺拔着，在雨露中舒展着……

2021年，恰逢中国共产党成立100周年，学校策划拍一部微电影向建党百年献礼。根据日程安排，5月10日当天，拍摄团队要赴外滩、龙华烈士陵园、中共一大会址三个外景地进行拍摄。虽然前一天晚上排练到8点才到家，但为了第二天一早能拍摄到日出的镜头，凌晨3点多，我就出门了。夜黑心急，下楼梯时，不小心一脚踩空，直接从台阶上摔了下来，右眼角“砰”的一声磕到楼梯扶手上，顿时感到钻心地疼。愣了十几秒钟后，顾不上这么多，捡起散落了一地的文件夹，拉着楼梯扶手慢慢爬起来，踉踉跄跄地上了车，驾车直奔学校。刚开出小区，突然感觉眼睛周围有一滴滴的“水”滴了下来，还以为是刚刚摔跤惊出的汗，可用手一摸，全是血！赶紧靠边停车，凑到后视镜前一看，这才发现右眼角裂了个好大的口子，血不停地往外流，连按带擦，用了大半包餐巾纸也不见血止住。怎么办？是回家？还是去医院？想到和摄制组约好了4点在校门口碰头，一大伙人正等着；三个外景地也是提前好几个月才约到的，如果临时改变计划，一定会影响拍摄。一咬牙，还是决定继续往前开。凌晨的高架空无一人，虽然刚刚摔了一跤，但一路通畅的路况还是让我感到一丝慰藉。就这样，我右手按住伤口，左手单手驾驶，小心翼翼地终于把车开到了学校。刚一下车，杨乐老师看到我领口和胸前都是血，便急忙问：“柏老师，您这是怎么了？”

“没事，出门不小心磕了一下。”

“都是血，您的眼睛也肿了！要不要紧啊？您还是赶紧去医院吧，今天我带学生去！”

“没事的，别担心。今天事情太多，你一个人忙不过来的，我先去厕所擦洗一下，你带学生先上车。”

就这样，我去厕所简单清洗了一下衣服上的血迹，贴上了门卫师傅送来的“暖心牌”创可贴，便和大家一起乘上了前往外滩的巴士……晨曦徐徐拉开帷幕，一轮红日喷薄而出，当伴着日出霞光，身着红色长裙的孔维雅同学翩翩起舞时，我却因为右眼肿胀，只能用左眼欣赏这唯美的画面了。接近十点，圆满完成外滩景点的拍摄任务后，我们已大汗淋漓。为了不让汗水碰到伤口引发感染，我在路边的药房买了一罐酒精棉球和一包创可贴，便又继续和大家一起奔赴龙华烈士陵园。当三个外景地的拍摄任务全部结束，回到学校已经接近下午3点了，拖着疲惫的脚步，我想回办公室喝了口水，稍微歇一会，因为4点还有200位学生在操场上进行木兰扇表演的拍摄任务。刚一坐下，杨乐老师便已叫上医务室的王敏老师赶了过来。王老师轻轻撕开创可贴，看了看伤口，关切地说："柏老师，这伤口要到医院缝针哦，否则要留疤的。我帮您先消消毒，您赶紧去趟医院吧。"

"没事，只要不感染就行，就当脸上又长了一道鱼尾纹吧！"我笑着说。

王老师无奈地看了看我，忙又叮嘱道："那这两天千万别碰水，多消消毒，少吃酱油哦……"

现在，每当我照镜子看到那道疤时，不禁会欣慰地笑笑，这也算是为庆祝建党百年，我给自己留下的一个纪念吧。

一路走来，她从那个单纯柔弱的小姑娘，成长为晋元附校华童艺术团的总辅导。在12年的工作锤炼中，她最大的幸福就是见证学生的成长——感谢他们让自己的付出有意义，也坚定了她走向下一个12年的信念。

一天，大树身下的土地中探出一株幼苗，瘦瘦的，小小的。之后的烈日风雨中，土地会为他张开怀抱，大树会为他伸展臂膀……

"柏老师，您今天什么时候方便？我想和您聊一聊。""好呀，你中午来我办公室吧。"孙亦诚老师是音乐教研组唯一的一名男教师，毕业于上海师范大学天华学院音乐教育专业，1998年出生的小伙子，长得眉清目秀，待人也彬彬有礼，因为年纪最轻，我们私下都喜欢叫他"弟弟"。

2019年10月8日，国庆假期后上班的第一天，中午刚吃完午饭，他便小心翼翼地推开了我办公室的门，"柏老师，我可以进来吗？"

"来，小孙，快进来坐，我们聊聊。"

沉默了片刻，他低着头轻声说："柏老师，我感觉真的当了老师后，和我之前想的不太一样。虽然，我总想把事情做好，但好像没什么效果。"

从他的语气和神态中，我感受到了他的失落和迷茫。说实话，每周18节课音乐课，还要参与管乐团3个梯队近180人的日常管理，工作量可想而知，更何况他还是个职初教师。“都遇到哪些难题了呢？”

“我很想把音乐课上好，也经常去听其他老师的课，但好像教学效果并不理想；我教的四年级几个班还好，一年级有个别学生上课总是调皮捣蛋，我批评了之后，还是老样子。”

“那你觉得其他几位老师的课哪里上得比你好呢？”

“感觉她们的教学都很有自己的特色，学生也很配合。”

“你是不是模仿她们了，但没有效果？”

“是的！”

“小孙，总想着模仿他人，你就忽略了自身的优势。音乐老师都各有所长，你的特长是打击乐，我给你个建议，你可以在把握教材的基础上，以你的专长为突破点，从这个角度去思考如何进行教学设计。对于个别调皮捣蛋的孩子，你要仔细观察，不能一味地批评，要善于抓住他们身上点滴的闪光点，多表扬、多鼓励，因为每一个孩子都希望被关注、被肯定。低年级的学生往往是从喜欢这位老师开始，才慢慢喜欢这门课的。你可以想想，怎么让学生喜欢上你？”

听着我说的话，他慢慢抬起了头，紧皱的眉头开始舒展，眼睛里也有了光，“柏老师，我明白了，我回去会好好想想的。谢谢柏老师！”

之后的几周，我渐渐看到了他身上的一些变化：去班级上课时，他常常拎一个袋子，里面装满了各种小乐器；课间，走廊上、办公室里经常会看到他和学生聊天的身影；他所教的班级，音乐课一结束，总能看到学生额头上贴满了各种小贴纸……

2019年11月，全国信息化教学应用成果评选活动正式拉开帷幕，经过组内讨论，决定推选孙亦诚老师的《唱京戏》一课参加这次评选。接到任务后，他再一次推开了我办公室的门，“柏老师，这次的比赛是国家级的，我觉得我不行，还是把机会让给别的老师吧。”

“你怎么知道你不行，还没做就说自己不行?”

“我怕万一输了，会给教研组丢脸，也白白浪费了一个名额。”

“推选你，是经过组内讨论一致通过的，你要有信心，有任何困难我们大家都会帮你的。”

“那……好吧，我试试吧!”

虽然，他勉强答应了，但话语间我还是听出了他的担忧。

在之后的几天里，原本健谈的他开始变得不怎么爱说话了，偶尔会对着整桌的教辅资料发愣，时不时地唉声叹气，他的不安和焦虑也被组内其他老师看在眼里，于是大家纷纷主动帮他出谋划策：朱玫婷老师组织备课组帮他集体备课，江究儿老师辅导他戏曲身韵，杨乐老师帮他美化课件，我多次在外出开会后再赶回学校帮他修改教案……终于，在经历了六次试教、五版课件修改和二十次的对镜试讲后，孙老师的实录课《唱京戏》在全国教育信息技术研究“十三五”重点课题《基于互动反馈信息和微课的精准教学研究》的应用成果评选活动中获得了一等奖，并应邀前往深圳进行现场交流展示。

2020 年 12 月，在普陀区青年教师师德演讲比赛中，孙老师将这段经历写进了演讲稿：“今年是我加盟晋元附校的第二年，一年中，有努力获得成果的喜悦，有束手无策的无奈，有停滞不前的彷徨，也有过试图放弃的逃避……但幸运的是，在我的身后总有一种力量在支撑着我——那就是有着超强战斗力和凝聚力的‘音乐家’团队，在这个集体中，我对‘家’有了更深的感受。也正是这些正能量在无形中，潜移默化地改变我的生命轨迹。”

2020 年 11 月，孙亦诚执教的一年级《我们爱国旗》一课在区级层面公开展示；2011 年 9 月，他成功申报普陀区第六轮教师专业发展团队娄思蓓小学音乐学科带头人工作室，成为了一名区骨干教师；2022 年 5 月疫情期间，他执教的二年级《布依娃娃爱唱歌》线上直播课又一次在区级层面公开展示；同年7月，他撰写的论文《教育数字化转型背景下的在线小学音乐课堂》荣获“中国梦·全国优秀教育教学论文评选大赛”一等奖，并在国家级期刊《学校教育研究》上发表。不仅如此，三年来，他坚持每周六带团训练。2020年12月，我校华童管乐团荣获上海市优秀管乐团队展演比赛金奖、管乐发展贡献奖，并多次参与上海教育电视台绿叶春晚、绿叶六一的演出，他个人也多次荣获“优秀指导教师”荣誉称号，指导近30位学生荣获上海市、普陀区学生艺术单项比赛一二等奖。正如孙老师所说：“原来选择晋元附校，只是想离家近点，现在想想，真的是太明智了，在这片沃土上，我一次次突破自己，超越自己……”

二十度春秋匠心育人，十二载风雨青蓝同辉。“化作春泥更护花”是柏老师的担当，“不待扬鞭自奋蹄”是孙老师的进取。晋元附校是一片沃土，这里有枝叶参天的大树，也有越来越多发荣滋长的新故事。

几年过去了，大树与一棵棵快与自己一般高的小树在春雨秋露中，用柔美的枝条舞蹈，用繁茂的冠叶歌唱……一时间，那片土地，树林阴翳，鸣声悦耳。

学校陆续招聘了来自上海戏剧学院、上海电影学院、上海师范大学、南京师范大学等高校的10位具有舞蹈、声乐、管乐、戏曲、民乐等相关专业学习背景的音乐教师，音乐教研组也由原来的3人一下子增至13人，2021年9月明翔学校并入后，人数增至为17人。学校艺术团也相应成立了管乐队、合唱队、朗诵队、古筝队、越剧社、街舞队……此外，学校还陆续从上海市舞蹈家协会、音乐家协会、戏剧家协会、上海越剧院、上海市中福会少年宫、上海爱乐乐团、上海民族乐团、复旦大学、交通大学、华东师范大学等聘请了超30多位艺术专家组成我校的艺术顾问团队，每年定期对我校各个项目实施情况进行评估和指导，进一步提升学校艺术教育水准。但随着办学规模的不断扩大,问题又来了:学校从原来的一个校区扩大到四个校区,给管理上带来了极大的挑战;随着各团队知名度和影响力的不断提升,越来越多的学生想加入艺术团;在专家的引领下,团队专业技能进步得很快,但老师们却遇到了专业上的瓶颈……当我把一大堆问题抛在骆校长面前时,他语速很慢但却镇定地说:"柏琳,要想做成一件事,没有困难是不正常的,哪里出问题了,我们就一起想办法解决。"自那以后,学校相继投入了大笔资金,在各校区配备了共计28间专用教室,这就在很大程度上缓解了师生、家长为了训练来回奔波的麻烦;老师们觉得专业上遇到了瓶颈,学校就派我们去日本、北京、重庆、宁波等地参加大师班培训;为了让学生艺术团的管理更严谨规范,2017年5月15日,学校成立了华童艺术团,下设舞蹈团、合唱团、管乐团、戏剧团、民乐团5个大团共16个梯队,团员人数超800人。因为学校艺术教育起步较晚,虽然在区内我们有一定的知名度,但和全市一些顶尖学校比,还是有一定的差距,所以每次市里比赛,我们总是"千年老二",久而久之,老师们在情绪上开始变得消极,斗志也没有以前那么强了。作为学校艺术总辅导员的我,看在眼里,急在心里。骆校长在得知这一情况后,主动约我谈了一次话。

"柏琳,你最近看上去有些憔悴,是不是工作上遇到难题了?"

"骆校,我们真的是太难了! 这些年,老师们基本上都是早七点晚七点,就连节假日、寒暑假都在忙于训练,这些90后,连我看着都感动。她们真的很努力了,但每次比赛,我们的成绩总是不理想……"

"柏琳,我们为什么要搞艺术教育? 难道仅仅是为了名次和奖项吗? 一所好的学校,除了学业质量好之外,更应该为学生个性化、差异化发展提供可能,让每一位孩子都能在这个过程中发现自我、成就自我,激发潜能,培养自信心,走出属于自己的精彩人生。分数不是衡量一个学生是否优秀的唯一标准,奖项名次也不是衡量艺术教育办得好不好的唯一标准。"

听了骆校长的话，我瞬时觉得醍醐灌顶，我们太急于追求“结果”而忽略了教育的本真，迷失了初心。受骆校长的话语启发，团队开始思考：我们不应该一味地去照搬他人，永远追逐他人的脚步，而应该踏出自己的节奏，创造出属于我们的精彩。在充分分析校情、师资和已有基础的前提下，团队经过一个多月的思考和研讨，决定开展“舞蹈＋”的模式创新，希望做出属于晋元附校特有的品牌特色。

【舞蹈＋民乐】作品《爱莲说》荣获2016年上海市首届青少年“艺术＋”实践展示一等奖、组合奖。作品将古筝和古典舞融合，演绎乐曲的古朴、含蓄和温婉；背景视频呈现梅兰竹菊优美画面和四首主题诗，在展现自然美的同时，更是把一种人格力量、道德情操和文化内涵注入其中；配以《爱莲说》等五首经典诗词的诵读，通过“莲花”寄托理想，实现自我价值和人格追求。

【舞蹈＋合唱】2018年，由上海市红十字会、上海市教育委员会共同举办的第九届上海市红十字青少年文化节闭幕式暨市红十字青少年歌咏比赛中，我校华童合唱团、舞蹈团共同创作的《红十字精神代代传》荣获市一等奖，孩子们用舞蹈和歌声传承“人道、博爱、奉献”的红十字精神。

【舞蹈＋戏曲】2018年，作品《伶人梦》应中央电视台邀请赴京参加《快乐戏园》新春特别节目录制，该作品在创作上，将中国戏曲的传统韵味和现代舞蹈的时尚元素巧妙融合；2020年，作品《寻隐者不遇》荣获上海市首届中小学生戏剧节团体一等奖。作品通过情境创设、诵读古诗、歌舞表演等形式，用穿越的手法，揭示当代中小学生对于诗歌情境的理解和感受，提升他们古诗词的表现力与鉴赏力。

【舞蹈＋管乐】2019年，在上海市优秀管乐团队展演中我校作品荣获(行进组)银奖、普陀区特等奖。该作品由舞蹈队和管乐队、鼓号队64位同学共同演绎完成。通过乐曲演奏，造型设计、队形调度，旗舞展示等综合展演形式，表现新时代好少年自信阳光、朝气蓬勃的风貌。

【舞蹈＋校园剧】2021年，在上海市首届青少年儿童舞台艺术表演大赛中，我校原创作品《清明·致远》荣获市一等奖。该作品结合我校校史，用舞蹈、吟诗、朗诵、背景视频等“艺术+”的综合表现手法，呈现当代人对于“清明”内涵的理解：草长莺飞，杨柳拂堤，儿童们兴致勃勃地放风筝；烟雨蒙蒙，墓碑之前，人们饱含热泪地寄托哀思。忆往昔，多少英烈为了今日的幸福抛洒热血；看今朝，多少天使为了他人的生命逆行而上。《清明·致远》中的晋元精神将引领着一批又一批的晋元人，在传承中筑牢文化根基，在发扬中厚植家国情怀，为实现中华民族伟大复兴时刻准备着！

2020年至2022年期间，因新冠疫情的缘故，学生开启了两度居家在线学习的模式，在这样的情况下，团队又开始了【舞蹈+手语】的实践探索，希望通过这种形式，进行家国情怀教育，重筑学生的“人生信仰”，构筑隽永的精神家园。2022年6月1日上午，我校举办了“艺”心云合·“晋”梦飞扬第十八届校园艺术节暨庆六一云展演活动。活动最后由骆奇校长、杨戈书记及师生、家长代表共同表演的千人手势舞《燎原四方》更是燃爆朋友圈。近4500名晋元学子云端相聚，共庆六一，共同抒发对抗疫取得胜利的喜悦。此次活动取得圆满成功，受到了无数师生与家长的点赞和好评，截至当晚20:00，点击量达12930次。很多学生、家长在观摩展演后，纷纷发出感慨：“大晋元，了不起！”“看得我热泪盈眶，太感动了！”“最后的千人手势舞真的是太震撼了！”……不断拓宽育人途径，化危机为契机，学校在艺术方面的不断探索为越来越多的孩子点燃梦想，也为学校艺术教育迎来了曙光。

2017年10月26日下午，上海小红帽文化投资有限公司的赵董事长约我和上海教育电视台总编室刘君副主任一起碰个面，也正是这次会面，我接到了一项特殊的任务——今年春节，上海教育电视台将携手小红帽文化投资有限公司共同举办2018“少年欢乐颂”上海首届少儿春晚。鉴于我校在少儿艺术教育方面的成就，诚邀我校承担大年初一首期19:30—21:00整场节目的演出任务。“上海首届”“首期整场”“一个半小时”，这突如其来的任务让我措手不及，来不及想太多。“感谢刘主任和赵董事长的信任，我要回去和骆奇校长汇报一下后再给您答复。”

在回校的路上，我忐忑不安，思绪万千。走进校长办公室和骆奇校长汇报了这项任务后，还没等我缓过神来，骆校长就坚定地说：“柏琳，干！能让更多的孩子登上梦想的舞台，对于他们一生而言是多么难能可贵，有再大的困难，我们都要努力去做。你有什么顾虑尽管说，学校一定鼎力支持！”

“时间太紧了，一个半小时的节目要涵盖歌舞、器乐、戏剧等各个种类，不仅要保证数量，更要保证质量；而且是上海首届，我真怕搞砸了！”

“别怕，既然电视台选上我们，就说明我们可以。时间紧迫，你今天回去把可能遇到的困难和需要协调的工作罗列一下，明天我们即刻成立工作组，召开各部门协调会，争取打赢这场硬仗。放心！全力支持！”

看着骆校长信任的眼神，听着他坚定的话语，我也不知哪来的底气，“那就干！我马上回去操作！”

从校长室出来，我感觉整个人热血沸腾，是挑战更是机遇，要干就要干好！回到家后，吃了两口饭，我便打开电脑开始罗列工作事项：一个半小时至少需要几个节目？现成的节目有几个？还缺哪一类节目？需要再编创几个节目？主持稿谁写？同时排练的话，专用教室够不够用？学生坚持排练会不会耽误学业？家长这边怎么沟通？艺术老师能吃得消吗……一堆的问题随着我迅速敲击键盘而刷刷成行。担心顾虑、彷徨焦虑，不知数了多少遍羊，今晚我还是失眠了。

第二天一大早，我赶紧召集教研组老师碰了个面，听到这项任务后，老师们都惊讶得瞪大了眼睛，从她们的眼神中，我看到的是“怎么可能啊？”“大家先别着急，学校能接到这么高规格的任务，也是对大家以往工作的极度认可。我们先上报一下目前各团队比较成熟的节目有几个，看看还要再增排几个。一个个团队来。”“舞蹈3个。”“合唱2个。”“管乐2个。”“民乐1个。”“戏曲1个。”“戏剧1个。”老师们应声迅速报了起来。“已经10个节目了，不错！为了确保演出质量，两个月内，每个团队需再增排2个节目，我们争取递交24个节目视频供电视台评审组删选，有困难吗？”话音刚落，老师们便在下面窃窃私语了起来：

“初中合唱团的好多孩子都处在变声期，可能声部有调整，但我们会尽量保证。”

“舞蹈团小学、初中可以各加1个。”

“管乐团初中学生比较多，如果能保证排练次数，应该可以。”

“戏剧社可以再出1个朗诵、1个校园剧。”

“民乐可以再出个重奏。”

……

听着老师们积极的回应，顿时，我无比的感动。因为我深知，后面的这两个月，这么繁重的排练任务，她们会是一个怎样的状态。

中午13:00，在总部第一会议室，上海首届少儿春晚节目组第一次协调会准时举行。步入会议室，眼前的一幕把我震撼到了：骆奇校长、杨戈书记及其他几位校级领导、各部门分管中层都悉数出席。骆校长首先向大家传达了这项任务，并嘱咐大家，举全校之力，全力配合音乐教研组完成这项光荣而又艰巨的任务。

接下来便由我来汇报各项需要协调的工作：“因为时间比较紧迫，各团队如果同时增加排练次数，学校专用教室不够用，为了把时间错开，势必会影响个别学生的正常上课，家长可能会比较担心。”

“缺的课我安排年级组老师利用中午时间给学生补。”教务处朱晓艳主任说。

“排练晚了，家长会担心学生挨饿。”

“如果排练超过17:00，请提前一天将人数报给总务处，我安排老师为学生购买点心、牛奶，16:30之前送到排练教室。”总务处林峰主任立刻说道。

“两三个月的持续高强度排练，有的家长可能会觉得耽误学习，不太愿意配合。”

“家长的工作我安排班主任去沟通，确保学生每次排练都准时出席。”政教处王笠春主任笑着说。

“音乐老师要赶赴不同校区进行排练，下午放学的护导工作可能没办法保证。”

“后面两个月的护导工作，我让年级组长协调一下，音乐老师都不安排。”教务处副主任贾宁老师说。

……

就这样，一项项工作得到了具体落实，一个个顾虑被逐渐打消。半小时的会议，简短高效。走出会议室，骆校长笑着对我说：“这下放心了吧，后面老师们会很辛苦，别忘了给她们记加班。”“柏琳，音乐组的老师太辛苦了，转告大家，一定要注意身体哦!”杨书记拍了拍我的肩膀说。“柏琳，有什么需要购买的服装、道具，直接和姚老师联系，按财务流程操作就行。”汤伟副校长说道。听着领导们一声声的关心和嘱咐，我的心里倍感温暖。

在之后的两个月里，老师们几乎天天扎在排练教室，一待就是几个小时。余跃老师的父亲脑梗住院，她从未请过一次假；朱玫婷老师感冒发烧，吃了退烧药后仍然坚持排练；沈琰敏老师满嘴溃疡，疼得连话都说不出，但还咬牙坚持；吴叶昕老师处在怀孕初期，孕吐厉害，但她从未抱怨过；周嫣雯老师的孩子发烧生病，她就把孩子送到父母那拜托照顾；赵菡老师的嗓子嘶哑发不出声音，泡上胖大海继续排练；杨乐老师的膝盖都跪破了，但她还是坚持亲自示范；余凝老师为了合唱团能唱出最美的和声效果，不知改了多少遍乐谱；戴蓓蓓副校长多次到专用教室观看排练情况并慰问师生……忙碌的时光总是过得飞快，一转眼便到了递交视频的日期。12 月 29 日，当我把 24 个节目视频发送到上海电视台编辑部邮箱后，下午便接到了电视台导演组的电话：“柏老师，你们学校真的太厉害了！这么短的时间出了这么多精品节目，太佩服你们了!”1 月 11 日，第二次接到导演组的电话：“柏老师,因为节目时长只有一个半小时,所以,我们挑选了16个节目参加最后的录制,还有8个节目也很优秀,真的是难以取舍啊。”“感谢导演组对我们学校的认可,理解的,我们服从你们的安排。”

2018年1月22日早上6点,晨光熹微,寒风刺骨。载着348位学生演员、66名工作人员和两车乐器共计12辆大巴,浩浩荡荡地向上海教育电视台驶去。拍摄从上午8:00一直持续到下午16:30点,因为每个节目对光、走台、录制都是“一遍过”,所以,结束时间比导演组预估的18:30整整提早了2个小时。“晋元附校的节目不仅质量高,学生也很有经验,镜头感十足!”“晋元的节目属于‘免检商品’,以后可以走直通通道。”“乐器装台基本都是5分钟内搞定,连后勤人员也这么训练有素!”在一片表扬声中,我们圆满结束了一天的录制任务。在返回学校的车上,当我转过头看孩子们的时候,她们大都已经睡着了,是的,这段日子,她们太累了。嘱咐司机把空调温度调高一点后,我又巡视了一圈车厢,然后在“春晚工作小组”的微信群里,提醒老师们帮睡着的孩子盖上衣服。刚回到座位上,便接到了电视台工作人员发来的信息:“柏老师,你们的学生太让我感动了,8间化妆间整理得干干净净,连椅子都排得整整齐齐,垃圾桶也是空的。”“应该的,我们对学生的要求是‘来去无痕’。今天你们太辛苦了,早点回去休息吧!”落日的余晖洒进车窗里,照耀在我的脸上,闭上眼,我静静地享受着这一刻的岁月静好!

2019年的大年初一晚上19:30,“绿叶欢乐颂”上海首届少儿春晚的视频、照片刷爆朋友圈,家长们纷纷留言:“晋元附校出手就是大手笔,牛!”“我的孩子就在学校华童舞蹈团!”“第三个节目有我家的宝贝!”“今天是全家出动,准点守候在电视机前,比除夕之夜观看央视春晚还隆重。”“今天加班,错过了直播,能看回放吗?”……窗外,爆竹声声,烟花璀璨,我想:这个大年初一,一定会给很多人留下一辈子都难以忘怀的美好记忆吧!

“一个人,可以走得很快,但一群人,才能走得更远。”晋元附校的老师们就是这样的一群人。他们一直深耕自己的专业，建设自己的团队，并将美育的种子播撒到孩子们的心中，以艺术之名，赴美育之约。

昨天，清晨露水的滋润下，枝丫上冒出的一个花苞终于绽放了，柔嫩却又夺目……

“柏老师，我顺利通过北京舞蹈学院中国舞1—5级教师资格证的考试了，可以当一名舞蹈老师啦！”下班刚进家门，我就接到了学校舞蹈团前任首席、现就读于上海师范大学的郑金恬同学打来的电话。“哇！你真的太棒啦！祝贺你，终于可以圆梦啦……”我激动地说。

说起郑金恬，她可是学校舞蹈团曾经的领军人物，小学就读于普陀区杨家桥小学，小升初时，因为舞蹈特长，以艺术特长生的身份考入我校初中部。刚进舞蹈团时，她的专业并不算最拔尖，性格也比较腼腆，偶尔还会有些不自信，每次排练，她也总是喜欢躲在队伍的最后面。2016年10月，学校接到了备战上海市首届中小学生“艺术＋”实践展示活动的比赛任务。经过主创团队商量后，我们决定选送由舞蹈、古筝、朗诵、书画等艺术综合形式表演的原创作品《爱莲说》参赛。考虑到郑金恬同学的软开度虽然不是太好，但古典舞身韵掌握得不错，决定由她担任这一次的领舞。

在宣布任务时，她非常诧异，急忙推手说：“我不行的！老师，我不行的！”

“郑金恬，虽然这次领舞的任务对你来说是一次不小的挑战，但老师相信，只要你努力，一定行的！”杨乐老师用坚定的语气说道。

为了保证舞蹈的技术含量和表演效果，要有几个技巧组合，其中有一个倒踢紫金冠的动作，她始终做不好。有一次排练结束，别的学生都陆续回家了，唯独她低着头团着身体，坐在舞蹈房的地板上久久不肯离去。

“郑金恬，你怎么还不回家呢？”杨老师走过去，俯下身来摸着她的头轻声问。

“杨老师，倒踢紫金冠我做不了，您还是换别的小朋友吧！”她抽泣着说。

“为什么要换人？我觉得你这几次排练进步都很大。倒踢紫金冠这个动作你的发力点不对，来，我们再试几遍！”对着镜子，杨老师又仔细地帮她讲解了动作要领并示范给她看。

“杨老师，我再试一次。”

“杨老师，这次对吗？”

……

就这样，她又连续做了好几次，即便摔倒了也马上爬起来继续做。

“对了！好多了！今天我们就练到这里，晚上你还要回家写作业，早点回去休息吧！”看着她青一块紫一块的膝盖，杨老师心疼地说。

第二天一早，当杨老师因为有护导任务早上 7:00 来到学校时，发现三楼舞蹈房的门半开着，推开门一看，郑金恬已经满头大汗在练习了，红扑扑的脸蛋上还冒热气。

“杨老师，您看一下，我是不是做对了？”

“比昨天好多了，要注意动作的稳定性！好了，快歇歇吧！”

“真的吗？那我再练练！”

就这样，她连续两周坚持每天早上 6:30 到舞蹈房练早功，在经历了无数次练习之后，最终克服了这一难题。

2016 年 12 月 18 日，在经过激烈的初赛、复赛后，我们和宝山区少年宫、奉贤区少年宫等其他 5 支参赛队共同挺进决赛。

终于轮到我们上场了，舞台灯光渐暗时，我看到郑金恬望了一眼杨乐老师，当看到杨老师对她点了点头后，她毅然奔向舞台。4 分钟的节目，同学们完美的表演赢得了台下一阵阵雷鸣般的掌声，郑金恬也以出色的发挥结束了整场演出。在经过表演、答辩等环节之后，我校作品《爱莲说》以现场最高分 98.5 分夺得了第一名的优异成绩，获得了上海市首届中小学生“艺术＋”实践展示活动一等奖、最佳组合奖。当别的同学都在欢呼雀跃时，我看到了郑金恬抱着杨老师边跳边说：“杨老师，我做到了，我终于做到了！”“你是最棒的！”杨老师眼含泪光地说。“郑金恬，你真棒！”“郑金恬，我们知道你一定行！”同学们也纷纷向她竖起了大拇指。

自那以后，通过不懈的努力，她一次次地在领舞选拔赛中胜出，从前那个不自信的郑金恬如今变成了舞蹈团的领军人物，她不仅要求自己每个动作都要做到尽善尽美，还利用业余时间，帮助舞蹈团别的同学一起练习，共同进步。只要有她在，同学们就很安心。初中毕业时，她以优异的成绩考入市重点高中——晋元高级中学，并在担任校舞蹈队队长时，多次荣获上海市、普陀区学生艺术单项舞蹈比赛一、二等奖，由她参与编导的群舞也获得了普陀区学校美育节舞蹈比赛（高中组）一等奖。也正是那段时期，当一名舞蹈老师就成了她心中的一个梦想。2021年，她如愿考入上海师范大学，并利用业余时间，顺利完成了北京舞蹈学院教师资格证的考试。一次偶然的机会，我在她的朋友圈看到了这么一段话：“好久没登台表演了，真怀念在华童的日子啊！”今年教师节，她又给杨乐老师发来信息：“亲爱的杨老师，祝您教师节快乐！您什么时候排练能通知我一声吗？我好想回来看看，再和您一起跳一支舞。等我大学毕业后，我真希望能回到母校当一名舞蹈老师！”

“教育的本质，是一棵树摇动另一棵树，一朵云推动另一朵云，一个灵魂唤醒另一个灵魂。”柏老师和伙伴们用艺术浸润和滋润每个学生，用爱心和耐心引领他们，让他们逐梦和圆梦。

从一颗种子到一株幼苗；从一棵树到一片林。如今的这片土地在雨露的滋养下，已经是沃腴遍野，树木成林，繁花锦簇，硕果满枝……

2018年暑期，应中国上海国际艺术节组委会、上海市学生舞蹈联盟推荐，我校华童舞蹈团参加了“丝路·表达”中波青少年舞蹈训练营，打响了以上海市“文教结合”机制为支撑，拓宽“一带一路”文化艺术合作的第一站。当地时间8月8日晚，孩子们在世界著名的格但斯克莎士比亚剧院和波兰的孩子们共同呈现了一台融合了中波文化、见证孩子们友谊的汇报演出。当极富民族特色的音乐响起时，美丽的“孔雀”翩翩起舞，蒙古族的小牧民策马奔腾，孩子们精湛的表演博得了台下阵阵掌声。中国驻波兰大使刘光源先生和夫人及领事馆相关领导、原上海市人民政府副秘书长宗明(现任上海市副市长)、上海市发展和改革委员会副主任曹吉珍、中国上海国际艺术中心等相关领导亲临现场观摩演出，并对舞蹈团师生致以亲切的慰问和高度的评价。

2019年暑期，我校华童合唱团32位热爱歌唱的同学远赴西班牙参加“第54届巴塞罗那国际合唱节”，进行为期一周的合唱交流。作为中国国际合唱节组委会唯一推荐的中国参演团队，能有幸与来自德国、美国、阿根廷、斯洛伐克等国家的优秀合唱团并肩站在了国际的舞台上，对于每一位华童合唱团的孩子来说，都是意义非凡的。当优美而又熟悉的《茉莉花》音乐响起时，原本人声鼎沸的现场突然安静了下来，不同肤色、不同种族、不同年龄的人们目不转睛地盯向舞台，倾听这来自东方的美妙之声。表演结束后，现场掌声经久不息，不断有人激动地喊“echo！echo！(再来一曲)”。按照官方原定议程，7月8日的开幕式由于安排了各国队伍集体亮相，每个合唱团只能演唱一首曲目，但华童合唱团的惊艳亮相还是为自己争取到了全场唯一的返场机会——连唱两曲！用歌声交流友谊，让世界了解中国，华童合唱团用实力演绎惊艳巴塞罗那，唱响中国好声音！

2021年6月1日下午，由共青团上海市委员会、少先队上海市工作委员会指导，上海市新文艺工作者联合会、上海国际舞蹈中心剧场、上海市青少年活动中心主办，上海市舞蹈家协会少儿专业委员会、上海市手拉手艺术团协办，上海市晋元高级中学附属学校承办，著名舞蹈家黄豆豆老师和抖音平台共同策划推出的“红星闪闪照未来”线上公益课堂在我校武威东路校区正式启动。伴随着耳熟能详的《红星闪闪》的歌声和音乐，豆豆老师带着我校三年级200名学生在操场上激昂起舞，专注的眼神、整齐的动作、投入的表情，孩子们用精彩的表现为建党100周年献礼。当天下午，全校近5000名师生，借助抖音平台，共同观摩了这堂云端美育公益课。活动当天，当记者采访骆奇校长时，他说道：“晋元附校有着深厚的红色底蕴，学校的名字就是以抗战英雄谢晋元将军的名字命名的。学校注重培养学生的爱国情怀，这次的舞蹈课堂也是学生学习党史的最好形式，让党史学习教育闪耀艺术之光，童心向党，薪火相传。”

真正的艺术教育是直触孩子心灵的，让他们在学习中感受快乐与美，也为充满梦想的他们插上奋发的翅膀；真正的艺术教育也是直触教育者心灵的，让他们在教学中感受充实与信念，让教育开出似锦繁花，结出累累硕果。

一粒、两粒、三粒……无数粒种子，怀着美丽的梦想，乘着来年的春风伴雨，挥手告别这片土地，飞向远方……

12年的不懈努力，我们筑梦逐梦圆梦；12年的不断超越，我们实现了从薄弱走向优质的跨越式发展。让艺术滋养每一个生命，立己立人，共同成长！

“不要因为走得太远，忘了我们为什么出发。”动人的是跨越千山万水后的义无反顾，也是经历花团锦簇后的初心不改。这片土地上，树木还在生长，花朵还在绽放，故事还在继续……

学校简介

上海市晋元高级中学附属学校（以下简称“晋元附校”），始建于1999年，自2002年起由上海市实验性示范性高中晋元高级中学承办，为普陀区公办九年一贯制学校。2018年12月拆分为上海市晋元附校和晋元附校西校。2021年9月明翔学校并入晋元附校，为晋元附校南校。现三校为一体化办学，共有真金、武威东路、杨家桥和明翔4个校区，4600余名学生，共9个年级116个班级。

多年来，学校秉持“立己立人　共同成长”办学理念，持之以恒地贯彻“文化立校、质量兴校、特色强校”发展战略。学校艺术教育从2009年一支20人的舞蹈队起步，历时12年，发展到现如今超800人的华童艺术团，下设5大团16个梯队。近五年来，华童舞蹈团、管乐团、合唱团、戏剧团、民乐团先后在国际、全国、市区级比赛中荣获团体奖项80余次，三次应中央电视台邀请赴京参加节目录制；2018年包揽上海教育电视台“少年欢乐颂”首届少儿春晚一个半小时整场节目录制；多次应中国上海国际艺术节组委会、中国国际合唱节组委会、上海市教委推荐，出访波兰、西班牙、美国、英国、中国香港进行艺术交流。目前学校是全国美育工作示范单位、全国人文与审美素养教育先进单位、全国“十三五”美育科研先进单位、全国中小学舞蹈教育传统校、全国示范乐团、中国上海国际艺术节合作学校、上海市新优质项目学校、上海市校园文化建设一校一品特色学校、上海市艺术教育特色学校、上海市越剧美育传承基地。2022年1月，学校成功加盟上海市学生民乐联盟，成为首家集学生舞蹈、合唱、交响乐、戏剧、民乐联盟大满贯单位，实现了艺术教育从薄弱走向优质的跨越式发展。初创磐桓的晋元附校，目前已成为上海基础教育优质发展的典范、全面发展的标杆、特色发展的高地、依法治校的先锋和教育竞争力、创新力、影响力显著的学校。

后记

统稿完后，我们发现一个有趣的现象：这次征集关键故事，开始时并没有划定选题范围，是由各校根据在自身发展过程中，面临的关键问题，采取的关键举措，获得的关键变化，学校文化建设绕不开的事件，完全由学校自主选定的，结果收到的关键故事，主要集中在育人方式变革、治理方式变革、师资队伍建设和学校持续发展这四个方面，与上海市教委 2023 年颁布的《上海市新优质学校高质量发展引领计划》的设计思路非常吻合。该计划聚焦家门口普通公办学校高质量发展主题，以育人方式和治理方式改革为着力点，以队伍建设和数字化赋能为支撑，激发普通公办学校的办学活力，促进新优质学校成长。这可能不完全是巧合，而恰恰是触及了学校发展的基本规律。正因为这样，我们希望新优质学校成长的关键故事既能充实高质量发展引领计划，又能作为研究学校发展的重要素材。

在该书出版之际，我们要感谢新优质学校的首倡者、研究者与实践者上海市教委原副主任张民生、尹后庆先生；要感谢一直支持新优质学校建设的市教委副主任杨振峰先生、基础教育处祝郁处长、刘中正副处长，及原副处长朱蕾女士；要感谢上海市新优质学校研究所原所长胡兴宏先生和原副所长李学红先生，他们在前期策划及具体辅导环节给予了宝贵的指导与支持。感谢上海市教科院普教所徐士强所长、夏雪梅副所长，他们在人员安排及政策保障等方面给予了支持与指导。感谢上海市教科院普教所及上海市新优质学校研究所汤林春、杨杰、冯明、刘莉、胡庆芳、沈兰等专家，他们既直接参与书稿的策划、指导与修改，又承担了大量协调与沟通工作，有了他们的智慧付出，才使得本书能按时保质地完成。要感谢参与此次成长关键故事撰写工作的学校领导与具体撰写人员，是他们提供了学校的宝贵资料，并经历了不厌其烦的修改，才使得故事如此精彩，内涵如此丰富！最后，要感谢华东师范大学出版社彭呈军先生，他对该书出版的具体事宜给予了细心指导与大力帮助。尽管本书是新优质学校建设中出版的第一本故事类书，但我相信它不会是最后一本。也许本书还有许多不足和值得商榷的地方，但还是值得实践一线的校长和老师们阅读，也值得理论工作者将之作为研究资料。

新优质学校是上海的名片。目前上海市新优质学校高质量发展引领计划被确定为上海市市委市政府重大项目，也受到教育部重视。我们期待上海市新优质学校能创造出更多更好的经验，进一步涌现出走向全国、走向世界的精彩故事，在教育强国建设和建设高质量教育体系中写上浓墨重彩的一笔！

上海市教科院普教所研究员
上海市新优质学校研究所所长
汤林春

参考文献

一、中文

(一) 专著

1. 胡兴宏. 走向新优质——“新优质学校推进项目”指导手册[M]. 上海:上海教育出版社,2014.
2. 胡兴宏,汤林春. 新优质学校设计[M]. 上海:上海教育出版社,2018.
3. 汤林春,冯明. 新优质学校成长路径[M]. 上海:华东师范大学出版社,2023.

(二) 论文

1. 尹后庆. 让每一所家门口学校都优质上海 PISA 成绩世界第一后的理性思考与实践作为[J]. 中国教育学刊,2012(1).
2. 尹后庆. 新优质学校的价值追求与现实关照[J]. 上海教育,2021(21).
3. 尹后庆. 每一所学校都要走向新优质[J]. 上海教育科研,2015(3).
4. 尹后庆. 回归教育本原,促进新优质学校新一轮发展[J]. 上海教育,2023(13).
5. 尹后庆. 新优质学校的底色与深化实践的路径[J]. 上海教育科研,2023(8).
6. 胡兴宏. 把学校带向何方[J]. 上海教育,2012(10).
7. 胡兴宏. “新优质学校”追求什么[J]. 上海教育科研,2015(3).
8. 刘莉. 新优质学校高质量发展的使命与路径[J]. 上海教育,2023(9).
9. 汤林春. 破解上海“新优质学校”的密码[J]. 上海教育,2021(21).
10. 汤林春. 试论新优质学校的建设路径[J]. 全球教育展望,2022(12).
11. 汤林春. 新优质学校的发展逻辑[J]. 教育发展研究,2022(18).

12. 汤林春.试论新优质学校的价值追求[J].中国教育学刊,2023(4).
13. 孙绵涛.内引发展式:学校改革发展的内在诉求[J].中国教育学刊,2016(12).
14. 张新平.义务教育优质学校的建设路径[J].教师教育学报,2016(1).
15. 张新平,陈粤秀.何谓优质学校——基于40位教管人员的访谈研究[J].教育发展研究,2011(10).
16. 周峰,贾汇亮.英、美优质学校创建的基本趋势及启示[J].中国教育学刊,2009(3).
17. 周峰,高慎英.优质学校成因及其创建路径[J].教育科学研究,2009(4).
18. 周峰,苏鸿,郑向荣.论优质学校的内涵及特征[J].教育发展研究,2009(12).
19. 邬志辉,陈学军,王海英.优质学校的概念、建设过程与指标框架研究[J].东北师大学报(哲学社会科学版),2004(3).
20. 马云鹏,谢翌.优质学校建构的取向、模式与策略[J].东北师大学报(哲学社会科学版),2004(3).
21. 谢翌,马云鹏.优质学校建设的背景、理念与维度[J].教育发展研究,2007(10).

二、译著

1. 迈克尔·富兰.变革的力量:续集[M].中央教育科学研究所,加拿大多伦多国际学院,译.北京:教育科学出版社,2004.
2. 马克·汉森.教育管理与组织行为[M].冯大鸣,唐宗清,王立新,译.上海:上海教育出版社,1993.
3. 赫尔雷格尔,J. W. 斯洛克姆,R. W. 伍德曼.组织行为学[M].俞文钊,等译.上海:华东师范大学出版社,2001.
4. 詹姆斯·G. 马奇,赫伯特·A. 西蒙.组织[M].邵冲,译.北京:机械工业出版社,2020.